线性代数

(第二版)

主　编　钟玉泉　周　建
副主编　罗　淼　刘冬兵　于　勇

科学出版社
北　京

内 容 简 介

本书根据编者多年的教学实践，参考高等院校理工类本科专业线性代数课程的教学大纲及考研大纲编写而成. 内容涵盖了行列式、矩阵、向量组、线性方程组、特征值、二次型等知识；书中融入了数学文化和线性代数应用的教学内容. 本书选编题型丰富，习题题量适中，通俗易懂，便于自学，并增加了一些实际应用的例子，体现了线性代数在处理应用问题中的重要作用.

本书可作为理工类本科、专科线性代数教材，也可作为考研的复习资料.

图书在版编目(CIP)数据

线性代数/钟玉泉，周建主编. —2版. —北京：科学出版社，2015.1
ISBN 978-7-03-042580-5

Ⅰ. ①线… Ⅱ. ①钟… ②周… Ⅲ. ①线性代数-高等学校-教材 Ⅳ. ①O151.2

中国版本图书馆 CIP 数据核字(2014) 第 273686 号

责任编辑：张中兴 周金权／责任校对：邹慧卿
责任印制：张 伟／封面设计：陈 敬

科学出版社出版
北京东黄城根北街 16 号
邮政编码：100717
http://www.sciencep.com
北京虎彩文化传播有限公司印刷
科学出版社发行 各地新华书店经销
*
2011年 1 月第 一 版 开本：720×1000 1/16
2015年 1 月第 二 版 印张：11
2022年 1 月第六次印刷 字数：221 000

定价：35.00元
(如有印装质量问题，我社负责调换)

前　　言

数学是自然科学的基本语言, 对培养人的理性思维品格和思辨能力、自主创新能力有着重要的意义.

我国高等教育从精英教育向大众化教育的过渡, 给大学数学教学带来了一系列的变化和挑战. 编者认为, 在教材建设上不能继续按照传统的"追求逻辑的严密性和理论体系的完整性, 重理论、轻实践"的思想, 应遵循"打牢基础、强化能力、立足应用"的原则, 尽量体现数学的广泛应用.

为此, 编者削枝强干、夯实基础、密切联系实际、服务专业、体现数学建模思想. 本书注重数学的基础性、工具性和应用性, 力争为学生理解数学的抽象概念提供认知基础, 尽量促使学生实现从学数学到用数学的能力转变.

为满足考研的需要, 本书结合考研大纲, 增加了这方面的例题、习题, 供使用者参考.

本书第 1 章由罗淼老师编写, 第 2 章由刘冬兵老师编写, 第 3 章由周建老师编写, 第 4 章和第 5 章由于勇老师编写, 全书由钟玉泉、周建主编, 在编写过程中得到科学出版社的大力支持, 在此表示衷心感谢.

第二版在第一版的基础上, 系统更加完善, 各章节的表述更加一致, 前后的连贯性更好, 书中还有不足之处, 恳请使用者批评指正.

编　者

2014 年 7 月 10 日

目　录

第1章　行　列　式

在数学中, 行列式是由解线性方程组产生的一种算式, 也是一种非常重要的数学工具. 在中国古代, 用筹算表示联立一次方程未知量的系数时, 就有了行列式的萌芽. 日本吸收了这种思想, 在 1683 年, 日本学者关孝和 (Seki Takakusu) 对行列式的概念和它的展开已有了清楚的叙述. 到 18 世纪, 瑞士数学家克拉默 (G.Gramer) 和法国数学家拉普拉斯 (P.S.Laplace) 建立了系统的行列式理论.

1.1　排列与逆序数

1.1.1　排列与逆序数

自然数 $1, 2, \cdots, n$ 组成的有序数组称为一个 n 元排列, 记为 $p_1p_2\cdots p_n$, n 元排列共有 $n!$ 个. 排列 $12\cdots n$ 称为自然排列或标准排列, 规定其为标准顺序.

定义 1.1.1　在一个 n 元排列 $p_1p_2\cdots p_n$ 中, 若一个大的数排在一个小的数的前面 (即某两个数的先后顺序与标准顺序相反), 则称这两个数产生一个逆序, 一个 n 元排列中所有逆序的总数称为该排列的逆序数, 记为 $\tau(p_1p_2\cdots p_n)$.

如果一个排列的逆序数是奇数 (偶数), 则称其为奇 (偶) 排列.

例如, 在五元排列 32514 中, 所有的逆序对为 32, 31, 21, 51, 54, 所以 $\tau(32514)=5$, 故此排列为奇排列.

具体计算一个排列的逆序数的方法如下:

设 $p_1p_2\cdots p_n$ 为 n 个自然数 $1, 2, \cdots, n$ 的一个排列, 考虑排列中的元素 $p_i(i=1, 2, \cdots, n)$, 如果比 p_i 大且排在 p_i 前面的数有 t_i 个, 就称 p_i 这个元素的逆序数是 t_i, 排列中全体元素的逆序数的总和就是该排列的逆序数, 即

$$\tau(p_1p_2\cdots p_n)=t_1+t_2+\cdots+t_n=\sum_{i=1}^{n}t_i.$$

当然也可以观察比 p_i 小且排在 p_i 后面的数的个数总和.

例 1.1.1　求下列排列的逆序数:

(1) 436251;　　(2) $n(n-1)\cdots 21$.

解　(1) 在排列 436251 中, 观察元素 p_i 前面比 p_i 大的数的个数;

4 排在首位, 逆序数为 0;

3 的前面比 3 大的数只有一个, 逆序数为 1;

6 的前面没有比 6 大的数, 逆序数为 0;
2 的前面比 2 大的数有三个, 逆序数为 3;
5 的前面比 5 大的数有一个, 逆序数为 1;
1 的前面比 1 大的数有 5 个, 逆序数为 5.
于是排列 436521 的逆序数为

$$\tau(436521) = 0 + 1 + 0 + 3 + 1 + 5 = 10.$$

(2) 同理可得

$$\tau[n(n-1)\cdots 21] = 0 + 1 + \cdots + (n-2) + (n-1) = \frac{n(n-1)}{2}.$$

自然数 1, 2, 3 共有 3! =6 个排列, 分别为 123, 132, 213, 231, 312, 321, 其逆序数分别为 0, 1, 1, 2, 2, 3, 三个奇排列, 三个偶排列.

1.1.2　对换

定义 1.1.2　在一个排列中, 将任意两个元素对调 (即位置互换), 其余元素不动, 这种产生新排列的过程称为对换, 将两个相邻元素对换, 称为相邻对换.

定理 1.1.1　对一个排列进行一次对换, 则改变排列的奇偶性.

证明　先证相邻对换的情形. 设排列为 $a_1\cdots a_l abb_1\cdots b_m$, 对换 a 与 b 得到新的排列 $a_1\cdots a_l bab_1\cdots b_m$.

显然, $a_1\cdots a_l$ 与 $b_1\cdots b_m$ 的逆序数没有改变, 只有 a 与 b 的逆序数改变了.

当 $a<b$ 时, 对换后, a 的逆序数增加 1, 而 b 的逆序数不变;

当 $a>b$ 时, 对换后, a 的逆序数不变, 而 b 的逆序数减少 1.

所以相邻对换改变排列的奇偶性.

再证一般对换的情形. 设排列为 $a_1\cdots a_l ab_1\cdots b_m bc_1\cdots c_t$, a 与 b 之间相隔了 m 个数, 要实现 a 与 b 的对换, 可先将 a 与 b_1 作相邻对换, 再将 a 与 b_2 作相邻对换, 依次类推, 最后 a 与 b 作相邻对换经过 m+1 次相邻对换, 所得排列为

$$a_1\cdots a_l b_1\cdots b_m bac_1\cdots c_t.$$

然后再将 b 依次与 $b_m,\cdots,b_1$ 作 m 次相邻对换, 所得对换为

$$a_1\cdots a_l bb_1\cdots b_m ac_1\cdots c_t,$$

这样, 对换 a 与 b 共经过了 $2m$+1 次相邻对换, 由相邻对换改变排列的奇偶性, 可得到: 对换改变排列的奇偶性.

推论 1.1.1　将奇 (偶) 排列变成标准排列的对换次数为奇 (偶) 数.

证明 因为自然排列 (标准排列)$12\cdots n$ 是偶排列. 由定理 1.1.1 可知, 一次对换就改变排列的奇偶性, 当排列 $p_1p_2\cdots p_n$ 是奇 (偶) 排列时, 必须作奇 (偶) 次对换才能变成自然排列 $12\cdots n$, 故所作的对换次数与排列具有相同的奇偶性.

推论 1.1.2 全体 n 元排列 ($n>1$) 的集合中, 奇、偶排列各占一半.

证明 n 元排列的总数有 $n!$ 个, 设其奇排列为 p 个, 偶排列为 q 个, 现将每个奇排列都施以同一对换, 由定理 1.1.1 可知 p 个奇排列全部变为偶排列, 于是有 $p\leqslant q$; 同理将全部偶排列也都施以同一对换, 则 q 个偶排列也将全部变为奇排列, 于是又有 $q\leqslant p$. 从而 $p=q$, 即 n 元排列 ($n>1$) 的集合中, 奇、偶排列各占一半.

1.2 行列式的定义

行列式的概念是数学家在研究线性方程组的公式解时逐渐形成和完善的, 它是很多数学家在漫长的岁月中共同努力的结晶, 17 世纪德国的杰出数学家莱布尼茨 (Leibniz) 就是其中之一. 利用行列式可以给出线性方程组在有解的情况下的一种公式解.

1.2.1 二、三阶行列式

1. 二阶行列式

求解二元一次线性方程组

$$\begin{cases} a_{11}x_1+a_{12}x_2=b_1, \\ a_{21}x_1+a_{22}x_2=b_2, \end{cases} \tag{1.2.1}$$

其中, x_1 和 x_2 为未知数, a_{ij} 为第 i 个方程第 j 个未知数的系数, b_1 和 b_2 为常数项.

用加减消元法可得

$$\begin{aligned} (a_{11}a_{22}-a_{12}a_{21})x_1&=b_1a_{22}-b_2a_{12}, \\ (a_{11}a_{22}-a_{12}a_{21})x_2&=b_2a_{11}-b_1a_{21}. \end{aligned}$$

当 $a_{11}a_{22}-a_{12}a_{21}\neq 0$ 时, 方程组 (1.2.1) 的解为

$$x_1=\frac{b_1a_{22}-b_2a_{12}}{a_{11}a_{22}-a_{12}a_{21}}, \quad x_2=\frac{b_2a_{11}-b_1a_{21}}{a_{11}a_{22}-a_{12}a_{21}}. \tag{1.2.2}$$

为讨论问题的方便, 记

$$D=\begin{vmatrix} a_{11} & a_{12} \\ a_{21} & a_{22} \end{vmatrix}=a_{11}a_{22}-a_{12}a_{21},$$

称 D 为二阶行列式, 它代表一个数, 简记为 $D=\det(a_{ij})_2$, 其中数 $a_{ij}(i=1,2;j=1,2)$ 称为行列式 D 的第 i 行第 j 列的元素. i 为元素 a_{ij} 的行标, j 为元素 a_{ij} 的列标.

二阶行列式可用对角线法帮助记忆. 它是两项的代数和, 其中第一项是从左上角到右下角的主对角线上两元素的乘积, 带正号; 第二项是从右上角至左下角的副对角线上两元素的乘积, 带负号.

$$\begin{vmatrix} a_{11} & a_{21} \\ a_{12} & a_{22} \end{vmatrix} = a_{11}a_{22}-a_{12}a_{21}.$$

根据二阶行列式的定义, 方程组 (1.2.1) 的解 (1.2.2) 中的分子也可以用二阶行列式表示出来, 若记

$$D_1=\begin{vmatrix} b_1 & a_{12} \\ b_2 & a_{22} \end{vmatrix}=b_1a_{22}-b_2a_{12},\quad D_2=\begin{vmatrix} a_{11} & b_1 \\ a_{21} & b_2 \end{vmatrix}=a_{11}b_2-b_1a_{21},$$

其中 $D_j(j=1,2)$ 表示将 D 中第 j 列换成 (1.2.1) 式右边的常数项所得到的行列式.

于是, 当系数行列式 $D\neq 0$ 时, 二元一次方程组有唯一解:

$$x_1=\frac{b_1a_{22}-b_2a_{12}}{a_{11}a_{22}-a_{12}a_{21}}=\frac{\begin{vmatrix} b_1 & a_{12} \\ b_2 & a_{22} \end{vmatrix}}{\begin{vmatrix} a_{11} & a_{12} \\ a_{21} & a_{22} \end{vmatrix}}=\frac{D_1}{D},$$

$$x_2=\frac{b_2a_{11}-b_1a_{21}}{a_{11}a_{22}-a_{12}a_{21}}=\frac{\begin{vmatrix} a_{11} & b_1 \\ a_{21} & b_2 \end{vmatrix}}{\begin{vmatrix} a_{11} & a_{12} \\ a_{21} & a_{22} \end{vmatrix}}=\frac{D_2}{D}.$$

例 1.2.1　求解二元一次线性方程组

$$\begin{cases} x_1+2x_2=1, \\ 3x_1-x_2=-3. \end{cases}$$

解　系数行列式

$$D=\begin{vmatrix} 1 & 2 \\ 3 & -1 \end{vmatrix}=-1-6=-7\neq 0,$$

可求得

$$D_1=\begin{vmatrix} 1 & 2 \\ -3 & -1 \end{vmatrix}=5,\quad D_2=\begin{vmatrix} 1 & 1 \\ 3 & -3 \end{vmatrix}=-6,$$

因此方程组的解

$$x_1 = \frac{D_1}{D} = -\frac{5}{7}, \quad x_2 = \frac{D_2}{D} = \frac{6}{7}.$$

2. 三阶行列式

求解三元一次线性方程组

$$\begin{cases} a_{11}x_1 + a_{12}x_2 + a_{13}x_3 = b_1, \\ a_{21}x_1 + a_{22}x_2 + a_{23}x_3 = b_2, \\ a_{31}x_1 + a_{32}x_2 + a_{33}x_3 = b_3. \end{cases} \tag{1.2.3}$$

如果满足一定条件, 可利用加减消元法解此方程组, 先由前两个方程消去 x_3, 得到一个只含有 x_1, x_2 的二元一次方程; 再后两个方程消去 x_3, 得到另一个只含有 x_1, x_2 的二元一次方程, 最后联立这两个二元一次方程, 消去 x_2, 可得

$$\begin{aligned} &(a_{11}a_{22}a_{33} + a_{12}a_{23}a_{31} + a_{13}a_{21}a_{32} - a_{11}a_{23}a_{32} - a_{12}a_{21}a_{33} - a_{13}a_{22}a_{31})x_1 \\ =&b_1a_{22}a_{33} + b_3a_{12}a_{23} + b_2a_{13}a_{32} - b_1a_{23}a_{32} - b_2a_{12}a_{33} - b_3a_{22}a_{31}. \end{aligned} \tag{1.2.4}$$

若将 x_1 的系数记为

$$\begin{aligned} D = &\begin{vmatrix} a_{11} & a_{12} & a_{13} \\ a_{21} & a_{22} & a_{23} \\ a_{31} & a_{32} & a_{33} \end{vmatrix} \\ = &a_{11}a_{22}a_{33} + a_{13}a_{21}a_{32} + a_{12}a_{23}a_{31} \\ &-a_{13}a_{22}a_{31} - a_{12}a_{21}a_{33} - a_{11}a_{23}a_{32}, \end{aligned}$$

则称 D 为三阶行列式. 为便于记忆和计算, 三阶行列式的对角线法如下:

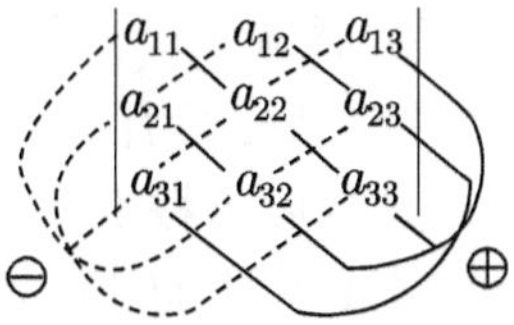

$$\begin{aligned} &= a_{11}a_{22}a_{33} + a_{12}a_{23}a_{31} + a_{13}a_{21}a_{32} \\ &\quad - a_{11}a_{23}a_{32} - a_{12}a_{21}a_{33} - a_{13}a_{22}a_{31}. \end{aligned} \tag{1.2.5}$$

类似于解二元一次线性方程组，当方程组 (1.2.3) 中的系数行列

$$D = \begin{vmatrix} a_{11} & a_{12} & a_{13} \\ a_{21} & a_{22} & a_{23} \\ a_{31} & a_{32} & a_{33} \end{vmatrix} \neq 0$$

时, 三元一次线性方程组有唯一解为 $x_1 = \dfrac{D_1}{D}, x_2 = \dfrac{D_2}{D}, x_3 = \dfrac{D_3}{D}$, 其中

$$D_1=\begin{vmatrix} b_1 & a_{12} & a_{13} \\ b_2 & a_{22} & a_{23} \\ b_3 & a_{32} & a_{33} \end{vmatrix},\quad D_2=\begin{vmatrix} a_{11} & b_1 & a_{13} \\ a_{21} & b_2 & a_{23} \\ a_{31} & b_3 & a_{33} \end{vmatrix},\quad D_3=\begin{vmatrix} a_{11} & a_{12} & b_1 \\ a_{21} & a_{22} & b_2 \\ a_{31} & a_{32} & b_3 \end{vmatrix}.$$

例 1.2.2　解三元一次方程组

$$\begin{cases} 2x_1+3x_2-x_3=-4, \\ x_1-x_2+x_3=5, \\ 7x_1-6x_2-4x_3=1. \end{cases}$$

解　系数行列式

$$D=\begin{vmatrix} 2 & 3 & -1 \\ 1 & -1 & 1 \\ 7 & -6 & -4 \end{vmatrix}=52,$$

又有

$$D_1=\begin{vmatrix} -4 & 3 & -1 \\ 5 & -1 & 1 \\ 1 & -6 & -4 \end{vmatrix}=52,\qquad D_2=\begin{vmatrix} 2 & -4 & -1 \\ 1 & 5 & 1 \\ 7 & 1 & -4 \end{vmatrix}=-52,$$

$$D_3=\begin{vmatrix} 2 & 3 & -4 \\ 1 & -1 & 5 \\ 7 & -6 & 1 \end{vmatrix}=156,$$

解为

$$x_1=\frac{D_1}{D}=1,\quad x_2=\frac{D_2}{D}=-1,\quad x_3=\frac{D_3}{D}=3.$$

利用二、三阶行列式可将二、三元线性方程组的解表示得更为简单, 所以在解 n 元线性方程组时, 自然会想到其解能否用 n 阶行列式来表示. 为此, 我们先来研究二、三阶行列式的展开式结构, 找出其共性, 以便给出 n 阶行列式的定义.

通过分析, 我们可以看出三阶行列式的展开式具有以下特点.

(1) 三阶行列式的每一个展开项都是由位于不同行不同列的三个元素的乘积构成的, 即每项的三个元素的行标列标无重复.

(2) 每项的三个元素的行标按自然顺序排列时, 即该项为 $a_{1p_1}a_{2p_2}a_{3p_3}$ 时, 可以看出列标 $p_1p_2p_3$, 是自然数 1, 2, 3 的某个排列, 所以三阶行列式的展开式一共有 $3!$ 项.

(3) 行标按自然顺序排列时, 每一个展开项所带的符号与列标的排列有关：如果列标是奇排列, 则前面是负号; 如果列标是偶排列, 则前面是正号.

因此, 三阶行列式也可以写成

$$D=\begin{vmatrix} a_{11} & a_{12} & a_{13} \\ a_{21} & a_{22} & a_{23} \\ a_{31} & a_{32} & a_{33} \end{vmatrix}=\sum_{p_1p_2p_3}(-1)^t a_{1p_1}a_{2p_2}a_{3p_3},$$

其中 t 为排列 $p_1p_2p_3$ 的逆序数, 即 $t=\tau(p_1p_2p_3)$, 上式 $\sum\limits_{p_1p_2p_3}$ 表示对 1, 2, 3 三个数的所有排列 $p_1p_2p_3$ 求和.

仿此, 可以给出 n 阶行列式的定义.

1.2.2 n 阶行列式的定义

定义 1.2.1 称由 n^2 个数 $a_{ij}(i,j=1,2,\cdots,n)$ 排成 n 行 n 列的记号

$$D_n=\begin{vmatrix} a_{11} & a_{12} & \cdots & a_{1n} \\ a_{21} & a_{22} & \cdots & a_{2n} \\ \vdots & \vdots & & \vdots \\ a_{n1} & a_{n2} & \cdots & a_{nn} \end{vmatrix}$$

为 n 阶行列式, 简记为 $D_n=\det(a_{ij})_n$.

它表示所有取自不同行不同列的 n 个数乘积的代数和, 各项行标按标准排列后, 列标构成的排列为偶排列时, 此项带正号, 为奇排列时, 此项带负号. 因此, 一般项可写为

$$(-1)^t a_{1p_1}a_{2p_2}\cdots a_{np_n},$$

其中 $p_1p_2\cdots p_n$ 为自然数 $1,2,\cdots,n$ 的一个 n 元排列, t 为此排列的逆序数, 当 $p_1p_2\cdots p_n$ 取遍所有 n 元排列时, 则得到 n 阶行列式表示的代数和中的所有项, 即 n 阶行列式可表示为

$$D=\det(a_{ij})_n=\begin{vmatrix} a_{11} & a_{12} & \cdots & a_{1n} \\ a_{21} & a_{22} & \cdots & a_{2n} \\ \vdots & \vdots & & \vdots \\ a_{n1} & a_{n2} & \cdots & a_{nn} \end{vmatrix}=\sum_{p_1p_2\cdots p_n}(-1)^t a_{1p_1}a_{2p_2}\cdots a_{np_n},$$

其中 $\sum\limits_{p_1p_2\cdots p_n}$ 表示对 $1,2,\cdots,n$ 的所有排列取和, 右边的式子称为 n 阶行列式的展开式, 它共有 $n!$ 项.

通过分析, 可以看出 n 阶行列式具有以下特点.

(1) n 阶行列式的每一个展开项都是由位于不同行不同列的 n 个元素的乘积构成的, 即每项 n 个元素的行标列标无重复.

(2) 每项的 n 个元素按行标的自然顺序排列时, 该项为 $a_{1p_1}a_{2p_2}\cdots a_{np_n}$, 可以看出列标 $p_1p_2\cdots p_n$ 是自然数 $12\cdots n$ 的某个排列, 所以 n 阶行列式的展开式一共有 $n!$ 项.

(3) 每一个展开项所带的符号当行标按标准顺序时, 与列标的排列有关: 如果列标是奇排列, 则前面是负号; 如果列标是偶排列, 则前面是正号.

特别地, 当 $n=1$ 时, $|a_{11}|=a_{11}$ 称为**一阶行列式**, 注意不要与绝对值记号混淆.

定理 1.2.1　n 阶行列式也可定义为

$$D_1=\begin{vmatrix} a_{11} & a_{12} & \cdots & a_{1n} \\ a_{21} & a_{22} & \cdots & a_{2n} \\ \vdots & \vdots & & \vdots \\ a_{n1} & a_{n2} & \cdots & a_{nn} \end{vmatrix}=\sum_{q,q_2\cdots q_n}(-1)^t a_{q_1 1}a_{q_2 2}\cdots a_{q_n n},$$

其中 t 为行标 $q_1q_2\cdots q_n$ 的逆序数.

证明　按行列式的定义有

$$D=\sum_{p_1p_2\cdots p_n}(-1)^t a_{1p_1}a_{2p_2}\cdots a_{np_n},$$

记 $D_1=\sum\limits_{q_1q_2\cdots q_n}(-1)^t a_{q_1 1}a_{q_2 2}\cdots a_{q_n n}$, D 中任一项 $(-1)^{\tau(p_1p_2\cdots p_n)}a_{1p_1}a_{2p_2}\cdots a_{np_n}$.

当列标的排列 $p_1p_2\cdots p_n$ 经过 k 次对换后变成标准排列, 相应的行标的标准排列经相同次对换变成排列 $q_1q_2\cdots q_n$, 由于数的乘法是可交换的, 所以有

$$a_{1p_1}a_{2p_2}\cdots a_{np_n}=a_{q_1 1}a_{q_2 2}\cdots a_{q_n n}.$$

由推论 1.1.1 可知, 对换次数 k 与 $\tau(p_1p_2\cdots p_n)$ 有相同的奇偶性, 同理 k 与 $\tau(q_1q_2\cdots q_n)$ 也有相同的奇偶性, 从而 $\tau(p_1p_2\cdots p_n)$ 与 $\tau(q_1q_2\cdots q_n)$ 有相同的奇偶性, 所以有

$$(-1)^{\tau(p_1p_2\cdots p_n)}a_{1p_1}a_{2p_2}\cdots a_{np_n}=(-1)^{\tau(q_1q_2\cdots q_n)}a_{q_1 1}a_{q_2 2}\cdots a_{q_n n},$$

即 D 中的任一项总有且仅有 D_1 中的某一项与之对应并相等; 反之, 对于 D_1 中的任一项也总有且仅有 D 中的某一项与之对应并相等, 于是 D 与 D_1 中的项可以一一对应且相等, 从而 $D=D_1$.

注意　对角线展开法仅适用于二、三阶行列式.

例 1.2.3　证明对角线行列式

$$\begin{vmatrix} \lambda_1 & 0 & \cdots & 0 \\ 0 & \lambda_2 & \cdots & 0 \\ \vdots & \vdots & \ddots & \vdots \\ 0 & 0 & \cdots & \lambda_n \end{vmatrix} = \lambda_1\lambda_2\cdots\lambda_n, \tag{1.2.6}$$

$$\begin{vmatrix} 0 & \cdots & 0 & \lambda_1 \\ 0 & \cdots & \lambda_2 & 0 \\ \vdots & \iddots & \vdots & \vdots \\ \lambda_n & \cdots & 0 & 0 \end{vmatrix} = (-1)^{\frac{n(n-1)}{2}}\lambda_1\lambda_2\cdots\lambda_n. \tag{1.2.7}$$

证明 仅证 (1.2.7) 式：根据行列式的定义, 展开式的每一项为来自不同行不同列的元素之积, 所以 $\begin{vmatrix} & & & \lambda_1 \\ & & \lambda_2 & \\ & \iddots & & \\ \lambda_n & & & \end{vmatrix}$ 的非零展开项只有一项：$\lambda_1\lambda_2\cdots\lambda_n$, 下面考虑此项的符号 $\lambda_1\lambda_2\cdots\lambda_n$ 的行标号为标准排列时, 列标号顺序是 $n(n-1)(n-2)\cdots 21$, 其逆序数 $t=\tau[n(n-1)\cdots 21]=0+1+2+\cdots+(n-1)=\dfrac{n(n-1)}{2}$, 所以 (1.2.7) 式成立.

例 1.2.4 计算 $D=\begin{vmatrix} 0 & 0 & 1 & 0 \\ 0 & 2 & 0 & 0 \\ 3 & 0 & 0 & 0 \\ 0 & 0 & 0 & 4 \end{vmatrix}$.

解 此行列式的非零展开项只有一项：$a_{13}a_{22}a_{31}a_{44}$, 又 $\tau(3214)=3$ 为奇数, 因此

$$D=\begin{vmatrix} 0 & 0 & 1 & 0 \\ 0 & 2 & 0 & 0 \\ 3 & 0 & 0 & 0 \\ 0 & 0 & 0 & 4 \end{vmatrix} = -4! = -24.$$

一般地, 当行列式的 0 元素较多时, 按行列式的定义进行计算.

定义 1.2.2 对角线以下 (上) 的元素全部为 0 的行列式称为上 (下) 三角行列式. n 阶上 (下) 三角行列式如下：

$$\begin{vmatrix} a_{11} & a_{12} & \cdots & a_{1n} \\ 0 & a_{22} & \cdots & a_{2n} \\ \vdots & \vdots & \ddots & \vdots \\ 0 & 0 & \cdots & a_{nn} \end{vmatrix} = \begin{vmatrix} a_{11} & 0 & \cdots & 0 \\ a_{21} & a_{22} & \cdots & 0 \\ \vdots & \vdots & \ddots & \vdots \\ a_{n1} & a_{n2} & \cdots & a_{nn} \end{vmatrix} = a_{11}a_{22}\cdots a_{nn},$$

$$\begin{vmatrix} a_{11} & \cdots & a_{1n-1} & a_{1n} \\ a_{21} & \cdots & a_{2n-1} & 0 \\ \vdots & \iddots & \vdots & \vdots \\ a_{n1} & \cdots & 0 & 0 \end{vmatrix} = \begin{vmatrix} 0 & \cdots & 0 & a_{1n} \\ 0 & \cdots & a_{2n-1} & a_{11} \\ \vdots & \iddots & \vdots & \vdots \\ a_{n1} & \cdots & a_{nn-1} & a_{nn} \end{vmatrix} = (-1)^{\frac{n(n-1)}{2}} a_{1n}a_{2n-1}\cdots a_{n1}.$$

例 1.2.5　在四阶行列式的展开式中, 求含有 a_{12}, a_{34} 的项.

解　根据行列式的定义, 展开式的每一项为来自不同行且不同列的元素 (行列标无重复) 之积, 含有 a_{12}, a_{34} 的项的另两个元素为 a_{21}, a_{43} 或 a_{23}, a_{41}, 即 $a_{12}a_{21}a_{34}a_{43}$ 或 $a_{12}a_{23}a_{34}a_{41}$, 还要考虑其符号, 因为 $\tau(2143) = 2$, $\tau(2341) = 3$, 所以含有 a_{12}, a_{34} 的项为 $a_{12}a_{21}a_{34}a_{43}$ 和 $-a_{12}a_{23}a_{34}a_{41}$.

例 1.2.6　多项式 $p(x) = \begin{vmatrix} 2x & 1 & -1 \\ -x & -x & x \\ 1 & -6 & x \end{vmatrix}$ 中, 求 x^3 的系数.

解　展开项中, 每一项为来自不同行、不同列的元素之积, 能出现 x^3 的项只有 $(-1)^{\tau(123)}2x \cdot (-x) \cdot x = -2x^3$. 所以 x^3 的系数为 -2.

1.3　行列式的性质

用行列式定义计算一般行列式非常困难, 因为用定义计算一个 n 阶行列式需要 $(n-1)n!$ 次乘法、$n!-1$ 次加减法, 计算量非常大. 因此有必要探究行列式的一些性质, 以简化其运算, 并且这些性质对行列式的理论研究也有重要意义.

定义 1.3.1　把行列式 D 的行与列互换所得到的新的行列式称为 D 的转置行列式, 记为 D^{T}.

$$D^{\mathrm{T}} = \begin{vmatrix} a_{11} & a_{12} & \cdots & a_{1n} \\ a_{21} & a_{22} & \cdots & a_{2n} \\ \vdots & \vdots & & \vdots \\ a_{n1} & a_{n2} & \cdots & a_{nn} \end{vmatrix}^{\mathrm{T}} = \begin{vmatrix} a_{11} & a_{21} & \cdots & a_{n1} \\ a_{12} & a_{22} & \cdots & a_{n2} \\ \vdots & \vdots & & \vdots \\ a_{1n} & a_{2n} & \cdots & a_{nn} \end{vmatrix}.$$

性质 1.3.1　转置行列式与原行列式的值相等, 即 $D^{\mathrm{T}} = D$.

证明　设 $D = \det(a_{ij})_n$ 的转置行列式为

$$D^{\mathrm{T}} = \begin{vmatrix} b_{11} & b_{12} & \cdots & b_{1n} \\ b_{21} & b_{22} & \cdots & b_{2n} \\ \vdots & \vdots & & \vdots \\ b_{n1} & b_{n2} & \cdots & b_{nn} \end{vmatrix},$$

即 $b_{ij}=a_{ji}(i,j=1,2,\cdots,n)$, 根据行列式的定义

$$\begin{aligned}D^{\mathrm{T}}&=\sum_{p_1p_2\cdots p_n}(-1)^{\tau(p_1p_2\cdots p_n)}b_{1p_1}b_{2p_2}\cdots b_{np_n}\\&=\sum_{p_1p_2\cdots p_n}(-1)^{\tau(p_1p_2\cdots p_n)}a_{p_11}a_{p_22}\cdots a_{p_nn},\end{aligned}$$

由定理 1.2.1 得

$$D=\sum_{p_1p_2\cdots p_n}(-1)^{\tau(p_1p_2\cdots p_n)}a_{p_11}a_{p_22}\cdots a_{p_nn},$$

从而 $D^{\mathrm{T}}=D$.

该性质说明, 在行列式中行和列的地位是同等的, 因此, 凡是对行成立的性质, 对列也同样成立, 故以下只讨论对行的性质, 列自然成立.

性质 1.3.2 行列式的某行 (列) 的公因子 k 可提取到行列式前, 即

$$\begin{vmatrix}a_{11}&a_{12}&\cdots&a_{1n}\\a_{21}&a_{22}&\cdots&a_{2n}\\\vdots&\vdots&&\vdots\\ka_{i1}&ka_{i2}&\cdots&ka_{in}\\\vdots&\vdots&&\vdots\\a_{n1}&a_{n2}&\cdots&a_{nn}\end{vmatrix}=k\begin{vmatrix}a_{11}&a_{12}&\cdots&a_{1n}\\a_{21}&a_{22}&\cdots&a_{2n}\\\vdots&\vdots&&\vdots\\a_{i1}&a_{i2}&\cdots&a_{in}\\\vdots&\vdots&&\vdots\\a_{n1}&a_{n2}&\cdots&a_{nn}\end{vmatrix}.$$

证明 由行列式的定义

$$\begin{vmatrix}a_{11}&a_{12}&\cdots&a_{1n}\\a_{21}&a_{22}&\cdots&a_{2n}\\\vdots&\vdots&&\vdots\\ka_{i1}&ka_{i2}&\cdots&ka_{in}\\\vdots&\vdots&&\vdots\\a_{n1}&a_{n2}&\cdots&a_{nn}\end{vmatrix}=\sum_{p_1p_2\cdots p_n}(-1)^{\tau(p_1p_2\cdots p_n)}a_{1p_1}a_{2p_2}\cdots(ka_{ip_i})\cdots a_{np_n}$$

$$=k\sum_{p_1p_2\cdots p_n}(-1)^{\tau(p_1p_2\cdots p_n)}a_{1p_1}a_{2p_2}\cdots a_{ip_i}\cdots a_{np_n}=k\begin{vmatrix}a_{11}&a_{12}&\cdots&a_{1n}\\a_{21}&a_{22}&\cdots&a_{2n}\\\vdots&\vdots&&\vdots\\a_{i1}&a_{i2}&\cdots&a_{in}\\\vdots&\vdots&&\vdots\\a_{n1}&a_{n2}&\cdots&a_{nn}\end{vmatrix},$$

故等式成立.

此性质说明: 一数乘以行列式等于将此数乘到行列式的某一行 (列) 中去.

推论 1.3.1 若行列式某一行 (列) 的元素全为零, 则行列式的值为零.

性质 1.3.3 交换行列式中任意两行或者两列, 行列式的值改变符号.

$$\begin{array}{r} \\ \\ \\ r_i \to \\ \\ r_j \to \\ \\ \\ \end{array}\begin{vmatrix} a_{11} & a_{12} & \cdots & a_{1n} \\ a_{21} & a_{22} & \cdots & a_{2n} \\ \vdots & \vdots & & \vdots \\ a_{i1} & a_{i2} & \cdots & a_{in} \\ \vdots & \vdots & & \vdots \\ a_{j1} & a_{j2} & \cdots & a_{jn} \\ \vdots & \vdots & & \vdots \\ a_{n1} & a_{n2} & \cdots & a_{nn} \end{vmatrix} = -\begin{vmatrix} a_{11} & a_{12} & \cdots & a_{1n} \\ a_{21} & a_{22} & \cdots & a_{2n} \\ \vdots & \vdots & & \vdots \\ a_{j1} & a_{j2} & \cdots & a_{jn} \\ \vdots & \vdots & & \vdots \\ a_{i1} & a_{i2} & \cdots & a_{in} \\ \vdots & \vdots & & \vdots \\ a_{n1} & a_{n2} & \cdots & a_{nn} \end{vmatrix}\begin{array}{l} \\ \\ \\ \leftarrow r_i \\ \\ \leftarrow r_j \\ \\ \\ \end{array}$$

证明 由行列式的定义可得

$$\begin{vmatrix} a_{11} & a_{12} & \cdots & a_{1n} \\ a_{21} & a_{22} & \cdots & a_{2n} \\ \vdots & \vdots & & \vdots \\ a_{i1} & a_{i2} & \cdots & a_{in} \\ \vdots & \vdots & & \vdots \\ a_{j1} & a_{j2} & \cdots & a_{jn} \\ \vdots & \vdots & & \vdots \\ a_{n1} & a_{n2} & \cdots & a_{nn} \end{vmatrix} = \sum_{p_1 p_2 \cdots p_n} (-1)^{\tau(p_1 p_2 \cdots p_i \cdots p_j \cdots p_n)} a_{1p_1} a_{2p_2} \cdots a_{ip_i} \cdots a_{jp_j} \cdots a_{np_n},$$

$$\begin{vmatrix} a_{11} & a_{12} & \cdots & a_{1n} \\ a_{21} & a_{22} & \cdots & a_{2n} \\ \vdots & \vdots & & \vdots \\ a_{j1} & a_{j2} & \cdots & a_{jn} \\ \vdots & \vdots & & \vdots \\ a_{i1} & a_{i2} & \cdots & a_{in} \\ \vdots & \vdots & & \vdots \\ a_{n1} & a_{n2} & \cdots & a_{nn} \end{vmatrix} = \sum_{p_1 p_2 \cdots p_n} (-1)^{\tau(p_1 p_2 \cdots p_j \cdots p_i \cdots p_n)} a_{1p_1} a_{2p_2} \cdots a_{jp_i} \cdots a_{ip_j} \cdots a_{np_n}.$$

又因为每一项

$$\begin{aligned}&(-1)^{\tau(p_1p_2\cdots p_i\cdots p_j\cdots p_n)}a_{1p_1}a_{2p_2}\cdots a_{ip_i}\cdots a_{jp_j}\cdots a_{np_n}\\=&-(-1)^{\tau(p_1p_2\cdots p_j\cdots p_i\cdots p_n)}a_{1p_1}a_{2p_2}\cdots a_{jp_i}\cdots a_{ip_j}\cdots a_{np_n}.\end{aligned}$$

故等式得证.

推论 1.3.2 行列式中有两行 (列) 相同, 则此行列式的值为 0.

推论 1.3.3 若行列式中有两行 (列) 的元素对应成比例, 则此行列式的值为 0.

由性质 1.3.2 及推论 1.3.2 即可得推论 1.3.3.

性质 1.3.4 如果某一行 (列) 的元素是两组数之和, 那么这个行列式就等于两个行列式之和, 而这两个行列式除这一行 (列) 元素外, 其余与原来行列式对应行 (列) 的元素一样. 即

$$\text{第 } i \text{ 行}\rightarrow\begin{vmatrix}a_{11} & a_{12} & \cdots & a_{1n}\\ \vdots & \vdots & & \vdots\\ b_1+c_1 & b_2+c_2 & \cdots & b_n+c_n\\ \vdots & \vdots & & \vdots\\ a_{n1} & a_{n2} & \cdots & a_{nn}\end{vmatrix}$$

$$=\begin{vmatrix}a_{11} & a_{12} & \cdots & a_{1n}\\ \vdots & \vdots & & \vdots\\ b_1 & b_2 & \cdots & b_n\\ \vdots & \vdots & & \vdots\\ a_{n1} & a_{n2} & \cdots & a_{nn}\end{vmatrix}+\begin{vmatrix}a_{11} & a_{12} & \cdots & a_{1n}\\ \vdots & \vdots & & \vdots\\ c_1 & c_2 & \cdots & c_n\\ \vdots & \vdots & & \vdots\\ a_{n1} & a_{n2} & \cdots & a_{nn}\end{vmatrix}$$

注意 只拆一行 (列), 其余行 (列) 不变.

证明 由行列式的定义

$$\begin{aligned}D&=\sum_{p_1p_2\cdots p_n}(-1)^{\tau(p_1\cdots p_i\cdots p_n)}a_{1p_1}\cdots(b_i+c_i)\cdots a_{np_n}\\&=\sum_{p_1p_2\cdots p_n}(-1)^{\tau(p_1\cdots p_i\cdots p_n)}a_{1p_1}\cdots b_i\cdots a_{np_n}\\&\quad+\sum_{p_1p_2\cdots p_n}(-1)^{\tau(p_1\cdots p_i\cdots p_n)}a_{1p_1}\cdots c_i\cdots a_{np_n}.\end{aligned}$$

上式恰好是等式右边两个行列式之和.

显然, 该性质可以推广到某一行 (列) 为多个数之和的情形.

性质 1.3.5　将行列式中某行 (或列) 的元素的 k 倍加到另一行 (或列) 对应元素上, 此行列式的值不变. 即

$$\begin{matrix} \\ \\ r_i \to \\ \\ r_j \to \\ \\ \\ \end{matrix}\begin{vmatrix} a_{11} & a_{12} & \cdots & a_{1n} \\ \vdots & \vdots & & \vdots \\ a_{i1} & a_{i2} & \cdots & a_{in} \\ \vdots & \vdots & & \vdots \\ ka_{i1}+a_{j1} & ka_{i2}+a_{j1} & \cdots & ka_{in}+a_{j1} \\ \vdots & \vdots & & \vdots \\ a_{n1} & a_{n2} & \cdots & a_{nn} \end{vmatrix} = \begin{vmatrix} a_{11} & a_{12} & \cdots & a_{1n} \\ \vdots & \vdots & & \vdots \\ a_{i1} & a_{i2} & \cdots & a_{in} \\ \vdots & \vdots & & \vdots \\ a_{j1} & a_{j1} & \cdots & a_{j1} \\ \vdots & \vdots & & \vdots \\ a_{n1} & a_{n2} & \cdots & a_{nn} \end{vmatrix}\begin{matrix} \\ \\ \leftarrow r_i \\ \\ \leftarrow r_j \\ \\ \\ \end{matrix}.$$

证明　由性质 1.3.4 和性质 1.3.2 得

$$\begin{vmatrix} a_{11} & a_{12} & \cdots & a_{1n} \\ a_{21} & a_{22} & \cdots & a_{2n} \\ \vdots & \vdots & & \vdots \\ a_{i1} & a_{i2} & \cdots & a_{in} \\ \vdots & \vdots & & \vdots \\ a_{j1}+ka_{i1} & a_{j2}+ka_{i2} & \cdots & a_{jn}+ka_{in} \\ \vdots & \vdots & & \vdots \\ a_{n1} & a_{n2} & \cdots & a_{nn} \end{vmatrix}$$

$$= \begin{vmatrix} a_{11} & a_{12} & \cdots & a_{1n} \\ a_{21} & a_{22} & \cdots & a_{2n} \\ \vdots & \vdots & & \vdots \\ a_{i1} & a_{i2} & \cdots & a_{in} \\ \vdots & \vdots & & \vdots \\ a_{j1} & a_{j2} & \cdots & a_{jn} \\ \vdots & \vdots & & \vdots \\ a_{n1} & a_{n2} & \cdots & a_{nn} \end{vmatrix} + k\begin{vmatrix} a_{11} & a_{12} & \cdots & a_{1n} \\ a_{21} & a_{22} & \cdots & a_{2n} \\ \vdots & \vdots & & \vdots \\ a_{i1} & a_{i2} & \cdots & a_{in} \\ \vdots & \vdots & & \vdots \\ a_{i1} & a_{i2} & \cdots & a_{in} \\ \vdots & \vdots & & \vdots \\ a_{n1} & a_{n2} & \cdots & a_{nn} \end{vmatrix} = \begin{vmatrix} a_{11} & a_{12} & \cdots & a_{1n} \\ a_{21} & a_{22} & \cdots & a_{2n} \\ \vdots & \vdots & & \vdots \\ a_{i1} & a_{i2} & \cdots & a_{in} \\ \vdots & \vdots & & \vdots \\ a_{j1} & a_{j2} & \cdots & a_{jn} \\ \vdots & \vdots & & \vdots \\ a_{n1} & a_{n2} & \cdots & a_{nn} \end{vmatrix}.$$

为讨论的方便, 引进下述记号:

(1) 交换行列式的两行 (列)i 和 j, 记为 $r_i \leftrightarrow r_j(c_i \leftrightarrow c_j)$;

(2) 第 i 行 (列) 乘以 k, 记作 $r_i \times k(c_i \times k)$;

(3) 将行列式的第 i 行 (列) 乘 k 加到第 j 行 (列) 上, 记作 $r_j + kr_i(c_j + kc_i)$.

例 1.3.1 计算行列式 $D = \begin{vmatrix} 1 & 2 & 0 & 1 \\ 1 & 3 & 5 & 0 \\ 0 & 1 & 5 & 6 \\ 1 & 2 & 3 & 4 \end{vmatrix}$.

解

$$D \xlongequal{r_2 - r_1} \begin{vmatrix} 1 & 2 & 0 & 1 \\ 0 & 1 & 5 & -1 \\ 0 & 1 & 5 & 6 \\ 1 & 2 & 3 & 4 \end{vmatrix} \xlongequal{r_4 - r_1} \begin{vmatrix} 1 & 2 & 0 & 1 \\ 0 & 1 & 5 & -1 \\ 0 & 1 & 5 & 6 \\ 0 & 0 & 3 & 3 \end{vmatrix}$$

$$\xlongequal{r_3 - r_2} \begin{vmatrix} 1 & 2 & 0 & 1 \\ 0 & 1 & 5 & -1 \\ 0 & 0 & 0 & 7 \\ 0 & 0 & 3 & 3 \end{vmatrix} \xlongequal{r_3 \leftrightarrow r_4} - \begin{vmatrix} 1 & 2 & 0 & 1 \\ 0 & 1 & 5 & -1 \\ 0 & 0 & 3 & 3 \\ 0 & 0 & 0 & 7 \end{vmatrix} = -21.$$

将行列式利用性质化为三角行列式进行计算, 是计算行列式的常用方法, 所以性质 1.3.5 是最重要的性质.

例 1.3.2 计算行列式 $D = \begin{vmatrix} 3 & 1 & 1 & 1 \\ 1 & 3 & 1 & 1 \\ 1 & 1 & 3 & 1 \\ 1 & 1 & 1 & 3 \end{vmatrix}$.

解 方法一

$$\text{原式} \xlongequal{r_1 \leftrightarrow r_4} - \begin{vmatrix} 1 & 1 & 1 & 3 \\ 1 & 3 & 1 & 1 \\ 1 & 1 & 3 & 1 \\ 3 & 1 & 1 & 1 \end{vmatrix} \xlongequal{r_2 - r_1} - \begin{vmatrix} 1 & 1 & 1 & 3 \\ 0 & 2 & 0 & -2 \\ 1 & 1 & 3 & 1 \\ 3 & 1 & 1 & 1 \end{vmatrix}$$

$$\xlongequal[r_4 - 3r_1]{r_3 - r_1} - \begin{vmatrix} 1 & 1 & 1 & 3 \\ 0 & 2 & 0 & -2 \\ 0 & 0 & 2 & -2 \\ 0 & -2 & -2 & -8 \end{vmatrix} \xlongequal{r_4 + r_2} - \begin{vmatrix} 1 & 1 & 1 & 3 \\ 0 & 2 & 0 & -2 \\ 0 & 0 & 2 & -2 \\ 0 & 0 & -2 & -10 \end{vmatrix}$$

$$\xlongequal{r_4 + r_3} - \begin{vmatrix} 1 & 1 & 1 & 3 \\ 0 & 2 & 0 & -2 \\ 0 & 0 & 2 & -2 \\ 0 & 0 & 0 & -12 \end{vmatrix} = 48.$$

方法二　各行元素的和都相等, 则将各列元素加到第一列上:

$$\text{原式}\xlongequal{c_1+c_2,c_1+c_3,c_1+c_4}\begin{vmatrix}6&1&1&1\\6&3&1&1\\6&1&3&1\\6&1&1&3\end{vmatrix}\xlongequal{\text{第一列提公因式 }6}\begin{vmatrix}1&1&1&1\\1&3&1&1\\1&1&3&1\\1&1&1&3\end{vmatrix}\times 6$$

$$\xlongequal[i=2,3,4]{r_i-r_1}\begin{vmatrix}1&1&1&1\\0&2&0&0\\0&0&2&0\\0&0&0&2\end{vmatrix}\times 6=48.$$

例 1.3.3　计算行列式 $D=\begin{vmatrix}0&1&1&\cdots&1\\1&0&1&\cdots&1\\1&1&0&\cdots&1\\\vdots&\vdots&\vdots&&\vdots\\1&1&1&\cdots&0\end{vmatrix}$.

解　由于各列元素之和相等, 将 D 的各行都加到第一行, 之后将第一行的公因式提出, 得

$$D=\begin{vmatrix}n-1&n-1&n-1&\cdots&n-1\\1&0&1&\cdots&1\\1&1&0&\cdots&1\\\vdots&\vdots&\vdots&&\vdots\\1&1&1&\cdots&0\end{vmatrix}=(n-1)\begin{vmatrix}1&1&1&\cdots&1\\1&0&1&\cdots&1\\1&1&0&\cdots&1\\\vdots&\vdots&\vdots&&\vdots\\1&1&1&\cdots&0\end{vmatrix},$$

再将第一行乘以 -1 加到各行得到一个上三角行列式, 进而得到结果

$$D=(n-1)\begin{vmatrix}1&1&1&\cdots&1\\0&-1&0&\cdots&0\\0&0&-1&\cdots&0\\\vdots&\vdots&\vdots&&\vdots\\0&0&0&\cdots&-1\end{vmatrix}=(-1)^{n-1}(n-1).$$

例 1.3.4　计算爪型行列式: $D_{n+1}=\begin{vmatrix}1&a_1&a_2&\cdots&a_n\\-a_1&x_1&0&\cdots&0\\-a_2&0&x_2&\cdots&0\\\vdots&\vdots&\vdots&&\vdots\\-a_n&0&0&\cdots&x_n\end{vmatrix}$　$(x_i\neq 0,i=$

$1, 2, \cdots, n)$.

解 将第 j 列 $(j=2,3,\cdots,n+1)$ 分别乘以 $\dfrac{a_{j-1}}{x_{j-1}}$ 倍加到第一列上, 得

$$D_{n+1}=\begin{vmatrix} 1+\sum\limits_{i=1}^{n}\dfrac{a_i^2}{x_i} & a_1 & a_2 & \cdots & a_n \\ 0 & x_1 & 0 & \cdots & 0 \\ 0 & 0 & x_2 & \cdots & 0 \\ \vdots & \vdots & \vdots & & \vdots \\ 0 & 0 & 0 & \cdots & x_n \end{vmatrix}=\left(1+\sum_{i=1}^{n}\frac{a_i^2}{x_i}\right)\prod_{j=1}^{n}x_j.$$

例 1.3.5 计算行列式 $D=\begin{vmatrix} a & b & c & d \\ a & a+b & a+b+c & a+b+c+d \\ a & 2a+b & 3a+2b+c & 4a+3b+2c+d \\ a & 3a+b & 6a+3b+c & 10a+6b+3c+d \end{vmatrix}$.

解 对行列式的行使用性质. 消元法的常用路线是: 将第一行乘以常数 (如 -1), 加到下面各行. 另一个路线是用下面一行减去它的上面一行. 当然, 必须从最下面开始.

$$\begin{aligned} D&=\begin{vmatrix} a & b & c & d \\ a & a+b & a+b+c & a+b+c+d \\ a & 2a+b & 3a+2b+c & 4a+3b+2c+d \\ a & 3a+b & 6a+3b+c & 10a+6b+3c+d \end{vmatrix} \\ &=\begin{vmatrix} a & b & c & d \\ 0 & a & a+b & a+b+c \\ 0 & a & 2a+b & 3a+2b+c \\ 0 & a & 3a+b & 6a+3b+c \end{vmatrix}=\begin{vmatrix} a & b & c & d \\ 0 & a & a+b & a+b+c \\ 0 & 0 & a & 2a+b \\ 0 & 0 & a & 3a+b \end{vmatrix} \\ &=\begin{vmatrix} a & b & c & d \\ 0 & a & a+b & a+b+c \\ 0 & 0 & a & 2a+b \\ 0 & 0 & 0 & a \end{vmatrix}=a^4. \end{aligned}$$

计算行列式时, 往往有多种方法, 考察各种路线, 选择最佳方案.

例 1.3.6　分块下三角行列式:

$$D=\left|\begin{array}{ccc:ccc} a_{11} & \cdots & a_{1m} & 0 & \cdots & 0 \\ \vdots & & \vdots & \vdots & & \vdots \\ a_{m1} & \cdots & a_{mm} & 0 & \cdots & 0 \\ \hdashline * & \cdots & * & b_{11} & \cdots & b_{1n} \\ \vdots & & \vdots & \vdots & & \vdots \\ * & \cdots & * & b_{n1} & \cdots & b_{nn} \end{array}\right|$$

$$=\left|\begin{array}{cccc} a_{11} & a_{12} & \cdots & a_{1m} \\ a_{21} & a_{22} & \cdots & a_{2m} \\ \vdots & \vdots & & \vdots \\ a_{m1} & a_{m2} & \cdots & a_{mm} \end{array}\right| \times \left|\begin{array}{cccc} b_{11} & b_{12} & \cdots & b_{1n} \\ b_{21} & b_{22} & \cdots & b_{2n} \\ \vdots & \vdots & & \vdots \\ b_{n1} & b_{n2} & \cdots & b_{nn} \end{array}\right|.$$

解　对 D 的第一行到第 m 行仅利用行的性质将 $\left|\begin{array}{cccc} a_{11} & a_{12} & \cdots & a_{1m} \\ a_{21} & a_{22} & \cdots & a_{2m} \\ \vdots & \vdots & & \vdots \\ a_{m1} & a_{m2} & \cdots & a_{mm} \end{array}\right|$ 化成下三角行列式 $\left|\begin{array}{cccc} a'_{11} & 0 & \cdots & 0 \\ a'_{21} & a'_{22} & \cdots & 0 \\ \vdots & \vdots & & \vdots \\ a'_{m1} & a'_{m2} & \cdots & a'_{mm} \end{array}\right|$, 再对第 $m+1$ 列到第 n 列仅利用列的性质将 $\left|\begin{array}{cccc} b_{11} & b_{12} & \cdots & b_{1n} \\ b_{21} & b_{22} & \cdots & b_{2n} \\ \vdots & \vdots & & \vdots \\ b_{n1} & b_{n2} & \cdots & b_{nn} \end{array}\right|$ 化成下上三角行列式 $\left|\begin{array}{cccc} b'_{11} & 0 & \cdots & 0 \\ b'_{21} & b'_{22} & \cdots & 0 \\ \vdots & \vdots & & \vdots \\ b'_{n1} & b'_{n2} & \cdots & b'_{nn} \end{array}\right|$, 则原行列式变为

$$D=\left|\begin{array}{ccc:ccc} a'_{11} & \cdots & 0 & 0 & \cdots & 0 \\ \vdots & & \vdots & \vdots & & \vdots \\ a'_{m1} & \cdots & a'_{mm} & 0 & \cdots & 0 \\ \hdashline * & \cdots & * & b'_{11} & \cdots & 0 \\ \vdots & & \vdots & \vdots & & \vdots \\ * & \cdots & * & b'_{n1} & \cdots & b'_{nn} \end{array}\right| = a'_{11}a'_{22}\cdots a'_{mm}b'_{11}b'_{22}\cdots b'_{nn}$$

$$= \begin{vmatrix} a_{11} & a_{12} & \cdots & a_{1m} \\ a_{21} & a_{22} & \cdots & a_{2m} \\ \vdots & \vdots & & \vdots \\ a_{m1} & a_{m2} & \cdots & a_{mm} \end{vmatrix} \times \begin{vmatrix} b_{11} & b_{12} & \cdots & b_{1n} \\ b_{21} & b_{22} & \cdots & b_{2n} \\ \vdots & \vdots & & \vdots \\ b_{n1} & b_{n2} & \cdots & b_{nn} \end{vmatrix}.$$

1.4 行列式按行 (列) 展开

一般地, 低阶行列式比高阶行列式的计算要简单, 于是我们很自然地考虑将高阶行列式的计算问题转化为低阶行列式的计算.

为此, 先引进余子式和代数余子式的概念.

定义 1.4.1 在 n 阶行列式

$$D = \begin{vmatrix} a_{11} & \cdots & a_{1j} & \cdots & a_{1n} \\ \vdots & & \vdots & & \vdots \\ a_{i1} & \cdots & a_{ij} & \cdots & a_{in} \\ \vdots & & \vdots & & \vdots \\ a_{n1} & \cdots & a_{nj} & \cdots & a_{nn} \end{vmatrix}$$

中划去元素 a_{ij} 所在的第 i 行与第 j 列, 剩下的 $(n-1)^2$ 个元素按原来的排列顺序, 构成一个 $n-1$ 阶行列式

$$M_{ij} = \begin{vmatrix} a_{11} & \cdots & a_{1,j-1} & a_{1,j+1} & \cdots & a_{1n} \\ \vdots & & \vdots & \vdots & & \vdots \\ a_{i-1,1} & \cdots & a_{i-1,j-1} & a_{i-1,j+1} & \cdots & a_{i-1,n} \\ a_{i+1,1} & \cdots & a_{i+1,j-1} & a_{i+1,j+1} & \cdots & a_{i+1,n} \\ \vdots & & \vdots & \vdots & & \vdots \\ a_{n1} & \cdots & a_{n,j-1} & a_{n,j+1} & \cdots & a_{nn} \end{vmatrix},$$

称为元素 a_{ij} 的余子式. $A_{ij} = (-1)^{i+j} M_{ij}$ 称为元素 a_{ij} 的代数余子式.

例如, 四阶行列式

$$D = \begin{vmatrix} a_{11} & a_{12} & a_{13} & a_{14} \\ a_{21} & a_{22} & a_{23} & a_{24} \\ a_{31} & a_{32} & a_{33} & a_{34} \\ a_{41} & a_{42} & a_{43} & a_{44} \end{vmatrix}$$

中元素 a_{12} 的余子式和代数余子式分别为

$$M_{12} = \begin{vmatrix} a_{21} & a_{23} & a_{24} \\ a_{31} & a_{33} & a_{34} \\ a_{41} & a_{43} & a_{44} \end{vmatrix},$$

$$A_{12} = (-1)^{1+2} M_{12} = -M_{12}.$$

行列式的每个元素 a_{ij} 分别对应着一个余子式和一个代数余子式. 显然元素 a_{ij} 的余子式和代数余子式只与元素 a_{ij} 的位置有关, 而与元素 a_{ij} 本身及所在行列上的元素无关, 并且有关系

$$A_{ij} = \begin{cases} M_{ij}, & i+j\text{为偶数}, \\ -M_{ij}, & i+j\text{为奇数}. \end{cases}$$

引理 1.4.1 如若 n 阶行列式 D 中第 i 行的所有元素除 a_{ij} 外都为零, 那么这个行列式等于 a_{ij} 与它的代数余子式的乘积, 即

$$D = \begin{vmatrix} a_{11} & \cdots & a_{1j} & \cdots & a_{1n} \\ \vdots & & \vdots & & \vdots \\ 0 & \cdots & a_{ij} & \cdots & 0 \\ \vdots & & \vdots & & \vdots \\ a_{n1} & \cdots & a_{nj} & \cdots & a_{nn} \end{vmatrix} = a_{ij} A_{ij}.$$

证明 当 a_{ij} 位于 D 的第一行第一列时, 即

$$D = \begin{vmatrix} a_{11} & 0 & \cdots & 0 \\ a_{21} & a_{22} & \cdots & a_{2n} \\ \vdots & \vdots & & \vdots \\ a_{n1} & a_{n2} & \cdots & a_{nn} \end{vmatrix},$$

由例 1.3.6 的结果可知

$$D = a_{11} M_{11} = a_{11}(-1)^{1+1} M_{11} = a_{11} A_{11}.$$

下面证明一般情形, 设

$$D = \begin{vmatrix} a_{11} & \cdots & a_{1j} & \cdots & a_{1n} \\ \vdots & & \vdots & & \vdots \\ 0 & \cdots & a_{ij} & \cdots & 0 \\ \vdots & & \vdots & & \vdots \\ a_{n1} & \cdots & a_{nj} & \cdots & a_{nn} \end{vmatrix},$$

把 D 的第 i 行依次与第 $i-1,\cdots,2,1$ 行交换后换到第一行, 再把 D 的第 j 列依次与第 $j-1,\cdots,2,1$ 列交换后换到第一列, 得

$$D_1=\begin{vmatrix} a_{ij} & \cdots & 0 & \cdots & 0 \\ \vdots & & \vdots & & \vdots \\ a_{i-1,j} & \cdots & a_{i-1,j-1} & \cdots & a_{i-1,n} \\ \vdots & & \vdots & & \vdots \\ a_{nj} & \cdots & a_{n,j-1} & \cdots & a_{nn} \end{vmatrix}=a_{ij}M_{ij}.$$

又有 $D=(-1)^{i-1}(-1)^{j-1}D_1=(-1)^{i+j}a_{ij}M_{ij}=a_{ij}A_{ij}$.

定理 1.4.1 (行列式按行按列展开定理)　行列式等于它的任一行 (或列) 的各个元素与其对应的代数余子式乘积之和, 即

$$D=\begin{vmatrix} a_{11} & a_{12} & \cdots & a_{1n} \\ \vdots & \vdots & & \vdots \\ a_{i1} & a_{i2} & \cdots & a_{in} \\ \vdots & \vdots & & \vdots \\ a_{n1} & a_{n2} & \cdots & a_{nn} \end{vmatrix}=a_{i1}A_{i1}+a_{i2}A_{i2}+\cdots+a_{in}A_{in},\quad i=1,2,\cdots,n$$

或

$$D=\begin{vmatrix} a_{11} & \cdots & a_{1j} & \cdots & a_{1n} \\ a_{21} & \cdots & a_{2j} & \cdots & a_{2n} \\ \vdots & & \vdots & & \vdots \\ a_{n1} & \cdots & a_{nj} & \cdots & a_{nn} \end{vmatrix}=a_{1j}A_{1j}+a_{2j}A_{2j}+\cdots+a_{nj}A_{nj},\quad j=1,2,\cdots,n.$$

证明

$$D=\begin{vmatrix} a_{11} & a_{12} & \cdots & a_{1n} \\ \vdots & \vdots & & \vdots \\ a_{i1}+0+\cdots+0 & 0+a_{i2}+\cdots+0 & \cdots & 0+\cdots+0+a_{in} \\ \vdots & \vdots & & \vdots \\ a_{n1} & a_{n2} & \cdots & a_{nn} \end{vmatrix}$$

$$
=\begin{vmatrix} a_{11} & a_{12} & \cdots & a_{1n} \\ \vdots & \vdots & & \vdots \\ a_{i1} & 0 & \cdots & 0 \\ \vdots & \vdots & & \vdots \\ a_{n1} & a_{n2} & \cdots & a_{nn} \end{vmatrix} + \begin{vmatrix} a_{11} & a_{12} & \cdots & a_{1n} \\ \vdots & \vdots & & \vdots \\ 0 & a_{i2} & \cdots & 0 \\ \vdots & \vdots & & \vdots \\ a_{n1} & a_{n2} & \cdots & a_{nn} \end{vmatrix}
$$

$$
+\cdots+\begin{vmatrix} a_{11} & a_{12} & \cdots & a_{1n} \\ \vdots & \vdots & & \vdots \\ 0 & 0 & \cdots & a_{in} \\ \vdots & \vdots & & \vdots \\ a_{n1} & a_{n2} & \cdots & a_{nn} \end{vmatrix} = a_{i1}A_{i1}+a_{i2}A_{i2}+\cdots+a_{in}A_{in}.
$$

类似地, 若按列证明, 可得

$$
D = a_{1j}A_{1j}+a_{2j}A_{2j}+\cdots+a_{nj}A_{nj}, \quad j=1,2,\cdots,n.
$$

定理 1.4.1 是将高阶行列式的计算化为低一阶的行列式计算, 当行列式的阶数较大时, 我们希望在行列式中某一行 (列) 有较多等于 0 的元素, 那么就按这一行 (列) 展开. 这就需要运用 1.3 节的性质, 使行列式中某一行 (列) 有较多 0 元素.

例 1.4.1 计算 $D=\begin{vmatrix} 2 & -1 & 0 \\ 1 & 1 & 2 \\ 3 & -1 & 2 \end{vmatrix}$.

解 方法一 利用对角线法则

$$
D=\begin{vmatrix} 2 & -1 & 0 \\ 1 & 1 & 2 \\ 3 & -1 & 2 \end{vmatrix} = 4-6+4+2=4.
$$

方法二 利用行列式的性质

$$
D=\begin{vmatrix} 2 & -1 & 0 \\ 1 & 1 & 2 \\ 3 & -1 & 2 \end{vmatrix} \xlongequal[r_3-3r_2]{r_1-2r_2} \begin{vmatrix} 0 & -3 & -4 \\ 1 & 1 & 2 \\ 0 & -4 & -4 \end{vmatrix}
$$

$$
\xlongequal[r_2\longleftrightarrow r_3]{r_1\longleftrightarrow r_2} -4\begin{vmatrix} 1 & 1 & 2 \\ 0 & 1 & 1 \\ 0 & -3 & -4 \end{vmatrix} \xlongequal{r_3+3r_2} -4\begin{vmatrix} 1 & 1 & 2 \\ 0 & 1 & 1 \\ 0 & 0 & -1 \end{vmatrix} = 4.
$$

方法三 利用行列式按第三列展开

$$D=\begin{vmatrix} 2 & -1 & 0 \\ 1 & 1 & 2 \\ 3 & -1 & 2 \end{vmatrix}=2\times(-1)^{2+3}\begin{vmatrix} 2 & -1 \\ 3 & -1 \end{vmatrix}+2\times(-1)^{3+3}\begin{vmatrix} 2 & -1 \\ 1 & 1 \end{vmatrix}$$
$$=-2\times 1+2\times 3=4.$$

推论 1.4.1 行列式中的某一行 (列) 各个元素与另一行 (列) 对应元素的代数余子式乘积之和等于零, 即

$$a_{i1}A_{j1}+a_{i2}A_{j2}+\cdots+a_{in}A_{jn}=0,\quad i\neq j$$

或

$$a_{1i}A_{1j}+a_{2i}A_{2j}+\cdots+a_{ni}A_{nj}=0,\quad i\neq j$$

证明 构造行列式

$$D_1=\begin{vmatrix} a_{11} & a_{12} & \cdots & a_{1n} \\ \vdots & \vdots & & \vdots \\ a_{i1} & a_{i2} & \cdots & a_{in} \\ \vdots & \vdots & & \vdots \\ a_{i1} & a_{i2} & \cdots & a_{in} \\ \vdots & \vdots & & \vdots \\ a_{n1} & a_{n2} & \cdots & a_{nn} \end{vmatrix}\begin{matrix} \\ \\ \leftarrow r_i \\ \\ \leftarrow r_j \\ \\ \\ \end{matrix},$$

其中第 i 行与第 j 行的对应元素相同, 可知 $D_1=0$. 而 D_1 与 D 仅第 j 行元素不同, 从而可知, D_1 的第 j 行元素的代数余子式与 D 的第 j 行对应元素的代数余子式相同, 即将 D_1 按 j 行展开

$$D_1=a_{i1}A_{j1}+a_{i2}A_{j2}+\cdots+a_{in}A_{jn}=0.$$

类似地, 有

$$a_{1i}A_{1j}+a_{2i}A_{2j}+\cdots+a_{ni}A_{nj}=0.$$

综合前面有

$$a_{i1}A_{j1}+a_{i2}A_{j2}+\cdots+a_{in}A_{jn}=\begin{cases} D, & i=j \\ 0, & i\neq j, \end{cases}\qquad i,j=1,2,\cdots,n.$$

$$a_{1i}A_{1j}+a_{2i}A_{2j}+\cdots+a_{ni}A_{nj}=\begin{cases} D, & i=j, \\ 0, & i\neq j, \end{cases}\qquad i,j=1,2,\cdots,n.$$

例 1.4.2　$D=\begin{vmatrix} 1 & 1 & -1 & 0 \\ 1 & 2 & -1 & 2 \\ 2 & 3 & 2 & 1 \\ 3 & 4 & 2 & 0 \end{vmatrix}$, 计算 $A_{31}+2A_{32}-A_{33}+A_{34}$.

解　把行列式 D 的第三行的元素换为 $1, 2, -1, 1$ 得 D_1,

$$A_{31}+2A_{32}-A_{33}+A_{34}=D_1=\begin{vmatrix} 1 & 1 & -1 & 0 \\ 1 & 2 & -1 & 2 \\ 1 & 2 & -1 & 1 \\ 3 & 4 & 2 & 0 \end{vmatrix}=5.$$

例 1.4.3　计算 n 阶行列式 $(n>1)D_n=\begin{vmatrix} x & y & 0 & \cdots & 0 & 0 \\ 0 & x & y & \cdots & 0 & 0 \\ 0 & 0 & x & \cdots & 0 & 0 \\ \vdots & \vdots & \vdots & & \vdots & \vdots \\ 0 & 0 & 0 & \cdots & x & y \\ y & 0 & 0 & \cdots & 0 & x \end{vmatrix}$.

解　按第一列展开:

$$\begin{aligned} D_n &= x\begin{vmatrix} x & y & \cdots & 0 & 0 \\ 0 & x & \cdots & 0 & 0 \\ \vdots & \vdots & & \vdots & \vdots \\ 0 & 0 & \cdots & x & y \\ 0 & 0 & \cdots & 0 & x \end{vmatrix}+y(-1)^{n+1}\begin{vmatrix} y & 0 & \cdots & 0 & 0 \\ x & y & \cdots & 0 & 0 \\ 0 & x & \cdots & 0 & 0 \\ \vdots & \vdots & & \vdots & \vdots \\ 0 & 0 & \cdots & x & y \end{vmatrix} \\ &= x^n+(-1)^{n+1}y^n. \end{aligned}$$

例 1.4.4　n 阶行列式 $(n>1)D_n=\begin{vmatrix} a & b & 0 & & 0 & 0 \\ c & a & b & & 0 & 0 \\ 0 & c & a & \ddots & 0 & 0 \\ & & \ddots & \ddots & \ddots & \\ 0 & 0 & 0 & \ddots & a & b \\ 0 & 0 & 0 & & c & a \end{vmatrix}$, 计算 D_4.

解 按第一列展开

$$D_n = a\begin{vmatrix} a & b & & 0 & 0 \\ c & a & \ddots & 0 & 0 \\ & \ddots & \ddots & \ddots & \\ 0 & 0 & \ddots & a & b \\ 0 & 0 & & c & a \end{vmatrix} - c\begin{vmatrix} b & 0 & & 0 & 0 \\ c & a & \ddots & 0 & 0 \\ & \ddots & \ddots & \ddots & \\ 0 & 0 & \ddots & a & b \\ 0 & 0 & & c & a \end{vmatrix}.$$

后一个行列式再按第一行展开得

$$\begin{aligned} &D_n = aD_{n-1} - bcD_{n-2}(n \geqslant 3), \\ &D_1 = a, \quad D_2 = a^2 - bc, \\ &D_3 = aD_2 - bcD_1 = a^3 - 2abc, \\ &D_4 = aD_3 - bcD_2 = a^4 - 3a^2bc + b^2c^2. \end{aligned}$$

注 计算这类三对角行列式常用递推公式计算.

例 1.4.5 试证: 当 $\alpha \neq n\pi$ 时, 有

$$D_n = \begin{vmatrix} 2\cos\alpha & 1 & 0 & & 0 & 0 \\ 1 & 2\cos\alpha & 1 & & 0 & 0 \\ 0 & 1 & 2\cos\alpha & \ddots & 0 & 0 \\ & & \ddots & \ddots & \ddots & \\ 0 & 0 & 0 & \ddots & 2\cos\alpha & 1 \\ 0 & 0 & 0 & & 1 & 2\cos\alpha \end{vmatrix} = \frac{\sin(n+1)\alpha}{\sin\alpha}.$$

证明 用数学归纳法证明.

当 $n = 1, 2$ 时, 结果显然成立, 假设 $n = k$ 时也成立.

当 $n = k + 1$ 时, 对 D_n 按第一行展开有

$$\begin{aligned} D_{k+1} &= 2\cos\alpha D_k - D_{k-1} \\ &= 2\cos\alpha\frac{\sin(k+1)\alpha}{\sin\alpha} - \frac{\sin k\alpha}{\sin\alpha} \\ &= \frac{1}{\sin\alpha}[2\sin(k+1)\alpha\cos\alpha - \sin k\alpha] \\ &= \frac{1}{\sin\alpha}[\sin(k+2)\alpha + \sin k\alpha - \sin k\alpha] \\ &= \frac{\sin(k+2)\alpha}{\sin\alpha}. \end{aligned}$$

所以 $n = k + 1$ 时结果也成立.

例 1.4.6　计算行列式 $D_{2n}=\begin{vmatrix} a & & & & & b \\ & \ddots & & & \iddots & \\ & & a & b & & \\ & & c & d & & \\ & \iddots & & & \ddots & \\ c & & & & & d \end{vmatrix}$.

解　按照第一行展开, 得

$$D_{2n}=a\begin{vmatrix} a & & & & & b & 0 \\ & \ddots & & & \iddots & & \\ & & a & b & & & \\ & & c & d & & & \\ & \iddots & & & \ddots & & \\ c & & & & & d & 0 \\ 0 & & & & & 0 & d \end{vmatrix}+(-1)^{1+2n}b\begin{vmatrix} 0 & a & & & & & b \\ & & \ddots & & & \iddots & \\ & & & a & b & & \\ & & & c & d & & \\ & & \iddots & & & \ddots & \\ 0 & c & & & & & d \\ c & 0 & & & & & 0 \end{vmatrix}$$

$$=adD_{2(n-1)}-bcD_{2(n-1)}=(ad-bc)D_{2(n-1)},$$

以此作递推公式, 得

$$\begin{aligned} D_{2n}&=(ad-bc)D_{2(n-1)}=(ad-bc)^2D_{2(n-2)}=\cdots \\ &=(ad-bc)^{n-1}D_2=(ad-bc)^{n-1}\begin{vmatrix} a & b \\ c & d \end{vmatrix}=(ad-bc)^n. \end{aligned}$$

例 1.4.7　证明范德蒙德 (Vandermonde) 行列式

$$D_n=\begin{vmatrix} 1 & 1 & \cdots & 1 \\ x_1 & x_2 & \cdots & x_n \\ x_1^2 & x_2^2 & \cdots & x_n^2 \\ \vdots & \vdots & & \vdots \\ x_1^{n-1} & x_2^{n-1} & \cdots & x_n^{n-1} \end{vmatrix}=\prod_{1\leqslant j<i\leqslant n}(x_i-x_j),\quad n\geqslant 2.$$

证明　使用数学归纳法.

当 n=2 时,

$$\begin{vmatrix} 1 & 1 \\ x_1 & x_2 \end{vmatrix}=x_2-x_1,$$

结论成立. 假设对 $n-1$ 阶的范德蒙德行列式结论成立.

从第 n 行开始, 后一行减去前一行的 x_1 倍, 得

$$D_n = \begin{vmatrix} 1 & 1 & 1 & \cdots & 1 \\ 0 & x_2 - x_1 & x_3 - x_1 & \cdots & x_n - x_1 \\ 0 & x_2(x_2 - x_1) & x_3(x_3 - x_1) & \cdots & x_n(x_n - x_1) \\ \vdots & \vdots & \vdots & & \vdots \\ 0 & x_2^{n-2}(x_2 - x_1) & x_3^{n-2}(x_3 - x_1) & \cdots & x_n^{n-2}(x_n - x_1) \end{vmatrix},$$

按第一列展开, 并提出每一列的公因子 $x_i - x_1$, 有

$$D_n = (x_2 - x_1)(x_3 - x_1)\cdots(x_n - x_1) \begin{vmatrix} 1 & 1 & \cdots & 1 \\ x_2 & x_3 & \cdots & x_n \\ x_2^2 & x_3^2 & \cdots & x_n^2 \\ \vdots & \vdots & & \vdots \\ x_2^{n-2} & x_3^{n-2} & \cdots & x_n^{n-2} \end{vmatrix},$$

上面等式右端后一行列式是一个 $n-1$ 阶范德蒙德行列式, 故由归纳假设得

$$D_n = (x_2 - x_1)(x_3 - x_1)\cdots(x_n - x_1) \prod_{2 \leqslant j < i \leqslant n} (x_i - x_j) = \prod_{1 \leqslant j < i \leqslant n} (x_i - x_j).$$

在具体计算行列式时, 不是从方法的角度进行分析, 而是从所求行列式的具体特征进行分析归纳, 掌握了行列式的特征, 也就找到了求解的方法. 以下是几种常见类型的行列式:

(1) 非零元素特别少 (一般不多于 $2n$ 个), 可以直接利用行列式的定义计算;

(2) 对于每行 (列) 所有元素之和相等的行列式, 可将第二列至第 n 列 (或行) 加第一列 (或行) 上去, 提取公因式后再化简计算;

(3) 除第一行、第一列及主对角线元素外, 其他元素全为 0 的行列式, 此行列式也称为爪型行列式, 一般采用化为上 (下) 三角行列式来计算;

(4) 三对角行列式, 一般建立递推公式, 再递推计算, 或用数学归纳法证明计算式;

(5) 除主对角线上的元素外, 上三角各元素相等, 下三角各元素也相等, 一般可采用拆分的方法或数学归纳法求解;

(6) 所求行列式的某一行 (列) 至多有两个非零元素, 一般按此行 (列) 展开, 有时会得到一个递推公式, 找出递推规律, 再用数学归纳法证明.

需要注意的是, 一个行列式的计算往往不是使用一种方法, 有时甚至需要把多种方法交叉使用.

例 1.4.8　计算 $D_n = \begin{vmatrix} x_1 & a & a & \cdots & a \\ b & x_2 & a & \cdots & a \\ b & b & x_3 & \cdots & a \\ \vdots & \vdots & \vdots & & \vdots \\ b & b & b & \cdots & x_n \end{vmatrix} (a \neq b)$.

解

$$D_n = \begin{vmatrix} b & a & a & \cdots & a \\ b & x_2 & a & \cdots & a \\ b & b & x_3 & \cdots & a \\ \vdots & \vdots & \vdots & & \vdots \\ b & b & b & \cdots & x_n \end{vmatrix} + \begin{vmatrix} x_1 - b & a & a & \cdots & a \\ 0 & x_2 & a & \cdots & a \\ 0 & b & x_3 & \cdots & a \\ \vdots & \vdots & \vdots & & \vdots \\ 0 & b & b & \cdots & x_n \end{vmatrix}$$

$$= \begin{vmatrix} b & a & a & \cdots & a \\ 0 & x_2 - a & 0 & \cdots & 0 \\ 0 & b - a & x_3 - a & \cdots & 0 \\ \vdots & \vdots & \vdots & & \vdots \\ 0 & b - a & b - a & \cdots & x_n - a \end{vmatrix} + (x_1 - b)D_{n-1},$$

$$= b(x_2 - a)\cdots(x_n - a) + (x_1 - b)D_{n-1},$$

把 a 与 b 互换, 行列式的值不变, 故有

$$D_n = a(x_2 - b)\cdots(x_n - b) + (x_1 - a)D_{n-1}.$$

又由于 $a \neq b$, 所以得

$$D_n = \frac{a\prod_{i=1}^{n}(x_i - b) - b\prod_{i=1}^{n}(x_i - a)}{a - b}.$$

1.5　克拉默法则

行列式有许多的实际应用, 本节研究含有 n 个未知数 n 个方程的线性方程组的行列式解法. 如下式:

$$\begin{cases} a_{11}x_1 + a_{12}x_2 + \cdots + a_{1n}x_n = b_1, \\ a_{21}x_1 + a_{22}x_2 + \cdots + a_{2n}x_n = b_2, \\ \cdots\cdots \\ a_{n1}x_1 + a_{n2}x_2 + \cdots + a_{nn}x_n = b_n. \end{cases} \tag{1.5.1}$$

等式左边未知数的系数按照原来的相对位置组成的行列式 D 称为它的系数行列式.

定理 1.5.1(克拉默法则) 如果 n 元线性方程组的系数行列式 $D \neq 0$, 则方程组存在唯一解, 且解可以通过系数和常数项表示为

$$x_j = \frac{D_j}{D}, \quad j = 1, 2, \cdots, n,$$

其中,

$$D_j = \begin{vmatrix} a_{11} & \cdots & a_{1j-1} & b_1 & a_{1j+1} & \cdots & a_{1n} \\ a_{21} & \cdots & a_{2j-1} & b_2 & a_{2j+1} & \cdots & a_{2n} \\ \vdots & & \vdots & \vdots & \vdots & & \vdots \\ a_{n1} & \cdots & a_{nj-1} & b_n & a_{nj+1} & \cdots & a_{nn} \end{vmatrix}. \tag{1.5.2}$$

证明 先证 $x_j = \frac{D_j}{D}$ 是方程组的解. 即证: $\sum_{j=1}^{n} a_{ij} \frac{D_j}{D} = b_i$, $i = 1, 2, \cdots, n$. 为此, 考虑有两个相同行的 $n+1$ 阶行列式:

$$\begin{vmatrix} b_i & a_{i1} & \cdots & a_{in} \\ b_1 & a_{11} & \cdots & a_{1n} \\ \vdots & \vdots & & \vdots \\ b_n & a_{n1} & \cdots & a_{nn} \end{vmatrix} = b_i D - \sum_{k=1}^{n} a_{ik} D_k = 0 \quad (\text{按照第一行展开}).$$

所以 $\sum_{k=1}^{n} a_{ik} \frac{D_k}{D} = b_i$, $i = 1, 2, \cdots, n$.

再证唯一性. 假设有解, 用 D 中第 j 列的代数余子式分别乘以方程组中各方程, 再相加, 得

$$\left(\sum_{k=1}^{n} a_{k1} A_{kj}\right) x_1 + \cdots + \left(\sum_{k=1}^{n} a_{kj} A_{kj}\right) x_j + \cdots + \left(\sum_{k=1}^{n} a_{kn} A_{kj}\right) x_n = \sum_{k=1}^{n} b_k A_{kj}.$$

根据 1.4 节的展开定理及其推论, 上式为 $D x_j = \sum_{k=1}^{n} b_k A_{kj}$, 记 $D_j = \sum_{k=1}^{n} b_k A_{kj}$, 即得 $D_j = D x_j$. 这说明若线性方程组 (1.5.1) 有解, 其解具有 (1.5.2) 式的形式, 即当 D 不等于 0 时, 解是唯一的.

如果线性方程组的右边常数都等于 0, 即

$$\begin{cases} a_{11}x_1 + a_{12}x_2 + \cdots + a_{1n}x_n = 0, \\ a_{21}x_1 + a_{22}x_2 + \cdots + a_{2n}x_n = 0, \\ \qquad\qquad \cdots\cdots \\ a_{n1}x_1 + a_{n2}x_2 + \cdots + a_{nn}x_n = 0, \end{cases} \tag{1.5.3}$$

则称其为齐次线性方程组, 当常数项不全为 0 时, 称方程组为非齐次线性方程组.

显然, 齐次线性方程组 (1.5.3) 必然有解 $x_1 = x_2 = \cdots = x_n = 0$, 称为零解, 若解 $x_1, x_2, \cdots, x_n$ 不全为零, 则称为非零解.

定理 1.5.2　如果非齐次线性方程组 (1.5.1) 的系数行列式不等于 0, 则有唯一解; 如果非齐次线性方程组 (1.5.1) 无解, 或者解不唯一, 则系数行列式等于 0.

定理 1.5.3　如果齐次线性方程组 (1.5.3) 的系数行列式不等于 0, 则只有零解; 如果齐次线性方程组 (1.5.3) 有非零解, 则它的系数行列式必等于 0.

例 1.5.1　用克拉默法则解线性方程组 $\begin{cases} 2x_1 + x_2 - 5x_3 = 10, \\ x_1 - 3x_2 = -1, \\ 2x_2 - 3x_3 = 5. \end{cases}$

解　计算系数行列式, 得 $D = \begin{vmatrix} 2 & 1 & -5 \\ 1 & -3 & 0 \\ 0 & 2 & -3 \end{vmatrix} = 11 \neq 0.$

根据克拉默法则, 方程组有唯一解. 再计算行列式:

$$D_1 = \begin{vmatrix} 10 & 1 & -5 \\ -1 & -3 & 0 \\ 5 & 2 & -3 \end{vmatrix} = 22, \quad D_2 = \begin{vmatrix} 2 & 10 & -5 \\ 1 & -1 & 0 \\ 0 & 5 & -3 \end{vmatrix} = 11,$$

$$D_2 = \begin{vmatrix} 2 & 1 & 10 \\ 1 & -3 & -1 \\ 0 & 2 & 5 \end{vmatrix} = -11,$$

得 $x_1 = 2, x_2 = 1$, $x_3 = -1$.

例 1.5.2　已知齐次线性方程组

$$\begin{cases} (5-k)x + 2y + 2z = 0, \\ 2x + (6-k)y = 0, \\ x + (4-k)z = 0 \end{cases}$$

有非零解, 求 k 的可能取值.

解　由定理 1.5.3 可知, 系数行列式

$$D = \begin{vmatrix} 5-k & 2 & 2 \\ 2 & 6-k & 0 \\ 1 & 0 & 4-k \end{vmatrix} = (5-k)(2-k)(8-k) = 0.$$

于是, 当 $k = 5$ 或 $k = 2$ 或 $k = 8$ 时, 方程有非零解.

克拉默法则只适用于求解方程个数与未知数个数相等的线性方程组, 但也只局限于理论, 当求高阶线性方程组的解时, n 比较大, 计算量非常大, 是没有实际意义的.

习　题　1

1. 求下列各排列的逆序数.

(1) 1234;　(2) 52341;　(3) 6237154;　(4) 2413;

(5) $13\cdots(2n-1)24\cdots(2n)$;　(6) $13\cdots(2n-1)(2n)(2n-2)\cdots 2$.

2. 确定 i,j 的值, 使得下面 1~9 的排列.

(1) $1274i56j9$ 为偶排列;

(2) $3972i15j4$ 为奇排列.

3. 利用对角线法计算下列三阶行列式.

(1) $\begin{vmatrix} 2 & 0 & 1 \\ 1 & -4 & -1 \\ -1 & 8 & 3 \end{vmatrix}$;　(2) $\begin{vmatrix} a & b & c \\ b & c & a \\ c & a & b \end{vmatrix}$;

(3) $\begin{vmatrix} 1 & 1 & 1 \\ a & b & c \\ a^2 & b^2 & c^2 \end{vmatrix}$;　(4) $\begin{vmatrix} x & y & x+y \\ y & x+y & x \\ x+y & x & y \end{vmatrix}$.

4. 利用行列式的定义计算下列行列式.

(1) $\begin{vmatrix} 0 & 0 & 0 & 1 \\ 0 & 0 & 2 & 0 \\ 0 & 3 & 0 & 0 \\ 4 & 0 & 0 & 0 \end{vmatrix}$;　(2) $\begin{vmatrix} 0 & 0 & 1 & 0 \\ 0 & 2 & 0 & 0 \\ 3 & 0 & 0 & 0 \\ 0 & 0 & 0 & 4 \end{vmatrix}$.

5. 求 $f(x)=\begin{vmatrix} x & 2 & 3 & 1 \\ 3 & 0 & 2x & -1 \\ x & 3x & 1 & 3 \\ 4 & 2 & 1 & 2 \end{vmatrix}$ 中 x^3 的系数.

6. 计算下列各行列式.

(1) $\begin{vmatrix} 3 & 1 & -1 & 2 \\ -5 & 1 & 3 & -4 \\ 2 & 0 & 1 & -1 \\ 1 & -5 & 3 & -3 \end{vmatrix}$;　(2) $\begin{vmatrix} -1 & 1 & 1 & 1 \\ 1 & -1 & 1 & 1 \\ 1 & 1 & -1 & 1 \\ 1 & 1 & 1 & -1 \end{vmatrix}$;

(3) $\begin{vmatrix} a & 1 & 0 & 0 \\ -1 & a & 1 & 0 \\ 0 & -1 & a & 1 \\ 0 & 0 & -1 & a \end{vmatrix}$;　　(4) $\begin{vmatrix} 1 & 1 & 1 & 1 \\ 2 & 2 & 0 & 0 \\ 3 & 0 & 3 & 0 \\ 4 & 0 & 0 & 4 \end{vmatrix}$.

7. 证明：

(1) $\begin{vmatrix} a^2 & ab & b^2 \\ 2a & a+b & 2b \\ 1 & 1 & 1 \end{vmatrix} = (a-b)^3$;

(2) $\begin{vmatrix} a-b-c & 2a & 2a \\ 2b & b-c-a & 2b \\ 2c & 2c & c-a-b \end{vmatrix} = (a+b+c)^3$;

(3) $\begin{vmatrix} ax+by & ay+bz & az+bx \\ ay+bz & az+bx & ax+by \\ az+bx & ax+by & ay+bz \end{vmatrix} = (a^3+b^3)\begin{vmatrix} x & y & z \\ y & z & x \\ z & x & y \end{vmatrix}$.

8. 计算下列各行列式.

(1) $D_n = \begin{vmatrix} 1 & 3 & 5 & \cdots & 2n-1 \\ 1 & 2 & 0 & \cdots & 0 \\ 1 & 0 & 3 & \cdots & 0 \\ \vdots & \vdots & \vdots & & \vdots \\ 1 & 0 & 0 & \cdots & n \end{vmatrix}$;　(2) $D_n = \begin{vmatrix} x+a_1 & a_2 & \cdots & a_n \\ a_1 & x+a_2 & \cdots & a_n \\ \vdots & \vdots & & \vdots \\ a_1 & a_2 & \cdots & x+a_n \end{vmatrix}$.

9. 四阶行列式的第三行元素为：3, 2, −1, 3, 它们的余子式值分别是：1, 1, −2, 3, 求此行列式的值.

10. 已知行列式：$\begin{vmatrix} 1 & 2 & 0 & 1 \\ 1 & 3 & 5 & 0 \\ 0 & 1 & 5 & 6 \\ 1 & 2 & 3 & 4 \end{vmatrix}$, 求 (1)$A_{31}+2A_{32}+A_{34}$; (2)$M_{21}+M_{22}+2M_{23}-M_{24}$.

11. 计算下行列式.

(1) $D_n = \begin{vmatrix} x & y & \cdots & 0 & 0 \\ 0 & x & \cdots & 0 & 0 \\ \vdots & \vdots & & \vdots & \vdots \\ 0 & 0 & \cdots & x & y \\ y & 0 & \cdots & 0 & x \end{vmatrix}$;　(2) $\begin{vmatrix} 1 & 1 & 1 \\ a & b & c \\ a^3 & b^3 & c^3 \end{vmatrix}$(应用范德蒙德行列式);

(3) $D_n = \begin{vmatrix} 1+a & -a & & & \\ -1 & 1+a & -a & & \\ & -1 & \ddots & \ddots & \\ & & \ddots & \ddots & -a \\ & & & -1 & 1+a \end{vmatrix}$;

(4) $D_{n+1} = \begin{vmatrix} y+1 & y & y & \cdots & y \\ y & y+b & y & \cdots & y \\ y & y & y+b^2 & \cdots & y \\ \vdots & \vdots & \vdots & & \vdots \\ y & y & y & \cdots & y+b^n \end{vmatrix}$, 其中 $b \neq 0$;

(5) $D_n = \det(a_{ij})$, 其中 $a_{ij} = |i-j|$;

(6) $D_{2n} = \begin{vmatrix} a & & 1 \\ & \ddots & \\ 1 & & a \end{vmatrix}$, 其中主对角线上的元素都是 a, 副对角线上元素都是 1, 其余元素为 0.

12. 证明:

(1) $\begin{vmatrix} x & -1 & 0 & \cdots & 0 & 0 \\ 0 & x & -1 & \cdots & 0 & 0 \\ \vdots & \vdots & \vdots & & \vdots & \vdots \\ 0 & 0 & 0 & \cdots & x & -1 \\ a_n & a_{n-1} & a_{n-2} & \cdots & a_2 & a_1 \end{vmatrix} = x^n + a_1x^{n-1} + \cdots + a_{n-1}x + a_n$;

(2) 当 $\alpha \neq \beta$ 时,

$$D_n = \begin{vmatrix} \alpha+\beta & \alpha\beta & & & \\ 1 & \alpha+\beta & \alpha\beta & & \\ & 1 & \ddots & \ddots & \\ & & \ddots & \ddots & \alpha\beta \\ & & & 1 & \alpha+\beta \end{vmatrix} = \frac{\alpha^{n+1}-\beta^{n+1}}{\alpha-\beta}.$$

13. 用克拉默法则解下列方程组.

(1) $\begin{cases} x_1 + x_2 - 2x_3 = -2, \\ x_2 + 2x_3 = 1, \\ x_1 - x_2 = 2; \end{cases}$ (2) $\begin{cases} x_1 + x_2 + x_3 + x_4 = 5, \\ x_1 + 2x_2 - x_3 + 4x_4 = -2, \\ 2x_1 - 3x_2 - x_3 - 5x_4 = -2, \\ 3x_1 + x_2 + 2x_3 + 11x_4 = 0. \end{cases}$

14. 问 λ 取何值时, 下列齐次线性方程组有非零解?

(1) $\begin{cases} \lambda x + y + z = 0, \\ x + \lambda y - z = 0, \\ 2x - y + z = 0; \end{cases}$　　　　(2) $\begin{cases} (5-\lambda)x_1 + 2x_2 + 2x_3 = 0, \\ 2x_1 + (6-\lambda)x_2 = 0, \\ 2x_1 + (4-\lambda)x_3 = 0. \end{cases}$

15. 设 $f(x) = a_3x^3 + a_2x^2 + a_1x + a_0$, 当 $x = 1, 2, 3, -1$ 时, $f(x)$ 的值分别 -3, 5, 35, 5, 试求 $f(4)$.

第2章　矩　　阵

矩阵是很重要的数学工具之一, 是线性代数的一个最基本的概念. 矩阵的运算是线性代数的基本内容, 它的应用是多方面的, 矩阵的理论和方法在许多科学技术领域中都有重要的作用.

本章将引入矩阵的概念, 并系统地讨论矩阵的运算、逆矩阵及初等矩阵的基本理论.

2.1　矩阵的概念

2.1.1　矩阵的定义

定义 2.1.1　将 $m\times n$ 个数 $a_{ij}(i=1,2,\cdots,m,j=1,2,\cdots,n)$ 按一定次序排成一个 m 行 n 列的数表, 用圆括号 (或方括号) 围起来, 称为 $m\times n$ 矩阵, 记为

$$\boldsymbol{A}=\begin{pmatrix} a_{11} & \cdots & a_{1n} \\ \vdots & & \vdots \\ a_{m1} & \cdots & a_{mn} \end{pmatrix},$$

简记 $\boldsymbol{A}=(a_{ij})_{m\times n}$, 也记为 $\boldsymbol{A}_{m\times n}$, 其中 a_{ij} 表示位于第 i 行第 j 列的数.

一般用大写的英文字母表示矩阵, 元素为实数的矩阵称为实矩阵. 元素为复数的矩阵称为复矩阵. 若无特别声明, 本书中的矩阵都是实矩阵.

2.1.2　几种特殊的矩阵

利用矩阵解决问题时, 经常遇到下面几种特殊矩阵.

(1) n 阶方阵 (n 阶矩阵): 当 $m=n$ 时, 即矩阵的行数与列数都是 n 时, 矩阵称为 n 阶方阵, 即

$$\boldsymbol{A}_{n\times n}=\begin{pmatrix} a_{11} & a_{12} & \cdots & a_{1n} \\ a_{21} & a_{22} & \cdots & a_{2n} \\ \vdots & \vdots & & \vdots \\ a_{n1} & a_{n2} & \cdots & a_{nn} \end{pmatrix}.$$

在 n 阶方阵 $\boldsymbol{A}$ 中元素 $a_{ii}(i=1,2,\cdots,n)$ 排成的对角线称为方阵的主对角线.

(2) 行矩阵 (行向量): 当 $m=1$ 时, 得到一个 1 行 n 列的矩阵, 称为行矩阵.

$$A_{1\times n} = (a_{11}\ a_{12}\ \cdots\ a_{1n}),$$

有时也记成 $A = (a_{11}\ a_{12}\ \cdots\ a_{1n})$.

(3) 列矩阵 (列向量)：当 $n = 1$ 时, 得到一个 m 行 1 列的矩阵, 称为列矩阵. 记为

$$A_{m\times 1} = \begin{pmatrix} a_{11} \\ a_{21} \\ \vdots \\ a_{m1} \end{pmatrix},$$

有时也记成

$$A = \begin{pmatrix} a_{11} \\ a_{21} \\ \vdots \\ a_{m1} \end{pmatrix}.$$

(4) 零矩阵：所有元素全为零的矩阵称为零矩阵, 记为 O.

(5) n 阶对角阵: 若一个 n 阶方阵除主对角线上的元素之外, 其余元素全部为零, 则此矩阵称为对角阵, 即 $a_{ij} = 0(i \neq j; i, j = 1, 2, \cdots, n)$, 记为

$$\Lambda = \mathrm{diag}(a_{11}, a_{22}, \cdots, a_{nn}) = \begin{pmatrix} a_{11} & & & \\ & a_{22} & & \\ & & \ddots & \\ & & & a_{nn} \end{pmatrix}.$$

(6) n 阶单位矩阵：主对角线上的元素全部为 1, 其他元素全部为零的 n 阶方阵称为 n 阶单位矩阵, 记为

$$E = E_n = \begin{pmatrix} 1 & & & \\ & 1 & & \\ & & \ddots & \\ & & & 1 \end{pmatrix}.$$

(7) n 阶三角阵：若一方阵的主对角线下 (上) 的元素全为零, 则此矩阵称为上 (下) 三角矩阵, 把 n 阶上、下三角阵统称为 n 阶三角阵.

上三角阵

$$\begin{pmatrix} a_{11} & a_{12} & \cdots & a_{1n} \\ & a_{22} & \cdots & a_{2n} \\ & & \ddots & \vdots \\ & & & a_{nn} \end{pmatrix};$$

下三角阵

$$\begin{pmatrix} a_{11} & & & \\ a_{21} & a_{22} & & \\ \vdots & \vdots & \ddots & \\ a_{n1} & a_{n2} & \cdots & a_{nn} \end{pmatrix}.$$

(8) n 阶数量矩阵：若一个 n 阶对角阵的对角线上的元素全部相等且等于某一非零数 a 时, 即 $a_{11}=a_{22}=\cdots=a_{nn}=a\neq 0$, 则称为 n 阶数量矩阵, 记为

$$\boldsymbol{A}=\begin{pmatrix} a & 0 & \cdots & 0 \\ 0 & a & \cdots & 0 \\ \vdots & \vdots & & \vdots \\ 0 & 0 & \cdots & a \end{pmatrix}.$$

(9) 同型矩阵：两个矩阵的行数和列数都相等时, 则称它们是同型矩阵.

定义 2.1.2(相等矩阵) 若 $\boldsymbol{A}=(a_{ij})$ 与 $\boldsymbol{B}=(b_{ij})$ 是同型矩阵, 且它们的对应元素相等, 即 $a_{ij}=b_{ij}(i=1,2,\cdots,m;j=1,2\cdots,n)$, 则称矩阵 $\boldsymbol{A}$ 与矩阵 $\boldsymbol{B}$ 相等, 记作 $\boldsymbol{A}=\boldsymbol{B}$.

2.2 矩阵的运算

2.2.1 矩阵的加法与数乘

定义 2.2.1 设 $\boldsymbol{A}=(a_{ij})_{m\times n}$, $\boldsymbol{B}=(b_{ij})_{m\times n}$, 则它们的和是指矩阵 $(a_{ij}+b_{ij})_{m\times n}$, 记作 $\boldsymbol{A}+\boldsymbol{B}=(a_{ij}+b_{ij})_{m\times n}$, 称为 $\boldsymbol{A}$ 与 $\boldsymbol{B}$ 的加法运算, 即

$$\boldsymbol{A}+\boldsymbol{B}=\begin{pmatrix} a_{11}+b_{11} & a_{12}+b_{12} & \cdots & a_{1n}+b_{1n} \\ a_{21}+b_{21} & a_{22}+b_{22} & \cdots & a_{2n}+b_{2n} \\ \vdots & \vdots & & \vdots \\ a_{m1}+b_{m1} & a_{m2}+b_{m2} & \cdots & a_{mn}+b_{mn} \end{pmatrix}.$$

由于矩阵的加法就是矩阵的对应元素的和, 容易证明, 矩阵的加法满足下列运算规则.

设 $\boldsymbol{A},\boldsymbol{B},\boldsymbol{C}$ 都是 $m\times n$ 矩阵, 则

(1) $\boldsymbol{A}+\boldsymbol{B}=\boldsymbol{B}+\boldsymbol{A}$;

(2) $(\boldsymbol{A}+\boldsymbol{B})+\boldsymbol{C}=\boldsymbol{A}+(\boldsymbol{B}+\boldsymbol{C})$.

矩阵 $(-a_{ij})_{m\times n}$ 称为矩阵 $\boldsymbol{A}=(a_{ij})_{m\times n}$ 的负矩阵, 记作 $-\boldsymbol{A}$.

显然有, 零矩阵与负矩阵有下列性质:

(1) $\boldsymbol{A}+\boldsymbol{O}=\boldsymbol{A}$;

(2) $\boldsymbol{A}-\boldsymbol{A}=\boldsymbol{A}+(-\boldsymbol{A})=\boldsymbol{O}$.

利用负矩阵, 矩阵 $\boldsymbol{A}$ 与 $\boldsymbol{B}$ 的减法可定义为

$$\boldsymbol{A}-\boldsymbol{B}=\boldsymbol{A}+(-\boldsymbol{B})=\begin{pmatrix} a_{11}-b_{11} & a_{12}-b_{12} & \cdots & a_{1n}-b_{1n} \\ a_{21}-b_{21} & a_{22}-b_{22} & \cdots & a_{2n}-b_{2n} \\ \vdots & \vdots & & \vdots \\ a_{m1}-b_{m1} & a_{m2}-b_{m2} & \cdots & a_{mn}-b_{mn} \end{pmatrix}.$$

定义 2.2.2 设矩阵 $\boldsymbol{A}=(a_{ij})_{m\times n}$, k 是一个数, 矩阵 $(ka_{ij})_{m\times n}$ 称为数 k 与矩阵 $\boldsymbol{A}$ 的数量乘积, 简称为数乘, 记作 $k\boldsymbol{A}=(ka_{ij})_{m\times n}$, 即

$$k\boldsymbol{A}=\begin{pmatrix} ka_{11} & ka_{12} & \cdots & ka_{1n} \\ ka_{21} & ka_{22} & \cdots & ka_{2n} \\ \vdots & \vdots & & \vdots \\ ka_{m1} & ka_{m2} & \cdots & ka_{mn} \end{pmatrix}.$$

根据这个定义, 容易验证, 数乘满足下列运算规律.

设 $\boldsymbol{A},\boldsymbol{B}$ 都是 $m\times n$ 矩阵, k,l 为任意实数, 则

(1) $(kl)\boldsymbol{A}=k(l\boldsymbol{A})=l(k\boldsymbol{A})$;

(2) $(k+l)\boldsymbol{A}=k\boldsymbol{A}+l\boldsymbol{A}$;

(3) $k(\boldsymbol{A}+\boldsymbol{B})=k\boldsymbol{A}+k\boldsymbol{B}$.

(4) $1\boldsymbol{A}=\boldsymbol{A}, 0\boldsymbol{A}=\boldsymbol{O}$.

矩阵的加法和数乘运算统称为矩阵的线性运算.

例 2.2.1 设 $\boldsymbol{A}=\begin{pmatrix} 5 & 2 & -1 \\ 3 & 0 & 2 \end{pmatrix}$, $\boldsymbol{B}=\begin{pmatrix} -1 & 4 & 0 \\ 2 & 8 & 1 \end{pmatrix}$, 求 $3\boldsymbol{A}-2\boldsymbol{B}$.

解
$$\begin{aligned} 3\boldsymbol{A}-2\boldsymbol{B} &= \begin{pmatrix} 3\times 5 & 3\times 2 & 3\times(-1) \\ 3\times 3 & 3\times 0 & 3\times 2 \end{pmatrix}-\begin{pmatrix} 2\times(-1) & 2\times 4 & 2\times 0 \\ 2\times 2 & 2\times 8 & 2\times 1 \end{pmatrix} \\ &= \begin{pmatrix} 17 & -2 & -3 \\ 5 & -16 & 4 \end{pmatrix}. \end{aligned}$$

例 2.2.2 求矩阵 $\boldsymbol{X}$, 使 $\begin{pmatrix} 1 & -1 & 0 & 3 \\ 2 & 1 & -1 & 0 \\ 3 & 2 & 1 & 1 \end{pmatrix} + 2\boldsymbol{X} = 3\begin{pmatrix} 5 & 3 & 2 & -1 \\ 4 & 1 & -1 & 2 \\ 1 & 2 & 1 & -1 \end{pmatrix}$.

解 由题意得

$$2\boldsymbol{X} = 3\begin{pmatrix} 5 & 3 & 2 & -1 \\ 4 & 1 & -1 & 2 \\ 1 & 2 & 1 & -1 \end{pmatrix} - \begin{pmatrix} 1 & -1 & 0 & 3 \\ 2 & 1 & -1 & 0 \\ 3 & 2 & 1 & -1 \end{pmatrix}$$

$$= \begin{pmatrix} 15 & 9 & 6 & -3 \\ 12 & 3 & -3 & 6 \\ 3 & 6 & 3 & -3 \end{pmatrix} - \begin{pmatrix} 1 & -1 & 0 & 3 \\ 2 & 1 & -1 & 0 \\ 3 & 2 & 1 & 1 \end{pmatrix}$$

$$= \begin{pmatrix} 14 & 10 & 6 & -6 \\ 10 & 2 & -2 & 6 \\ 0 & 4 & 2 & -4 \end{pmatrix},$$

所以, $\boldsymbol{X} = \begin{pmatrix} 7 & 5 & 3 & -3 \\ 5 & 1 & -1 & 3 \\ 0 & 2 & 1 & -2 \end{pmatrix}$.

2.2.2 矩阵的乘法

先研究下面的例子.

设 3 个部门销售 3 种商品, 某月的销售数量如表 2.2.1 所示; 3 种商品的单价及单个重量如表 2.2.2 所示.

表 2.2.1

部门＼商品	1	2	3
1	4	5	7
2	6	2	8
3	3	9	1

表 2.2.2

商品	单价	单重
1	2	100
2	3	200
3	4	300

求 3 个部门该月的销售总额和销售出的总的重量.

已知销售量及单价 (单重), 求总价 (总重), 显然是一个乘法问题, 而运算对象是数表, 即矩阵, 根据常识应该按表 2.2.3 进行运算.

表 2.2.3

部门	总额	总重
1	4×2+5×3+7×4=51	4×100+5×200+7×300=3500
2	6×2+2×3+8×4=50	6×100+2×200+8×300=3400
3	3×2+9×3+1×4=37	3×100+9×200+1×300=2400

用矩阵形式表示:

$$\boldsymbol{A}=\begin{pmatrix}4&5&7\\6&2&8\\3&9&1\end{pmatrix},\quad \boldsymbol{B}=\begin{pmatrix}2&100\\3&200\\4&300\end{pmatrix},\quad \boldsymbol{AB}=\begin{pmatrix}51&3500\\50&3400\\37&2400\end{pmatrix}.$$

这种运算是采用前矩阵的行元素与后矩阵的列元素对应相乘之和的算法, 由此引入一般的矩阵乘法运算.

定义 2.2.3　设 $\boldsymbol{A}=(a_{ij})_{m\times s},\boldsymbol{B}=(b_{ij})_{s\times n}$, 矩阵 $\boldsymbol{A}$ 与 $\boldsymbol{B}$ 的乘积定义为 $m\times n$ 矩阵:

$$\boldsymbol{C}=(c_{ij})_{m\times n},$$

其中 $c_{ij}=a_{i1}b_{1j}+a_{i2}b_{2j}+\cdots+a_{is}b_{sj}=\sum\limits_{t=1}^{s}a_{it}b_{tj}(i=1,2,\cdots,m;j=1,2,\cdots,n)$, 记作 $\boldsymbol{C}=\boldsymbol{AB}$.

对乘积 $\boldsymbol{AB}=(c_{ij})_{m\times n}$ 的定义要注意以下三点:

(1) $\boldsymbol{A}$ 的列数必须等于 $\boldsymbol{B}$ 的行数, 乘积 $\boldsymbol{AB}$ 才有意义;

(2) 乘积 $\boldsymbol{AB}$ 的行数等于 $\boldsymbol{A}$ 的行数, 列数等于 $\boldsymbol{B}$ 的列数;

(3) 乘积 $\boldsymbol{AB}$ 的 i 行 j 列元素 c_{ij}, 是由 $\boldsymbol{A}$ 的第 i 行与 $\boldsymbol{B}$ 的第 j 列对应元素相乘之和.

例 2.2.3　设 $\boldsymbol{A}=\begin{pmatrix}1&-1&0\\2&1&-1\\-1&0&1\end{pmatrix},\boldsymbol{B}=\begin{pmatrix}0&1\\-1&2\\1&0\end{pmatrix}$, 求 $\boldsymbol{AB}$.

解　$$\boldsymbol{AB}=\begin{pmatrix}1\times0+(-1)\times(-1)+0\times1 & 1\times1+(-1)\times2+0\times0\\2\times0+1\times(-1)+(-1)\times1 & 2\times1+1\times2+(-1)\times0\\(-1)\times0+0\times(-1)+1\times1 & (-1)\times1+0\times2+1\times0\end{pmatrix}$$

$$=\begin{pmatrix}1&-1\\-2&4\\1&-1\end{pmatrix}.$$

例 2.2.4　设矩阵 $\boldsymbol{A}=\begin{pmatrix}-2&4\\1&-2\end{pmatrix},\boldsymbol{B}=\begin{pmatrix}2&4\\-3&-6\end{pmatrix}$, 求 $\boldsymbol{AB}$ 及 $\boldsymbol{BA}$.

解 $\boldsymbol{AB}=\begin{pmatrix}-2&4\\1&-2\end{pmatrix}\begin{pmatrix}2&4\\-3&-6\end{pmatrix}=\begin{pmatrix}-16&-32\\8&16\end{pmatrix}$,

$$\boldsymbol{BA}=\begin{pmatrix}2&4\\-3&-6\end{pmatrix}\begin{pmatrix}-2&4\\1&-2\end{pmatrix}=\begin{pmatrix}0&0\\0&0\end{pmatrix}.$$

例 2.2.5 设 $\boldsymbol{A}=(a_1\ a_2\ \cdots\ a_n),\boldsymbol{B}=\begin{pmatrix}b_1\\b_2\\\vdots\\b_n\end{pmatrix}$, 求 $\boldsymbol{AB}$ 及 $\boldsymbol{BA}$.

解 $\boldsymbol{AB}=(a_1\ a_2\ \cdots\ a_n)\begin{pmatrix}b_1\\b_2\\\vdots\\b_n\end{pmatrix}=a_1b_1+a_2b_2+\cdots+a_nb_n=\sum_{i=1}^{n}a_ib_i$,

$$\boldsymbol{BA}=\begin{pmatrix}b_1\\b_2\\\vdots\\b_n\end{pmatrix}(a_1\ a_2\ \cdots\ a_n)=\begin{pmatrix}b_1a_1&b_1a_2&\cdots&b_1a_n\\b_2a_1&b_2a_2&\cdots&b_2a_n\\\vdots&\vdots&&\vdots\\b_na_1&b_na_2&\cdots&b_na_n\end{pmatrix}.$$

由上面例题可以看出, 矩阵乘法有以下三点与数的乘法不同:

(1) 一般 $\boldsymbol{AB}\neq\boldsymbol{BA}$, 即矩阵乘法不满足交换律;

(2) 由 $\boldsymbol{AB}=\boldsymbol{O}$, 一般不能推出 $\boldsymbol{A}=\boldsymbol{O}$ 或 $\boldsymbol{B}=\boldsymbol{O}$. 例 2.2.4 中有 $\boldsymbol{BA}=\boldsymbol{O}$ 成立, 但 $\boldsymbol{B},\boldsymbol{A}$ 都不是零矩阵;

(3) 若 $\boldsymbol{A}\neq\boldsymbol{O},\boldsymbol{AB}=\boldsymbol{AC}$, 不能推出 $\boldsymbol{B}=\boldsymbol{C}$, 即消去律不成立.

若对某两个矩阵 $\boldsymbol{A}$, $\boldsymbol{B}$ 有 $\boldsymbol{AB}=\boldsymbol{BA}$, 满足交换律, 则称 $\boldsymbol{A}$ 与 $\boldsymbol{B}$ 可交换.

矩阵乘法与数的乘法也有若干类似的性质 (假设运算都是可行的).

矩阵乘法的运算规律为 (设 $\boldsymbol{A},\boldsymbol{B},\boldsymbol{C}$ 为矩阵, k 为数, 运算有意义):

(1) 结合律: $(\boldsymbol{AB})\boldsymbol{C}=\boldsymbol{A}(\boldsymbol{BC})$;

(2) 左分配律: $\boldsymbol{A}(\boldsymbol{B}+\boldsymbol{C})=\boldsymbol{AB}+\boldsymbol{AC}$, 右分配律: $(\boldsymbol{B}+\boldsymbol{C})\boldsymbol{A}=\boldsymbol{BA}+\boldsymbol{CA}$;

(3) $k(\boldsymbol{AB})=(k\boldsymbol{A})\boldsymbol{B}=\boldsymbol{A}(k\boldsymbol{B})$;

(4) $\boldsymbol{E}_m\boldsymbol{A}_{m\times n}=\boldsymbol{A}_{m\times n},\boldsymbol{A}_{m\times n}\boldsymbol{E}_n=\boldsymbol{A}_{m\times n}$, 特别地, 若 $\boldsymbol{A}$ 为 n 阶方阵, $\boldsymbol{E}$ 为同阶单位阵, 则恒有 $\boldsymbol{AE}=\boldsymbol{EA}=\boldsymbol{A}$.

定义 2.2.4 方阵 $\boldsymbol{A}$ 的 n 次幂定义为 n 个方阵的连乘积, 即

$$\boldsymbol{A}^n=\boldsymbol{AA}\cdots\boldsymbol{A}\ (n个\boldsymbol{A}相乘),$$

其中 n 为正整数, 规定 $\boldsymbol{A}^0=\boldsymbol{E}$.

矩阵的幂有以下性质:

(1) $\boldsymbol{A}^{k+l}=\boldsymbol{A}^k\boldsymbol{A}^l$;

(2) $(\boldsymbol{A}^k)^l=\boldsymbol{A}^{kl}$.

其中 k,l 为正整数.

(3) 当且仅当 $\boldsymbol{AB}=\boldsymbol{BA}$ 时, 下面三个等式成立:

$$(\boldsymbol{AB})^n=\boldsymbol{A}^n\boldsymbol{B}^n,\quad (\boldsymbol{A}\pm\boldsymbol{B})^2=\boldsymbol{A}^2\pm2\boldsymbol{AB}+\boldsymbol{B}^2,\quad (\boldsymbol{A}+\boldsymbol{B})(\boldsymbol{A}-\boldsymbol{B})=\boldsymbol{A}^2-\boldsymbol{B}^2.$$

例 2.2.6　设矩阵 $\boldsymbol{A}=\begin{pmatrix}1&-1&-1&-1\\-1&1&-1&-1\\-1&-1&1&-1\\-1&-1&-1&1\end{pmatrix}$, 求 $\boldsymbol{A}^n$.

解　因为

$$\begin{aligned}\boldsymbol{A}^2&=\begin{pmatrix}1&-1&-1&-1\\-1&1&-1&-1\\-1&-1&1&-1\\-1&-1&-1&1\end{pmatrix}\begin{pmatrix}1&-1&-1&-1\\-1&1&-1&-1\\-1&-1&1&-1\\-1&-1&-1&1\end{pmatrix}\\&=\begin{pmatrix}4&&&\\&4&&\\&&4&\\&&&4\end{pmatrix}=2^2\boldsymbol{E}_4,\\\boldsymbol{A}^3&=\boldsymbol{A}^2\boldsymbol{A}=2^2\boldsymbol{A},\end{aligned}$$

所以当 n 为偶数时

$$\boldsymbol{A}^n=(\boldsymbol{A}^2)^{\frac{n}{2}}=(2^2\boldsymbol{E}_4)^{\frac{n}{2}}=2^n\boldsymbol{E}_4;$$

当 n 为奇数时

$$\boldsymbol{A}^n=\boldsymbol{A}^{n-1}\boldsymbol{A}=(2^{n-1}\boldsymbol{E}_4)\boldsymbol{A}=2^{n-1}\boldsymbol{A}.$$

2.2.3　矩阵的转置

定义 2.2.5　将矩阵 $\boldsymbol{A}=\begin{pmatrix}a_{11}&a_{12}&\cdots&a_{1n}\\a_{21}&a_{22}&\cdots&a_{2n}\\\vdots&\vdots&&\vdots\\a_{m1}&a_{m2}&\cdots&a_{mn}\end{pmatrix}$ 的行与列依次互换位置, 所得的矩阵记为 $\boldsymbol{A}^{\mathrm{T}}$, 称为 $\boldsymbol{A}$ 的转置矩阵, 即

$$
\boldsymbol{A}^{\mathrm{T}}=\begin{pmatrix} a_{11} & a_{21} & \cdots & a_{m1} \\ a_{12} & a_{22} & \cdots & a_{m2} \\ \vdots & \vdots & & \vdots \\ a_{1n} & a_{2n} & \cdots & a_{mn} \end{pmatrix}.
$$

由定义知, $\boldsymbol{A}^{\mathrm{T}}$ 的第 i 行第 j 列的元素为 $\boldsymbol{A}$ 的第 j 行第 i 列的元素.

转置矩阵有以下性质: (设 $\boldsymbol{A}$, $\boldsymbol{B}$ 为矩阵, k 为数, 运算可行)

(1) $(\boldsymbol{A}^{\mathrm{T}})^{\mathrm{T}}=\boldsymbol{A}$;

(2) $(\boldsymbol{A}+\boldsymbol{B})^{\mathrm{T}}=\boldsymbol{A}^{\mathrm{T}}+\boldsymbol{B}^{\mathrm{T}}$;

(3) $(k\boldsymbol{A})^{\mathrm{T}}=k\boldsymbol{A}^{\mathrm{T}}$;

(4) $(\boldsymbol{A}\boldsymbol{B})^{\mathrm{T}}=\boldsymbol{B}^{\mathrm{T}}\boldsymbol{A}^{\mathrm{T}}$.

例 2.2.7 设 $\boldsymbol{A}=\begin{pmatrix} 1 & 4 & 2 \\ 3 & 8 & 5 \\ 2 & 0 & 1 \end{pmatrix}, \boldsymbol{B}=\begin{pmatrix} 4 & 7 \\ 0 & 2 \\ 1 & 0 \end{pmatrix}$, 求 $\boldsymbol{B}^{\mathrm{T}}\boldsymbol{A}$.

解 $\boldsymbol{B}^{\mathrm{T}}=\begin{pmatrix} 4 & 0 & 1 \\ 7 & 2 & 0 \end{pmatrix}$,

$$
\boldsymbol{B}^{\mathrm{T}}A=\begin{pmatrix} 4 & 0 & 1 \\ 7 & 2 & 0 \end{pmatrix}\begin{pmatrix} 1 & 4 & 2 \\ 3 & 8 & 5 \\ 2 & 0 & 1 \end{pmatrix}=\begin{pmatrix} 6 & 16 & 9 \\ 13 & 34 & 24 \end{pmatrix}.
$$

例 2.2.8 已知 $\boldsymbol{A}=(1\ 2\ 3), \boldsymbol{B}=(1\ 2\ 1\ )$, 求 (1)$\boldsymbol{C}=\boldsymbol{A}^{\mathrm{T}}\boldsymbol{B}$; (2)$\boldsymbol{C}^{10}$.

解 (1) $\boldsymbol{C}=\boldsymbol{A}^{\mathrm{T}}\boldsymbol{B}=\begin{pmatrix} 1 \\ 2 \\ 3 \end{pmatrix}(1\ 2\ 1)=\begin{pmatrix} 1 & 2 & 1 \\ 2 & 4 & 2 \\ 3 & 6 & 3 \end{pmatrix}$.

(2) $\boldsymbol{C}^{10}=\underbrace{(\boldsymbol{A}^{\mathrm{T}}\boldsymbol{B})(\boldsymbol{A}^{\mathrm{T}}\boldsymbol{B})\cdots(\boldsymbol{A}^{\mathrm{T}}\boldsymbol{B})}_{10\text{ 个}}=\boldsymbol{A}^{\mathrm{T}}\underbrace{(\boldsymbol{B}\boldsymbol{A}^{\mathrm{T}})\cdots(\boldsymbol{B}\boldsymbol{A}^{\mathrm{T}})}_{9\text{个}}\boldsymbol{B}$, 而 $\boldsymbol{B}\boldsymbol{A}^{\mathrm{T}}=(1\ 2\ 1)\begin{pmatrix} 1 \\ 2 \\ 3 \end{pmatrix}=8$. 所以 $\boldsymbol{C}^{10}=8^9\boldsymbol{A}^{\mathrm{T}}\boldsymbol{B}=8^9\begin{pmatrix} 1 & 2 & 1 \\ 2 & 4 & 2 \\ 3 & 6 & 3 \end{pmatrix}$.

例 2.2.9 已知 $\boldsymbol{A}=\begin{pmatrix} 1 & 1 & 0 \\ 0 & 1 & 1 \\ 0 & 0 & 1 \end{pmatrix}$, 求 $\boldsymbol{A}^n$.

解　设 $\boldsymbol{A}=\begin{pmatrix}1&1&0\\0&1&1\\0&0&1\end{pmatrix}=\begin{pmatrix}1&0&0\\0&1&0\\0&0&1\end{pmatrix}+\begin{pmatrix}0&1&0\\0&0&1\\0&0&0\end{pmatrix}=\boldsymbol{E}+\boldsymbol{B}.$

$$\boldsymbol{A}^n=(\boldsymbol{E}+\boldsymbol{B})^n=\boldsymbol{E}^n+\mathrm{C}_n^1\boldsymbol{B}+\mathrm{C}_n^2\boldsymbol{B}^2+\mathrm{C}_n^3\boldsymbol{B}^3+\cdots+\mathrm{C}_n^n\boldsymbol{B}^n,$$

而

$$\boldsymbol{B}^2=\begin{pmatrix}0&1&0\\0&0&1\\0&0&0\end{pmatrix}\begin{pmatrix}0&1&0\\0&0&1\\0&0&0\end{pmatrix}=\begin{pmatrix}0&0&1\\0&0&0\\0&0&0\end{pmatrix},$$

$$\boldsymbol{B}^3=\begin{pmatrix}0&0&1\\0&0&0\\0&0&0\end{pmatrix}\begin{pmatrix}0&1&0\\0&0&1\\0&0&0\end{pmatrix}=\boldsymbol{O}.$$

所以 $\boldsymbol{B}^4=\cdots=\boldsymbol{B}^n=\boldsymbol{O}$.

$$\boldsymbol{A}^n=(\boldsymbol{E}+\boldsymbol{B})^n=\boldsymbol{E}^n+\mathrm{C}_n^1\boldsymbol{B}+\mathrm{C}_n^2\boldsymbol{B}^2=\begin{pmatrix}1&0&0\\0&1&0\\0&0&1\end{pmatrix}+\begin{pmatrix}0&n&0\\0&0&n\\0&0&0\end{pmatrix}$$
$$+\begin{pmatrix}0&0&\dfrac{n(n-1)}{2}\\0&0&0\\0&0&0\end{pmatrix}=\begin{pmatrix}1&n&\dfrac{n(n-1)}{2}\\0&1&n\\0&0&1\end{pmatrix}.$$

定义 2.2.6　对于 n 阶矩阵 $\boldsymbol{A}$, 若 $\boldsymbol{A}=\boldsymbol{A}^{\mathrm{T}}$, 则称 $\boldsymbol{A}$ 为对称阵; 若 $\boldsymbol{A}=-\boldsymbol{A}^{\mathrm{T}}$, 则称 $\boldsymbol{A}$ 为反对称阵.

设 $\boldsymbol{A}=(a_{ij})_{n\times n}$, 则 $\boldsymbol{A}=\boldsymbol{A}^{\mathrm{T}}\Leftrightarrow a_{ji}=a_{ij}(i,j=1,2,\cdots,n)$, 即在对称矩阵 $\boldsymbol{A}$ 中, 每一对关于主对角线相对称的元素相等.

行列式是转置不变的. 但是, 矩阵的转置一般产生不同的矩阵. 只有对称阵才是转置不变的.

对称矩阵的性质: 若 $\boldsymbol{A}$ 和 $\boldsymbol{B}$ 为同阶矩阵, k 为数, 则有

(1) 若 $\boldsymbol{A},\boldsymbol{B}$ 都是 n 阶对称矩阵, 则 $\boldsymbol{A}\pm\boldsymbol{B}$ 及 $k\boldsymbol{A}$ 也是对称矩阵;

(2) 若 $\boldsymbol{A},\boldsymbol{B}$ 都是 n 阶对称矩阵, 则 $\boldsymbol{AB}$ 仍为对称矩阵的充分必要条件是 $\boldsymbol{A}$ 与 $\boldsymbol{B}$ 可交换 (即 $\boldsymbol{AB}=\boldsymbol{BA}$).

证明　(1)$(\boldsymbol{A}\pm\boldsymbol{B})^{\mathrm{T}}=\boldsymbol{A}^{\mathrm{T}}\pm\boldsymbol{B}^{\mathrm{T}}=\boldsymbol{A}\pm\boldsymbol{B}$, $(k\boldsymbol{A})^{\mathrm{T}}=k\boldsymbol{A}^{\mathrm{T}}=k\boldsymbol{A}$, 故结论成立. 但当 $\boldsymbol{A},\boldsymbol{B}$ 都是 n 阶对称矩阵时, 乘积 $\boldsymbol{AB}$ 不一定为对称矩阵. 例如, $\boldsymbol{A}=\begin{pmatrix}1&1\\1&2\end{pmatrix}$

及 $\boldsymbol{B}=\begin{pmatrix}2 & 1\\ 1 & 1\end{pmatrix}$ 都是对称矩阵, 但 $\boldsymbol{AB}=\begin{pmatrix}3 & 2\\ 4 & 3\end{pmatrix}$ 不是对称矩阵.

(2) 因为 $(\boldsymbol{AB})^{\mathrm{T}}=\boldsymbol{B}^{\mathrm{T}}\boldsymbol{A}^{\mathrm{T}}=\boldsymbol{BA}$, 所以 $(\boldsymbol{AB})^{\mathrm{T}}=\boldsymbol{AB}\Leftrightarrow \boldsymbol{BA}=\boldsymbol{AB}$.

n 阶方阵与对称阵和反对称阵的关系为：任何一个 n 阶方阵总可以表示成一个对称阵与一个反对称阵之和.

因为任何一个 n 阶方阵都可以表示为

$$\boldsymbol{A}=\frac{\boldsymbol{A}+\boldsymbol{A}^{\mathrm{T}}}{2}+\frac{\boldsymbol{A}-\boldsymbol{A}^{\mathrm{T}}}{2},$$

其中 $\dfrac{\boldsymbol{A}+\boldsymbol{A}^{\mathrm{T}}}{2}$ 为对称阵, 而 $\dfrac{\boldsymbol{A}-\boldsymbol{A}^{\mathrm{T}}}{2}$ 为反对称阵.

2.2.4 方阵的行列式

定义 2.2.7 由 n 阶方阵 $\boldsymbol{A}$ 的所有元素按原来位置构成的行列式称为方阵 $\boldsymbol{A}$ 的行列式, 记为 $|\boldsymbol{A}|$ 或 $\det\boldsymbol{A}$, 即

$$|\boldsymbol{A}|=\det\boldsymbol{A}=\begin{vmatrix}a_{11} & a_{12} & \cdots & a_{1n}\\ a_{21} & a_{22} & \cdots & a_{2n}\\ \vdots & \vdots & & \vdots\\ a_{n1} & a_{n2} & \cdots & a_{nn}\end{vmatrix}.$$

方阵 $\boldsymbol{A}$ 的行列式具有以下性质：

(1) $\left|\boldsymbol{A}^{\mathrm{T}}\right|=|\boldsymbol{A}|$;

(2) $|\lambda\boldsymbol{A}|=\lambda^n|\boldsymbol{A}|$;

(3) $|\boldsymbol{AB}|=|\boldsymbol{BA}|=|\boldsymbol{A}||\boldsymbol{B}|$ ($\boldsymbol{A}$, $\boldsymbol{B}$ 均为方阵).

例 2.2.10 求证: 奇数阶反对称阵的行列式等于零.

证明 由题意, 设 $\boldsymbol{A}$ 为 n 阶反对称矩阵, 其中 n 为奇数, 所以有

$$\boldsymbol{A}^{\mathrm{T}}=-\boldsymbol{A},$$

则 $\left|\boldsymbol{A}^{\mathrm{T}}\right|=|-\boldsymbol{A}|=(-1)^n|\boldsymbol{A}|=-|\boldsymbol{A}|$, 又有 $\left|A^{\mathrm{T}}\right|=|A|$, 所以 $|A|=0$.

2.2.5 线性变换

定义 2.2.8 n 个变量 $x_1,x_2,\cdots,x_n$ 与 m 个变量 $y_1,y_2,\cdots,y_m$ 之间的关系式

$$\begin{cases}y_1=a_{11}x_1+a_{12}x_2+\cdots+a_{1n}x_n,\\ y_2=a_{21}x_1+a_{22}x_2+\cdots+a_{2n}x_n,\\ \qquad\cdots\cdots\\ y_m=a_{m1}x_1+a_{m2}x_2+\cdots+a_{mn}x_n\end{cases}\tag{2.2.1}$$

表示一个从变量 $x_1, x_2, \cdots, x_n$ 到变量 $y_1, y_2, \cdots, y_m$ 的线性变换, 其中 a_{ij} 为常数.

设

$$\boldsymbol{Y}=\begin{pmatrix} y_1 \\ y_2 \\ \vdots \\ y_m \end{pmatrix}, \quad \boldsymbol{A}=\begin{pmatrix} a_{11} & a_{12} & \cdots & a_{1n} \\ a_{21} & a_{22} & \cdots & a_{2n} \\ \vdots & \vdots & & \vdots \\ a_{m1} & a_{m2} & \cdots & a_{mn} \end{pmatrix}, \quad \boldsymbol{X}=\begin{pmatrix} x_1 \\ x_2 \\ \vdots \\ x_m \end{pmatrix},$$

则线性变换 (2.2.1) 可以表示为矩阵的乘法形式:

$$\boldsymbol{Y}=\boldsymbol{AX}.$$

如果给定了线性变换, 它的系数所构成的系数矩阵也就确定. 反之, 如果给出一个矩阵作为线性变换的系数矩阵, 则线性变换也就确定. 在这个意义上, 线性变换和矩阵之间存在一一对应的关系.

例如, 线性变换

$$\begin{cases} y_1 = x_1, \\ y_2 = x_2, \\ \cdots\cdots \\ y_m = x_n \end{cases}$$

称为恒等变换, 它对应一个 n 阶单位方阵

$$\boldsymbol{E}=\begin{pmatrix} 1 & 0 & \cdots & 0 \\ 0 & 1 & \cdots & 0 \\ \vdots & \vdots & & \vdots \\ 0 & 0 & \cdots & 1 \end{pmatrix}.$$

例 2.2.11　已知 $\begin{cases} x_1 = 2y_1 - y_2 + y_3, \\ x_2 = y_1 + 3y_2 - y_3, \end{cases}$ $\begin{cases} y_1 = 3z_1 + z_2, \\ y_2 = -z_1 - z_2, \\ y_3 = z_1 + 2z_2, \end{cases}$ 求变量 z_1, z_2 到变量 x_1, x_2 的线性变换.

解　将已知记为 $\boldsymbol{X}=\boldsymbol{AY}$ 及 $\boldsymbol{Y}=\boldsymbol{BZ}$, 其中

$$\boldsymbol{A}=\begin{pmatrix} 2 & -1 & 1 \\ 1 & 3 & -1 \end{pmatrix}, \quad \boldsymbol{B}=\begin{pmatrix} 3 & 1 \\ -1 & -1 \\ 1 & 2 \end{pmatrix},$$

则

$$\boldsymbol{X}=\boldsymbol{AY}=(\boldsymbol{AB})\boldsymbol{Z}=\begin{pmatrix}2&-1&1\\1&3&-1\end{pmatrix}\begin{pmatrix}3&1\\-1&-1\\1&2\end{pmatrix}\boldsymbol{Z}$$

$$=\begin{pmatrix}8&5\\-1&-4\end{pmatrix}\boldsymbol{Z},$$

即 z_1,z_2 到 x_1,x_2 的线性变换为 $\begin{cases}x_1=8z_1+5z_2,\\x_2=-z_1-4z_2.\end{cases}$

2.3 逆 矩 阵

在数集中有加、减、乘、除四则运算. 对于矩阵, 2.2 节中给出了矩阵的加法、减法、乘法等运算. 那么, 矩阵是否有类似的除法运算, 如果有, 它的含义是什么?

在数的运算中, 有 $aa^{-1}=a^{-1}a=1$. 当 $a\neq 0$ 时, 有 $a^{-1}=\dfrac{1}{a}$.

在矩阵乘法中单位矩阵 $\boldsymbol{E}$ 相当于数的乘法运算中的 1. 很自然地想到, 对于一个矩阵 $\boldsymbol{A}$, 是否能找到一个与 a^{-1} 地位相似的矩阵记为 $\boldsymbol{A}^{-1}$, 使得 $\boldsymbol{AA}^{-1}=\boldsymbol{A}^{-1}\boldsymbol{A}=\boldsymbol{E}$ 成立? 例如:

$$\boldsymbol{A}=\begin{pmatrix}1&2\\0&1\end{pmatrix},\quad \boldsymbol{B}=\begin{pmatrix}1&-2\\0&1\end{pmatrix},$$

有

$$\boldsymbol{AB}=\begin{pmatrix}1&2\\0&1\end{pmatrix}\begin{pmatrix}1&-2\\0&1\end{pmatrix}=\begin{pmatrix}1&0\\0&1\end{pmatrix}=\boldsymbol{E},$$

$$\boldsymbol{BA}=\begin{pmatrix}1&-2\\0&1\end{pmatrix}\begin{pmatrix}1&2\\0&1\end{pmatrix}=\begin{pmatrix}1&0\\0&1\end{pmatrix}=\boldsymbol{E}.$$

下面给出一般定义.

2.3.1 逆矩阵的定义及其性质

定义 2.3.1 设 $\boldsymbol{A}$ 是一个 n 阶方阵, 若存在一个 n 阶方阵 $\boldsymbol{B}$, 使得 $\boldsymbol{AB}=\boldsymbol{BA}=\boldsymbol{E}$($\boldsymbol{E}$ 为 n 阶单位矩阵), 则称 $\boldsymbol{A}$ 为可逆矩阵 (非奇异矩阵), $\boldsymbol{B}$ 称为 $\boldsymbol{A}$ 的逆矩阵.

若 $\boldsymbol{A}$ 可逆, 则 $\boldsymbol{A}$ 的逆矩阵是唯一的. 这是因为若 $\boldsymbol{B}$ 和 $\boldsymbol{C}$ 都是 $\boldsymbol{A}$ 的逆矩阵, 则有 $\boldsymbol{AB}=\boldsymbol{BA}=\boldsymbol{E},\boldsymbol{AC}=\boldsymbol{CA}=\boldsymbol{E}$, 那么就有 $\boldsymbol{B}=\boldsymbol{BE}=\boldsymbol{B}(\boldsymbol{AC})=(\boldsymbol{BA})\boldsymbol{C}=\boldsymbol{EC}=\boldsymbol{C}$, 所以 $\boldsymbol{A}$ 的逆矩阵是唯一的. $\boldsymbol{A}$ 的逆矩阵记为 $\boldsymbol{A}^{-1}$.

只有方阵才可能有逆矩阵.

显然 $\boldsymbol{E}$ 是可逆的, 其逆矩阵是其本身, 即 $\boldsymbol{E}^{-1}=\boldsymbol{E}$.

可逆的矩阵具有如下性质:

(1) 若 $\boldsymbol{A}$ 可逆, 则其逆矩阵 $\boldsymbol{A}^{-1}$ 也可逆, 且 $(\boldsymbol{A}^{-1})^{-1}=\boldsymbol{A}$;

(2) 若 $\boldsymbol{A}$ 可逆, 则 $(\boldsymbol{A}^{\mathrm{T}})^{-1}=(\boldsymbol{A}^{-1})^{\mathrm{T}}$;

(3) 若 $\boldsymbol{A}$ 可逆, λ 为非零常数, 则 $\lambda\boldsymbol{A}$ 也可逆, 且 $(\lambda\boldsymbol{A})^{-1}=\dfrac{1}{\lambda}\boldsymbol{A}^{-1}$;

(4) 若 $\boldsymbol{A}$ 和 $\boldsymbol{B}$ 为同阶可逆矩阵, 则 $\boldsymbol{AB}$ 也可逆, 且 $(\boldsymbol{AB})^{-1}=\boldsymbol{B}^{-1}\boldsymbol{A}^{-1}$.

下面证明 (4). 因为

$$(\boldsymbol{AB})(\boldsymbol{B}^{-1}\boldsymbol{A}^{-1})=\boldsymbol{A}(\boldsymbol{BB}^{-1})\boldsymbol{A}^{-1}=\boldsymbol{AA}^{-1}=\boldsymbol{E},$$
$$(\boldsymbol{B}^{-1}\boldsymbol{A}^{-1})(\boldsymbol{AB})=\boldsymbol{B}^{-1}(\boldsymbol{A}^{-1}\boldsymbol{A})\boldsymbol{B}=\boldsymbol{B}^{-1}\boldsymbol{B}=\boldsymbol{E},$$

所以 $(\boldsymbol{AB})^{-1}=\boldsymbol{B}^{-1}\boldsymbol{A}^{-1}$.

该性质也可推广到有限个可逆矩阵乘积的情形:

$$(\boldsymbol{A}_1\boldsymbol{A}_2\cdots\boldsymbol{A}_n)^{-1}=\boldsymbol{A}_n^{-1}\cdots\boldsymbol{A}_2^{-1}\boldsymbol{A}_1^{-1}.$$

当且仅当方阵 $\boldsymbol{A}$ 可逆时, 若 $\boldsymbol{AB}=\boldsymbol{AC}$, 则 $\boldsymbol{B}=\boldsymbol{C}$ (满足消去律).

2.3.2　方阵 A 可逆的充要条件及 A^{-1} 的求法

定义 2.3.2　由 n 阶方阵 $\boldsymbol{A}$ 的所有元素的代数余子式构成的如下矩阵称为 $\boldsymbol{A}$ 的伴随矩阵, 记作 $\boldsymbol{A}^*$, 即

$$\boldsymbol{A}^*=\begin{pmatrix} A_{11} & A_{12} & \cdots & A_{1n} \\ A_{21} & A_{22} & \cdots & A_{2n} \\ \vdots & \vdots & & \vdots \\ A_{n1} & A_{n2} & \cdots & A_{nn} \end{pmatrix}^{\mathrm{T}}=\begin{pmatrix} A_{11} & A_{21} & \cdots & A_{n1} \\ A_{12} & A_{22} & \cdots & A_{n2} \\ \vdots & \vdots & & \vdots \\ A_{1n} & A_{2n} & \cdots & A_{nn} \end{pmatrix}.$$

下面给出 n 阶方阵与其伴随矩阵的关系.

定理 2.3.1　设 $\boldsymbol{A}$ 是 n 阶方阵, $\boldsymbol{A}^*$ 为 $\boldsymbol{A}$ 的伴随矩阵, 则 $\boldsymbol{AA}^*=\boldsymbol{A}^*\boldsymbol{A}=|\boldsymbol{A}|\,\boldsymbol{E}$.

证明

$$\boldsymbol{AA}^*=\begin{pmatrix} a_{11} & a_{12} & \cdots & a_{1n} \\ a_{21} & a_{22} & \cdots & a_{2n} \\ \vdots & \vdots & & \vdots \\ a_{n1} & a_{n2} & \cdots & a_{nn} \end{pmatrix}\begin{pmatrix} A_{11} & A_{21} & \cdots & A_{n1} \\ A_{12} & A_{22} & \cdots & A_{n2} \\ \vdots & \vdots & & \vdots \\ A_{1n} & A_{2n} & \cdots & A_{nn} \end{pmatrix}$$

$$
= \begin{pmatrix} \sum\limits_{k=1}^{n} a_{1k}A_{1k} & \sum\limits_{k=1}^{n} a_{1k}A_{2k} & \cdots & \sum\limits_{k=1}^{n} a_{1k}A_{nk} \\ \sum\limits_{k=1}^{n} a_{2k}A_{1k} & \sum\limits_{k=1}^{n} a_{2k}A_{2k} & \cdots & \sum\limits_{k=1}^{n} a_{2k}A_{nk} \\ \vdots & \vdots & & \vdots \\ \sum\limits_{k=1}^{n} a_{nk}A_{1k} & \sum\limits_{k=1}^{n} a_{nk}A_{2k} & \cdots & \sum\limits_{k=1}^{n} a_{nk}A_{nk} \end{pmatrix}.
$$

利用按行 (列) 展开的性质: $\sum\limits_{k=1}^{n} a_{ik}A_{jk} = \begin{cases} |A|, & i=j, \\ 0, & i \neq j, \end{cases}$ 得 $\boldsymbol{A}\boldsymbol{A}^* = |\boldsymbol{A}|\,\boldsymbol{E}$, 同理可证 $\boldsymbol{A}^*\boldsymbol{A} = |\boldsymbol{A}|\,\boldsymbol{E}$.

定理 2.3.2 n 阶方阵 $\boldsymbol{A}$ 可逆的充要条件是 $|\boldsymbol{A}| \neq 0$, 且此时有 $\boldsymbol{A}^{-1} = \dfrac{1}{|\boldsymbol{A}|}\boldsymbol{A}^*$.

证明 必要性. $\boldsymbol{A}$ 可逆, 由定义, 存在 $\boldsymbol{A}^{-1}$, 使得 $\boldsymbol{A}\boldsymbol{A}^{-1} = \boldsymbol{A}^{-1}\boldsymbol{A} = \boldsymbol{E}$, 由方阵行列式的运算可知

$$
\left|\boldsymbol{A}\boldsymbol{A}^{-1}\right| = |\boldsymbol{A}|\left|\boldsymbol{A}^{-1}\right| = 1,
$$

所以 $|\boldsymbol{A}| \neq 0$.

充分性. 因 $|\boldsymbol{A}| \neq 0$, 作方阵 $\dfrac{\boldsymbol{A}^*}{|\boldsymbol{A}|}$, 由定理 2.3.1 可知

$$
\boldsymbol{A}\frac{\boldsymbol{A}^*}{|\boldsymbol{A}|} = \frac{\boldsymbol{A}^*}{|\boldsymbol{A}|}\boldsymbol{A} = \boldsymbol{E},
$$

所以 $\boldsymbol{A}$ 可逆, 且 $\boldsymbol{A}^{-1} = \dfrac{\boldsymbol{A}^*}{|\boldsymbol{A}|}$.

定理 2.3.2 提供了求逆矩阵的一个方法, 伴随矩阵法.

例 2.3.1 设 $\boldsymbol{A} = \begin{pmatrix} a & b \\ c & d \end{pmatrix}$, 求 $\boldsymbol{A}^{-1}$.

解 因为 $|\boldsymbol{A}| = ad - bc, \boldsymbol{A}^* = \begin{pmatrix} d & -b \\ -c & a \end{pmatrix}$, 当 $|\boldsymbol{A}| \neq 0$ 时, $\boldsymbol{A}$ 可逆, 所以

$$
\boldsymbol{A}^{-1} = \frac{\boldsymbol{A}^*}{|\boldsymbol{A}|} = \frac{1}{ad-bc}\begin{pmatrix} d & -b \\ -c & a \end{pmatrix}.
$$

例 2.3.2 设 $\boldsymbol{A} = \begin{pmatrix} 0 & 2 & -1 \\ 1 & 1 & 2 \\ -1 & -1 & -1 \end{pmatrix}$, 求 $\boldsymbol{A}^{-1}$.

解　$|\boldsymbol{A}| = \begin{vmatrix} 0 & 2 & -1 \\ 1 & 1 & 2 \\ -1 & -1 & -1 \end{vmatrix} = -2 \neq 0$, 所以 $\boldsymbol{A}$ 可逆.

下面计算各元素的代数余子式:

$$A_{11} = \begin{vmatrix} 1 & 2 \\ -1 & -1 \end{vmatrix} = 1, \quad A_{12} = -\begin{vmatrix} 1 & 2 \\ -1 & -1 \end{vmatrix} = -1, \quad A_{13} = -\begin{vmatrix} 1 & 1 \\ -1 & -1 \end{vmatrix} = 0,$$

$$A_{21} = -\begin{vmatrix} 2 & -1 \\ -1 & -1 \end{vmatrix} = 3, \quad A_{22} = \begin{vmatrix} 0 & -1 \\ -1 & -1 \end{vmatrix} = -1, \quad A_{23} = -\begin{vmatrix} 0 & 2 \\ -1 & -1 \end{vmatrix} = -2,$$

$$A_{31} = -\begin{vmatrix} 2 & -1 \\ 1 & 2 \end{vmatrix} = 5, \quad A_{32} = -\begin{vmatrix} 0 & -1 \\ 1 & -2 \end{vmatrix} = -1, \quad A_{33} = -\begin{vmatrix} 0 & 2 \\ 1 & 1 \end{vmatrix} = -2.$$

$\boldsymbol{A}$ 的伴随矩阵为

$$\boldsymbol{A}^* = \begin{pmatrix} A_{11} & A_{12} & A_{13} \\ A_{21} & A_{22} & A_{23} \\ A_{31} & A_{32} & A_{33} \end{pmatrix}^{\mathrm{T}} = \begin{pmatrix} A_{11} & A_{21} & A_{31} \\ A_{12} & A_{22} & A_{32} \\ A_{13} & A_{23} & A_{33} \end{pmatrix} = \begin{pmatrix} 1 & 3 & 5 \\ -1 & -1 & -1 \\ 0 & -2 & -2 \end{pmatrix},$$

$$\boldsymbol{A}^{-1} = \frac{\boldsymbol{A}^*}{|\boldsymbol{A}|} = -\frac{1}{2}\begin{pmatrix} 1 & 3 & 5 \\ -1 & -1 & -1 \\ 0 & -2 & -2 \end{pmatrix}.$$

例 2.3.3　已知线性变换 $\begin{cases} x_1 = 2y_1 + 2y_2 + y_3, \\ x_2 = 3y_1 + y_2 + 5y_3, \\ x_3 = 3y_1 + 2y_2 + 3y_3, \end{cases}$ 求其逆变换, 即求变量 x_1, x_2, x_3 到变量 y_1, y_2, y_3 的线性变换.

解　令 $\boldsymbol{X} = \begin{pmatrix} x_1 \\ x_2 \\ x_3 \end{pmatrix}$, $\boldsymbol{A} = \begin{pmatrix} 2 & 2 & 1 \\ 3 & 1 & 5 \\ 3 & 2 & 3 \end{pmatrix}$, $\boldsymbol{Y} = \begin{pmatrix} y_1 \\ y_2 \\ y_3 \end{pmatrix}$, 有 $\boldsymbol{X} = \boldsymbol{AY}$, 然后等式两边同时左乘 $\boldsymbol{A}^{-1}$, $\boldsymbol{A}^{-1}\boldsymbol{X} = \boldsymbol{A}^{-1}\boldsymbol{AY} = \boldsymbol{EY} = \boldsymbol{Y}$, 即

$$\boldsymbol{Y} = \boldsymbol{A}^{-1}\boldsymbol{X}.$$

按照伴随矩阵法求出 $\boldsymbol{A}$ 的逆矩阵为

$$\boldsymbol{A}^{-1} = \begin{pmatrix} -7 & -4 & 9 \\ 6 & 3 & -7 \\ 3 & 2 & -4 \end{pmatrix},$$

于是有

$$\begin{pmatrix} y_1 \\ y_2 \\ y_3 \end{pmatrix} = \begin{pmatrix} -7 & -4 & 9 \\ 6 & 3 & -7 \\ 3 & 2 & -4 \end{pmatrix} \begin{pmatrix} x_1 \\ x_2 \\ x_3 \end{pmatrix},$$

即

$$\begin{cases} y_1 = -7x_1 - 4x_2 + 9x_3, \\ y_2 = 6x_1 + 3x_2 - 7x_3, \\ y_3 = 3x_1 + 2x_2 - 4x_3. \end{cases}$$

推论 2.3.1 若 $\boldsymbol{AB} = \boldsymbol{E}$, 则 $\boldsymbol{A}, \boldsymbol{B}$ 都可逆, 且 $\boldsymbol{A}^{-1} = \boldsymbol{B}$, $\boldsymbol{B}^{-1} = \boldsymbol{A}$.

证明 $\boldsymbol{AB} = \boldsymbol{E}$, 则 $|\boldsymbol{A}||\boldsymbol{B}| = 1$, 所以 $|\boldsymbol{A}| \neq 0$, $|\boldsymbol{B}| \neq 0$, 由定理 2.3.2 知, $\boldsymbol{A}, \boldsymbol{B}$ 都可逆, $\boldsymbol{AB} = \boldsymbol{E}$ 的两边左乘 $\boldsymbol{A}^{-1}$ 得 $\boldsymbol{A}^{-1} = \boldsymbol{B}$; $\boldsymbol{AB} = \boldsymbol{E}$ 的两边右乘 $\boldsymbol{B}^{-1}$ 得 $\boldsymbol{B}^{-1} = \boldsymbol{A}$.

利用此推论判断 $\boldsymbol{A}$ 是否可逆及求逆矩阵比用定义的方法简单.

例 2.3.4 设方阵 $\boldsymbol{A}$ 满足 $\boldsymbol{A}^2 - 3\boldsymbol{A} - 10\boldsymbol{E} = \boldsymbol{O}$, 证明: $\boldsymbol{A}$ 和 $\boldsymbol{A} - 4\boldsymbol{E}$ 都可逆, 并求其逆矩阵.

证明 由 $\boldsymbol{A}^2 - 3\boldsymbol{A} - 10\boldsymbol{E} = \boldsymbol{O}$, 得 $\boldsymbol{A}(\boldsymbol{A} - 3\boldsymbol{E}) = 10\boldsymbol{E}$, 即

$$\boldsymbol{A}\left(\frac{1}{10}(\boldsymbol{A} - 3\boldsymbol{E})\right) = \boldsymbol{E},$$

所以 $\boldsymbol{A}$ 可逆, 且 $\boldsymbol{A}^{-1} = \dfrac{1}{10}(\boldsymbol{A}-3\boldsymbol{E})$; 又由 $\boldsymbol{A}^2-3\boldsymbol{A}-10\boldsymbol{E} = \boldsymbol{O}$, 得 $(\boldsymbol{A}+\boldsymbol{E})(\boldsymbol{A}-4\boldsymbol{E}) = 6\boldsymbol{E}$, 所以 $\boldsymbol{A} - 4\boldsymbol{E}$ 可逆, 且 $(\boldsymbol{A} - 4\boldsymbol{E})^{-1} = \dfrac{1}{6}(\boldsymbol{A} + \boldsymbol{E})$.

推论 2.3.2 (1) 若 $\boldsymbol{A}$ 可逆, 则 $\left|\boldsymbol{A}^{-1}\right| = \dfrac{1}{|\boldsymbol{A}|}$;

(2) 设 $\boldsymbol{A}$ 为 n 阶可逆方阵, 则 $|\boldsymbol{A}^*| = |\boldsymbol{A}|^{n-1}$.

证明 只证 (2), 因为 $\boldsymbol{AA}^* = |\boldsymbol{A}|\,\boldsymbol{E}$, $\boldsymbol{A}$ 可逆, 所以 $\boldsymbol{A}^* = |\boldsymbol{A}|\,\boldsymbol{A}^{-1}$, 两边取行列式: $|\boldsymbol{A}^*| = \left||\boldsymbol{A}|\,\boldsymbol{A}^{-1}\right| = |\boldsymbol{A}|^n\left|\boldsymbol{A}^{-1}\right| = |\boldsymbol{A}|^{n-1}$.

例 2.3.5 设 $\boldsymbol{A}$ 为三阶方阵, $|\boldsymbol{A}| = 2$, 求 $\left|(2\boldsymbol{A})^{-1} - \boldsymbol{A}^*\right|$.

解
$$\begin{aligned}\left|(2\boldsymbol{A})^{-1} - \boldsymbol{A}^*\right| &= \left|\frac{1}{2}\boldsymbol{A}^{-1} - \boldsymbol{A}^*\right| = \left|\frac{1}{2}\frac{\boldsymbol{A}^*}{|\boldsymbol{A}|} - \boldsymbol{A}^*\right| = \left|-\frac{3}{4}\boldsymbol{A}^*\right| = \left(-\frac{3}{4}\right)^3|\boldsymbol{A}^*| \\ &= -\frac{27}{64}|\boldsymbol{A}|^2 = -\frac{27}{16}.\end{aligned}$$

2.4　分块矩阵

2.4.1　分块矩阵的概念

对于行数和列数较高的矩阵, 为了简化运算, 常用分块的方法, 使大矩阵的运算化成若干个小矩阵之间的运算, 同时也使原矩阵的结构显得简单而清晰.

定义 2.4.1　将矩阵 $\boldsymbol{A}$ 用若干条纵线和横线分成一些小矩阵, 每个小矩阵称为 $\boldsymbol{A}$ 的子块, 以子块为元素的矩阵称为矩阵 $\boldsymbol{A}$ 的分块.

矩阵的分块有多种方式, 可根据具体情况而定, 如

$$\boldsymbol{A}=\left(\begin{array}{cc|cc} 1 & 0 & -1 & 1 \\ -1 & 0 & 1 & 0 \\ \hline 0 & 0 & 2 & -1 \\ 0 & 0 & 0 & -3 \end{array}\right)=\begin{pmatrix} \boldsymbol{A}_{11} & \boldsymbol{A}_{12} \\ \boldsymbol{A}_{21} & \boldsymbol{A}_{22} \end{pmatrix},$$

$$\boldsymbol{A}=\left(\begin{array}{c|c|c|c} 1 & 0 & -1 & 1 \\ -1 & 0 & 1 & 0 \\ 0 & 0 & 2 & -1 \\ 0 & 0 & 0 & -3 \end{array}\right)=\begin{pmatrix} \boldsymbol{B}_1 & \boldsymbol{B}_2 & \boldsymbol{B}_3 & \boldsymbol{B}_4 \end{pmatrix}.$$

特点　同行上的子矩阵有相同的 “行数”; 同列上的子矩阵有相同的 “列数”.

一个矩阵也可看成以 $m\times n$ 个元素为一阶子块的分块矩阵.

2.4.2　分块矩阵的运算

分块矩阵的运算与普通矩阵的运算规则相似. 需要注意的是, 在分块的时候要使两个矩阵可以按块进行运算, 并且参与运算的子块也能运算, 即内外都能运算.

(1) 加法　设分块矩阵 $\boldsymbol{A}=(\boldsymbol{A}_{kl})_{s\times r}$, $\boldsymbol{B}=(\boldsymbol{B}_{kl})_{s\times r}$, 如果 $\boldsymbol{A}$ 与 $\boldsymbol{B}$ 的对应子块 $\boldsymbol{A}_{kl}$ 和 $\boldsymbol{B}_{kl}$ 都是同型矩阵, 则 $\boldsymbol{A}+\boldsymbol{B}=(\boldsymbol{A}_{kl}+\boldsymbol{A}_{kl})_{s\times r}$. 即

$$\boldsymbol{A}_{m\times n}=\begin{pmatrix} \boldsymbol{A}_{11} & \cdots & \boldsymbol{A}_{1r} \\ \vdots & & \vdots \\ \boldsymbol{A}_{s1} & \cdots & \boldsymbol{A}_{sr} \end{pmatrix},\quad \boldsymbol{B}_{m\times n}=\begin{pmatrix} \boldsymbol{B}_{11} & \cdots & \boldsymbol{B}_{1r} \\ \vdots & & \vdots \\ \boldsymbol{B}_{s1} & \cdots & \boldsymbol{B}_{sr} \end{pmatrix}.$$

$$\boldsymbol{A}+\boldsymbol{B}=\begin{pmatrix} \boldsymbol{A}_{11}+\boldsymbol{B}_{11} & \cdots & \boldsymbol{A}_{1r}+\boldsymbol{B}_{1r} \\ \vdots & & \vdots \\ \boldsymbol{A}_{s1}+\boldsymbol{B}_{s1} & \cdots & \boldsymbol{A}_{sr}+\boldsymbol{B}_{sr} \end{pmatrix}.$$

(2) 数乘　设分块矩阵 $\boldsymbol{A}=(\boldsymbol{A}_{kl})_{s\times r}$, k 是一个数, 则 $k\boldsymbol{A}=(k\boldsymbol{A}_{kl})_{s\times r}$, 即

$$k\boldsymbol{A}_{m\times n}=\begin{pmatrix} k\boldsymbol{A}_{11} & \cdots & k\boldsymbol{A}_{1r} \\ \vdots & & \vdots \\ k\boldsymbol{A}_{s1} & \cdots & k\boldsymbol{A}_{sr} \end{pmatrix}.$$

(3) 乘法 设 $\boldsymbol{A}_{m\times l}=\begin{pmatrix} \boldsymbol{A}_{11} & \cdots & \boldsymbol{A}_{1t} \\ \vdots & & \vdots \\ \boldsymbol{A}_{s1} & \cdots & \boldsymbol{A}_{st} \end{pmatrix}$, $\boldsymbol{B}_{l\times n}=\begin{pmatrix} \boldsymbol{B}_{11} & \cdots & \boldsymbol{B}_{1r} \\ \vdots & & \vdots \\ \boldsymbol{B}_{t1} & \cdots & \boldsymbol{B}_{tr} \end{pmatrix}$, $\boldsymbol{A}$ 的列分块与 $\boldsymbol{B}$ 的行分块相同, 则 $\boldsymbol{AB}=(\boldsymbol{C}_{ij})_{s\times r}$, 其中,

$$\boldsymbol{C}_{ij}=(\boldsymbol{A}_{i1}\ \cdots\ \boldsymbol{A}_{it})\begin{pmatrix} \boldsymbol{B}_{1j} \\ \vdots \\ \boldsymbol{B}_{tj} \end{pmatrix}=\boldsymbol{A}_{i1}\boldsymbol{B}_{1j}+\cdots+\boldsymbol{A}_{it}\boldsymbol{B}_{tj}\ (i=1,2,\cdots,s;j=1,2,\cdots,r),$$

即

$$\boldsymbol{AB}=\begin{pmatrix} \boldsymbol{C}_{11} & \cdots & \boldsymbol{C}_{1r} \\ \vdots & & \vdots \\ \boldsymbol{C}_{s1} & \cdots & \boldsymbol{C}_{sr} \end{pmatrix}.$$

例 2.4.1 设

$$\boldsymbol{A}=\left(\begin{array}{cc:cc} 1 & 0 & 0 & 0 \\ 0 & 1 & 0 & 0 \\ \hdashline -1 & 2 & 1 & 0 \\ 1 & 1 & 0 & 1 \end{array}\right)=\begin{pmatrix} \boldsymbol{E} & \boldsymbol{O} \\ \boldsymbol{A}_{21} & \boldsymbol{E} \end{pmatrix},$$

$$\boldsymbol{B}=\left(\begin{array}{cc:cc} 1 & 0 & 1 & 0 \\ -1 & 2 & 0 & 1 \\ \hdashline 1 & 0 & 4 & 1 \\ -1 & -1 & 2 & 0 \end{array}\right)=\begin{pmatrix} \boldsymbol{B}_{11} & \boldsymbol{E} \\ \boldsymbol{B}_{21} & \boldsymbol{B}_{22} \end{pmatrix},$$

则

$$\boldsymbol{AB}=\begin{pmatrix} \boldsymbol{B}_{11} & \boldsymbol{E} \\ \boldsymbol{A}_{21}\boldsymbol{B}_{11}+\boldsymbol{B}_{21} & \boldsymbol{A}_{21}+\boldsymbol{B}_{22} \end{pmatrix}=\left(\begin{array}{cc:cc} 1 & 0 & 1 & 0 \\ -1 & 2 & 0 & 1 \\ \hdashline -2 & 4 & 3 & 3 \\ -1 & 1 & 3 & 1 \end{array}\right).$$

例 2.4.2　设 $\boldsymbol{A}_{m\times n}$ 与 $\boldsymbol{B}_{n\times s}$, 将 $\boldsymbol{A}$ 行分块为 $\boldsymbol{A}_{m\times n}=\begin{pmatrix}\boldsymbol{A}_1\\ \boldsymbol{A}_2\\ \vdots\\ \boldsymbol{A}_m\end{pmatrix}$, 则 $\boldsymbol{AB}=\begin{pmatrix}\boldsymbol{A}_1\\ \boldsymbol{A}_2\\ \vdots\\ \boldsymbol{A}_m\end{pmatrix}\boldsymbol{B}=\begin{pmatrix}\boldsymbol{A}_1\boldsymbol{B}\\ \boldsymbol{A}_2\boldsymbol{B}\\ \vdots\\ \boldsymbol{A}_m\boldsymbol{B}\end{pmatrix}$; 将 $\boldsymbol{B}$ 列分块为: $\boldsymbol{B}=\begin{pmatrix}\boldsymbol{B}_1 & \boldsymbol{B}_2 & \cdots & \boldsymbol{B}_s\end{pmatrix}$, 则 $\boldsymbol{AB}=\boldsymbol{A}\begin{pmatrix}\boldsymbol{B}_1 & \boldsymbol{B}_2 & \cdots & \boldsymbol{B}_s\end{pmatrix}=\begin{pmatrix}\boldsymbol{AB}_1 & \boldsymbol{AB}_2 & \cdots & \boldsymbol{AB}_s\end{pmatrix}$,

$$\boldsymbol{AB}=\begin{pmatrix}\boldsymbol{A}_1\\ \boldsymbol{A}_2\\ \vdots\\ \boldsymbol{A}_m\end{pmatrix}\begin{pmatrix}\boldsymbol{B}_1 & \boldsymbol{B}_2 & \cdots & \boldsymbol{B}_s\end{pmatrix}=\begin{pmatrix}\boldsymbol{A}_1\boldsymbol{B}_1 & \boldsymbol{A}_1\boldsymbol{B}_2 & \cdots & \boldsymbol{A}_1\boldsymbol{B}_s\\ \boldsymbol{A}_2\boldsymbol{B}_1 & \boldsymbol{A}_2\boldsymbol{B}_2 & \cdots & \boldsymbol{A}_2\boldsymbol{B}_s\\ \vdots & \vdots & & \vdots\\ \boldsymbol{A}_m\boldsymbol{B}_1 & \boldsymbol{A}_m\boldsymbol{B}_2 & \cdots & \boldsymbol{A}_m\boldsymbol{B}_s\end{pmatrix}.$$

注意　$\boldsymbol{AB}=\begin{pmatrix}\boldsymbol{A}_1 & \boldsymbol{A}_2 & \cdots & \boldsymbol{A}_n\end{pmatrix}\boldsymbol{B}=\begin{pmatrix}\boldsymbol{A}_1\boldsymbol{B} & \boldsymbol{A}_2\boldsymbol{B} & \cdots & \boldsymbol{A}_n\boldsymbol{B}\end{pmatrix}$ 是错误的! 因为列矩阵乘以 $\boldsymbol{B}_{n\times s}$ 是不可乘的! 同样对 $\boldsymbol{B}_{n\times s}$ 行分块也是不行的.

(4) 转置　分块矩阵转置时, 不但行列互换, 而且行列互换后各子块都应转置. 设 $\boldsymbol{A}_{m\times n}=\begin{pmatrix}\boldsymbol{A}_{11} & \cdots & \boldsymbol{A}_{1r}\\ \vdots & & \vdots\\ \boldsymbol{A}_{s1} & \cdots & \boldsymbol{A}_{sr}\end{pmatrix}$, 则 $\boldsymbol{A}^{\mathrm{T}}=\begin{pmatrix}\boldsymbol{A}_{11}^{\mathrm{T}} & \cdots & \boldsymbol{A}_{s1}^{\mathrm{T}}\\ \vdots & & \vdots\\ \boldsymbol{A}_{1r}^{\mathrm{T}} & \cdots & \boldsymbol{A}_{sr}^{\mathrm{T}}\end{pmatrix}$.

(5) 准对角矩阵　设 $\boldsymbol{A}_1, \boldsymbol{A}_2, \cdots, \boldsymbol{A}_s$ 都是方阵, 记

$$\boldsymbol{A}=\begin{pmatrix}\boldsymbol{A}_1 & & & \\ & \boldsymbol{A}_2 & & \\ & & \ddots & \\ & & & \boldsymbol{A}_s\end{pmatrix}=\mathrm{diag}(\boldsymbol{A}_1,\boldsymbol{A}_2,\cdots,\boldsymbol{A}_s),$$

称为准对角矩阵. 准对角矩阵具有如下性质:

(1) $\det\boldsymbol{A}=(\det\boldsymbol{A}_1)(\det\boldsymbol{A}_2)\cdots(\det\boldsymbol{A}_s)$, 即 $|\boldsymbol{A}|=|\boldsymbol{A}_1|\cdot|\boldsymbol{A}_2|\cdots|\boldsymbol{A}_s|$;

(2) $\boldsymbol{A}$ 可逆当且仅当 $\boldsymbol{A}_i\ (i=1,2,\cdots,s)$ 可逆, 且

$$\boldsymbol{A}^{-1}=\begin{pmatrix}\boldsymbol{A}_1^{-1} & & & \\ & \boldsymbol{A}_2^{-1} & & \\ & & \ddots & \\ & & & \boldsymbol{A}_s^{-1}\end{pmatrix}.$$

例 2.4.3 设 $\boldsymbol{A}=\begin{pmatrix}5&0&0\\0&3&1\\0&2&1\end{pmatrix}$, 求 $\boldsymbol{A}^{-1}$.

解 $\boldsymbol{A}=\begin{pmatrix}5&0&0\\0&3&1\\0&2&1\end{pmatrix}=\begin{pmatrix}\boldsymbol{A}_1&0\\0&\boldsymbol{A}_2\end{pmatrix}$, 又$\boldsymbol{A}_1^{-1}=\left(\dfrac{1}{5}\right)$, $\boldsymbol{A}_2^{-1}=\begin{pmatrix}1&-1\\-2&3\end{pmatrix}$,

所以 $\boldsymbol{A}^{-1}=\begin{pmatrix}\dfrac{1}{5}&0&0\\0&1&-1\\0&-2&3\end{pmatrix}$.

例 2.4.4 $\boldsymbol{A}=\begin{pmatrix}&&&\boldsymbol{A}_1\\&&\boldsymbol{A}_2&\\&\iddots&&\\\boldsymbol{A}_s&&&\end{pmatrix}$是准副对角矩阵, 则

$$\boldsymbol{A}^{-1}=\begin{pmatrix}&&&\boldsymbol{A}_s^{-1}\\&&\iddots&\\&\boldsymbol{A}_2^{-1}&&\\\boldsymbol{A}_1^{-1}&&&\end{pmatrix}.$$

例 2.4.5 设 $\boldsymbol{A}_{m\times m}$ 与 $\boldsymbol{B}_{n\times n}$ 都可逆, $\boldsymbol{C}_{n\times m}$, $\boldsymbol{M}=\begin{pmatrix}\boldsymbol{A}&\boldsymbol{O}\\\boldsymbol{C}&\boldsymbol{B}\end{pmatrix}$, 求 $\boldsymbol{M}^{-1}$.

解 因为 $\det\boldsymbol{M}=(\det\boldsymbol{A})(\det\boldsymbol{B})\neq 0\ \Rightarrow\ \boldsymbol{M}$ 可逆. 设

$$\boldsymbol{M}^{-1}=\begin{pmatrix}\boldsymbol{X}_1&\boldsymbol{X}_2\\\boldsymbol{X}_3&\boldsymbol{X}_4\end{pmatrix},\quad \begin{pmatrix}\boldsymbol{A}&\boldsymbol{O}\\\boldsymbol{C}&\boldsymbol{B}\end{pmatrix}\begin{pmatrix}\boldsymbol{X}_1&\boldsymbol{X}_2\\\boldsymbol{X}_3&\boldsymbol{X}_4\end{pmatrix}=\begin{pmatrix}\boldsymbol{E}_m&\boldsymbol{O}\\\boldsymbol{O}&\boldsymbol{E}_n\end{pmatrix},$$

$$\begin{cases}\boldsymbol{A}\boldsymbol{X}_1=\boldsymbol{E}_m,\\\boldsymbol{A}\boldsymbol{X}_2=\boldsymbol{O},\\\boldsymbol{C}\boldsymbol{X}_1+\boldsymbol{B}\boldsymbol{X}_3=\boldsymbol{O},\\\boldsymbol{C}\boldsymbol{X}_2+\boldsymbol{B}\boldsymbol{X}_4=\boldsymbol{E}_n,\end{cases}\qquad\begin{cases}\boldsymbol{X}_1=\boldsymbol{A}^{-1},\\\boldsymbol{X}_2=\boldsymbol{O},\\\boldsymbol{X}_3=-\boldsymbol{B}^{-1}\boldsymbol{C}\boldsymbol{A}^{-1},\\\boldsymbol{X}_4=\boldsymbol{B}^{-1}.\end{cases}$$

所以 $\boldsymbol{M}^{-1}=\begin{pmatrix}\boldsymbol{A}^{-1}&\boldsymbol{O}\\-\boldsymbol{B}^{-1}\boldsymbol{C}\boldsymbol{A}^{-1}&\boldsymbol{B}^{-1}\end{pmatrix}$.

例 2.4.6 设 $\boldsymbol{A}=\begin{pmatrix}1&0&0&0\\0&1&0&0\\-1&2&1&0\\1&1&0&1\end{pmatrix}$, $\boldsymbol{B}=\begin{pmatrix}1&0&3&2\\-1&2&0&1\\1&0&4&1\\-1&-1&2&0\end{pmatrix}$, 求 $\boldsymbol{A}+\boldsymbol{B}$,

$\boldsymbol{AB}$, $\boldsymbol{A}^{-1}$.

解　用若干条纵线和横线将矩阵 $\boldsymbol{A}$, $\boldsymbol{B}$ 分成一些小块:

$$\boldsymbol{A}=\left(\begin{array}{cc:cc}1&0&0&0\\0&1&0&0\\ \hdashline -1&2&1&0\\1&1&0&1\end{array}\right)=\begin{pmatrix}\boldsymbol{E}_2&\boldsymbol{O}\\\boldsymbol{A}_1&\boldsymbol{E}_2\end{pmatrix},$$

$$\boldsymbol{B}=\left(\begin{array}{cc:cc}1&0&3&2\\-1&2&0&1\\ \hdashline 1&0&4&1\\-1&-1&2&0\end{array}\right)=\begin{pmatrix}\boldsymbol{B}_{11}&\boldsymbol{B}_{12}\\\boldsymbol{B}_{21}&\boldsymbol{B}_{22}\end{pmatrix},$$

其中 $\boldsymbol{E}_2$ 为二阶单位矩阵, $\boldsymbol{O}$ 为二阶零矩阵, $\boldsymbol{A}_1=\begin{pmatrix}-1&2\\1&1\end{pmatrix}$.

$$\boldsymbol{B}_{11}=\begin{pmatrix}1&0\\-1&2\end{pmatrix},\quad \boldsymbol{B}_{12}=\begin{pmatrix}3&2\\0&1\end{pmatrix},\quad \boldsymbol{B}_{21}=\begin{pmatrix}1&0\\-1&-1\end{pmatrix},\quad \boldsymbol{B}_{22}=\begin{pmatrix}4&1\\2&0\end{pmatrix}.$$

将小块矩阵当成元素进行运算, 则有

$$\boldsymbol{A}+\boldsymbol{B}=\begin{pmatrix}\boldsymbol{E}_2+\boldsymbol{B}_{11}&\boldsymbol{B}_{12}\\\boldsymbol{A}_1+\boldsymbol{B}_{21}&\boldsymbol{E}_2+\boldsymbol{B}_{22}\end{pmatrix}=\begin{pmatrix}2&0&3&2\\-1&3&0&1\\0&2&5&1\\0&0&2&1\end{pmatrix},$$

$$\boldsymbol{AB}=\begin{pmatrix}\boldsymbol{E}_2&\boldsymbol{O}\\\boldsymbol{A}_1&\boldsymbol{E}_2\end{pmatrix}\begin{pmatrix}\boldsymbol{B}_{11}&\boldsymbol{B}_{12}\\\boldsymbol{B}_{21}&\boldsymbol{B}_{22}\end{pmatrix}=\begin{pmatrix}\boldsymbol{B}_{11}&\boldsymbol{B}_{12}\\\boldsymbol{A}_1\boldsymbol{B}_{11}+\boldsymbol{B}_{21}&\boldsymbol{A}_1\boldsymbol{B}_{12}+\boldsymbol{B}_{22}\end{pmatrix},$$

其中

$$\begin{aligned}\boldsymbol{A}_1\boldsymbol{B}_{11}+\boldsymbol{B}_{21}&=\begin{pmatrix}-1&2\\1&1\end{pmatrix}\begin{pmatrix}1&0\\-1&2\end{pmatrix}+\begin{pmatrix}1&0\\-1&-1\end{pmatrix}\\&=\begin{pmatrix}-3&4\\0&2\end{pmatrix}+\begin{pmatrix}1&0\\-1&-1\end{pmatrix}=\begin{pmatrix}-2&4\\-1&1\end{pmatrix},\end{aligned}$$

$$\begin{aligned}\boldsymbol{A}_1\boldsymbol{B}_{12}+\boldsymbol{B}_{22}&=\begin{pmatrix}-1&2\\1&1\end{pmatrix}\begin{pmatrix}3&2\\0&1\end{pmatrix}+\begin{pmatrix}4&1\\2&0\end{pmatrix}\\&=\begin{pmatrix}-3&0\\3&3\end{pmatrix}+\begin{pmatrix}4&1\\2&0\end{pmatrix}=\begin{pmatrix}1&1\\5&3\end{pmatrix},\end{aligned}$$

所以

$$\boldsymbol{AB}=\begin{pmatrix}1&0&3&2\\-1&2&0&1\\-2&4&1&1\\-1&1&5&3\end{pmatrix},$$

即用分块矩阵来作加法和乘法时与直接按四阶矩阵作加法和乘法结果一样.

若再设 $\boldsymbol{A}^{-1}=\begin{pmatrix}\boldsymbol{X}_{11}&\boldsymbol{X}_{12}\\\boldsymbol{X}_{21}&\boldsymbol{X}_{22}\end{pmatrix}$, 则由

$$\begin{pmatrix}\boldsymbol{E}_2&\boldsymbol{O}\\\boldsymbol{A}_1&\boldsymbol{E}_2\end{pmatrix}\begin{pmatrix}\boldsymbol{X}_{11}&\boldsymbol{X}_{12}\\\boldsymbol{X}_{21}&\boldsymbol{X}_{22}\end{pmatrix}=\begin{pmatrix}\boldsymbol{X}_{11}&\boldsymbol{X}_{12}\\\boldsymbol{A}_1\boldsymbol{X}_{11}+\boldsymbol{X}_{21}&\boldsymbol{A}_1\boldsymbol{X}_{12}+\boldsymbol{X}_{22}\end{pmatrix}=\begin{pmatrix}\boldsymbol{E}_2&\boldsymbol{O}\\\boldsymbol{O}&\boldsymbol{E}_2\end{pmatrix}$$

得

$$\begin{cases}\boldsymbol{X}_{11}=\boldsymbol{E}_2,\\\boldsymbol{X}_{12}=\boldsymbol{O},\\\boldsymbol{A}_1\boldsymbol{X}_{11}+\boldsymbol{X}_{21}=\boldsymbol{O},\\\boldsymbol{A}_1\boldsymbol{X}_{12}+\boldsymbol{X}_{22}=\boldsymbol{E}_2\end{cases}\Rightarrow\begin{cases}\boldsymbol{X}_{11}=\boldsymbol{E}_2,\\\boldsymbol{X}_{12}=\boldsymbol{O},\\\boldsymbol{X}_{21}=-\boldsymbol{A}_1,\\\boldsymbol{X}_{22}=\boldsymbol{E}_2,\end{cases}$$

即

$$\boldsymbol{A}^{-1}=\begin{pmatrix}\boldsymbol{E}_2&\boldsymbol{O}\\-\boldsymbol{A}_1&\boldsymbol{E}_2\end{pmatrix}=\begin{pmatrix}1&0&0&0\\0&1&0&0\\1&-2&1&0\\-1&-1&0&1\end{pmatrix}.$$

不仅结果相同, 而且比直接求逆矩阵要简单得多.

2.5 初等变换与初等矩阵

矩阵的初等变换起源于线性方程组的消元法求解过程, 利用初等变换将矩阵 $\boldsymbol{A}$ 化为 "形式简单" 的矩阵 $\boldsymbol{B}$, 再通过矩阵 $\boldsymbol{B}$ 来研究矩阵 $\boldsymbol{A}$ 的问题, 这种方法在求矩阵的逆矩阵、矩阵的秩以及解线性方程组等问题中起到了非常重要的作用.

2.5.1 矩阵的初等变换

定义 2.5.1 矩阵的初等行变换是指以下三种变换:

(1) 用一个非零数乘矩阵的某一行;

(2) 把矩阵的某一行的 k 倍加到另一行;

(3) 互换矩阵中两行的位置.

矩阵的初等行变换和初等列变换统称为初等变换.

当矩阵 $\boldsymbol{A}$ 经过初等行变换变成矩阵 $\boldsymbol{B}$ 时, 我们写成 $\boldsymbol{A}\to\boldsymbol{B}$.

定义 2.5.2　满足下列条件的矩阵称为行阶梯形矩阵 (简称阶梯阵):

(1) 任一非零行的第一个非零元素所在的下方元素全为零; 若有零行, 则零行位于矩阵的最下面.

(2) 非零行的第一个非零元素的列标递增.

例 2.5.1　设矩阵 $\boldsymbol{A}=\begin{pmatrix}0&0&-1&-1&2\\1&4&-1&0&2\\-1&-4&2&-1&0\\2&8&1&1&0\end{pmatrix}$, 则有

$$\boldsymbol{A}\xrightarrow{r_1\leftrightarrow r_2}\begin{pmatrix}1&4&-1&0&2\\0&0&-1&-1&2\\-1&-4&2&-1&0\\2&8&1&1&0\end{pmatrix}\xrightarrow{r_3+r_1,r_4-2r_1}\begin{pmatrix}1&4&-1&0&2\\0&0&-1&1&2\\0&0&1&-1&2\\0&0&3&1&4\end{pmatrix}$$

$$\xrightarrow{r_3+r_2,r_4+3r_2}\begin{pmatrix}1&4&-1&0&2\\0&0&-1&1&2\\0&0&0&-2&4\\0&0&0&-2&2\end{pmatrix}\xrightarrow{r_4-r_3}\begin{pmatrix}1&4&-1&0&2\\0&0&-1&1&2\\0&0&0&-2&4\\0&0&0&0&-2\end{pmatrix}=\boldsymbol{B}.$$

例如, 例 2.5.1 中的矩阵 $\boldsymbol{B}$ 和下列矩阵均为阶梯形矩阵:

$$\begin{pmatrix}3&-2&0\\0&2&-1\\0&0&1\end{pmatrix},\quad\begin{pmatrix}1&0&-1&2\\0&1&3&0\\0&0&-1&4\end{pmatrix},\quad\begin{pmatrix}0&1&-1&2\\0&0&3&0\\0&0&0&0\end{pmatrix}.$$

2.5.2　等价矩阵

定义 2.5.3　如果矩阵 $\boldsymbol{B}$ 可以由矩阵 $\boldsymbol{A}$ 经过一系列初等变换而得到, 则称矩阵 $\boldsymbol{A}$ 与 $\boldsymbol{B}$ 是等价的, 记为 $\boldsymbol{A}\sim\boldsymbol{B}$. 这种矩阵间的关系具有下列性质:

(1) 自反性: $\boldsymbol{A}\sim\boldsymbol{A}$;

(2) 对称性: 若 $\boldsymbol{A}\sim\boldsymbol{B}$, 则 $\boldsymbol{B}\sim\boldsymbol{A}$;

(3) 传递性: 若 $\boldsymbol{A}\sim\boldsymbol{B}$, $\boldsymbol{B}\sim\boldsymbol{C}$, 则 $\boldsymbol{A}\sim\boldsymbol{C}$.

通过例 2.5.1 可以看到, 任何一个 $m\times n$ 矩阵都可以经过一系列的初等行变换化为阶梯形矩阵, 即任何一个 $m\times n$ 矩阵都等价于一个阶梯形矩阵.

定义 2.5.4　满足下列条件的阶梯形矩阵称为行最简形矩阵:

(1) 各非零行的第一个非零元素为 1;

(2) 各非零行的首个非零元所在列的其余元素都是零.

对例 2.5.1 中的矩阵 $\boldsymbol{B}$ 再作初等行变换：

$$\boldsymbol{B}\xrightarrow{(-1)r_2,(-\frac{1}{2})r_3,(-\frac{1}{2})r_4}\begin{pmatrix}1&4&-1&0&2\\0&0&1&1&-2\\0&0&0&1&-2\\0&0&0&0&1\end{pmatrix}$$

$$\xrightarrow{r_1+r_2,r_1-r_3,r_2-r_3,r_1-2r_4,r_3+2r_4}\begin{pmatrix}1&4&0&0&0\\0&0&1&0&0\\0&0&0&1&0\\0&0&0&0&1\end{pmatrix}=\boldsymbol{C},$$

把矩阵 $\boldsymbol{B}$ 化为行最简形矩阵 $\boldsymbol{C}$.

例如，下列矩阵均为行最简形矩阵：

$$\begin{pmatrix}1&0&0\\0&1&0\\0&0&1\end{pmatrix},\quad\begin{pmatrix}1&0&0&2\\0&1&0&1\\0&0&1&4\end{pmatrix},\quad\begin{pmatrix}0&1&0&2\\0&0&1&0\\0&0&0&0\end{pmatrix}.$$

再对矩阵 $\boldsymbol{C}$ 作初等列变换：

$$\boldsymbol{C}=\begin{pmatrix}1&4&0&0&0\\0&0&1&0&0\\0&0&0&1&0\\0&0&0&0&1\end{pmatrix}\xrightarrow{c_2-4c_1,c_2\leftrightarrow c_3,c_3\leftrightarrow c_4,c_4\leftrightarrow c_5}\begin{pmatrix}1&0&0&0&0\\0&1&0&0&0\\0&0&1&0&0\\0&0&0&1&0\end{pmatrix}=\boldsymbol{D}.$$

把矩阵 $\boldsymbol{D}$ 称为原矩阵 $\boldsymbol{A}$ 的标准形. 它具有如下特点：左上角是一个单位矩阵，其余元素全为 0.

定理 2.5.1 任意 $m\times n$ 矩阵 $\boldsymbol{A}$ 都与一形如

$$\begin{pmatrix}1&0&\cdots&0&0&\cdots&0\\0&1&\cdots&0&0&\cdots&0\\&&\ddots&&&&\\0&0&\cdots&1&0&\cdots&0\\0&0&\cdots&0&0&\cdots&0\\&&&&&\ddots&\\0&0&\cdots&0&0&\cdots&0\end{pmatrix}=\begin{pmatrix}\boldsymbol{E}_r&\boldsymbol{O}\\\boldsymbol{O}&\boldsymbol{O}\end{pmatrix}_{m\times n}$$

的矩阵等价，它称为矩阵 $\boldsymbol{A}$ 的标准形.

证明　若 $\boldsymbol{A}=\boldsymbol{O}$, 结论成立.

若 $\boldsymbol{A}\neq\boldsymbol{O}$, 不妨设 $a_{11}\neq 0$(否则, 经过初等变换可将 $\boldsymbol{A}$ 化为左上角元素不为零的矩阵). 把第 i 行 $(i=2,3,\cdots,m)$ 减去第一行的 $\dfrac{a_{i1}}{a_{11}}$ 倍; 把第 j 列 $(j=2,3,\cdots,n)$ 减去第一列的 $\dfrac{a_{1j}}{a_{11}}$ 倍后, 再用 $\dfrac{1}{a_{11}}$ 乘第一行.

$$\boldsymbol{A}\text{ 就变成 }\begin{pmatrix}1 & 0 & \cdots & 0\\ 0 & & & \\ \vdots & & \boldsymbol{A}_1 & \\ 0 & & & \end{pmatrix}, \text{其中 } \boldsymbol{A}_1 \text{ 是一个 } (m-1)\times(n-1) \text{ 矩阵.}$$

对 $\boldsymbol{A}_1$ 再重复以上步骤, 这样继续变换下去就可以得到所要的标准形.

定理 2.5.1 的证明也说明, 任一矩阵 $\boldsymbol{A}$ 总可以经过有限次初等行变换化为阶梯形矩阵, 进而化为行最简形矩阵.

推论 2.5.1　如果 $\boldsymbol{A}$ 为 n 阶可逆矩阵, 则矩阵 $\boldsymbol{A}$ 经过有限次初等变换可以化为单位矩阵 $\boldsymbol{E}$, 即 $\boldsymbol{A}\sim\boldsymbol{E}$.

例 2.5.2　把矩阵 $\boldsymbol{A}=\begin{pmatrix}0 & 0 & 3 & 1\\ 2 & 1 & -1 & 2\\ 4 & 2 & 3 & 1\\ -2 & -1 & 4 & -3\end{pmatrix}$ 化为标准形.

解
$$\boldsymbol{A}\xrightarrow{r_3-2r_2,r_4+r_2}\begin{pmatrix}0 & 0 & 3 & 1\\ 2 & 1 & -1 & 2\\ 0 & 0 & 5 & -3\\ 0 & 0 & 3 & -1\end{pmatrix}\xrightarrow{c_2-\frac{1}{2}c_1,c_3+\frac{1}{2}c_1,c_4-c_1}\begin{pmatrix}0 & 0 & 3 & 1\\ 2 & 0 & 0 & 0\\ 0 & 0 & 5 & -3\\ 0 & 0 & 3 & -1\end{pmatrix}$$
$$\xrightarrow{\frac{1}{2}r_2,r_3-\frac{5}{3}r_1,r_4-r_1}\begin{pmatrix}0 & 0 & 3 & 1\\ 1 & 0 & 0 & 0\\ 0 & 0 & 0 & -\dfrac{14}{3}\\ 0 & 0 & 0 & -2\end{pmatrix}\xrightarrow{\frac{1}{3}r_1,-\frac{3}{14}r_3,-\frac{1}{2}r_4,}\begin{pmatrix}0 & 0 & 1 & \dfrac{1}{3}\\ 1 & 0 & 0 & 0\\ 0 & 0 & 0 & 1\\ 0 & 0 & 0 & 1\end{pmatrix}$$
$$\xrightarrow{r_4-r_3,r_1-\frac{1}{3}r_3,}\begin{pmatrix}0 & 0 & 1 & 0\\ 1 & 0 & 0 & 0\\ 0 & 0 & 0 & 1\\ 0 & 0 & 0 & 0\end{pmatrix}\xrightarrow{c_2\leftrightarrow c_3,c_1\leftrightarrow c_2,c_3\leftrightarrow c_4}\begin{pmatrix}1 & 0 & 0 & 0\\ 0 & 1 & 0 & 0\\ 0 & 0 & 1 & 0\\ 0 & 0 & 0 & 0\end{pmatrix}.$$

2.5.3　初等矩阵

运用矩阵的初等变换可将任何一个矩阵化为标准形. 那么, 矩阵的初等变换与矩阵的乘法有何联系？能否通过初等变换求可逆矩阵的逆矩阵呢？为此, 先研究一类特殊矩阵：初等矩阵.

定义 2.5.5 由单位矩阵 $\boldsymbol{E}$ 经过一次初等变换而得到的矩阵称为初等矩阵.

由此可知：初等矩阵都是方阵.

初等矩阵只有三类 —— 因为初等变换有三种, 所以初等矩阵也有三类, 每个初等变换都有一个初等矩阵与之对应.

(i) 把矩阵 $\boldsymbol{E}$ 的 i 行 j 行互换后, 得到初等矩阵 $\boldsymbol{E}(i,j)$,

$$\boldsymbol{E}(i,j)=\begin{pmatrix}1&&&&&&&&\\&\ddots&&&&&&&\\&&1&&&&&&\\&&&0&\cdots&\cdots&\cdots&1&&&\\&&&\vdots&1&&&\vdots&&&\\&&&\vdots&&\ddots&&\vdots&&&\\&&&\vdots&&&1&\vdots&&&\\&&&1&\cdots&\cdots&\cdots&0&&&\\&&&&&&&&1&&\\&&&&&&&&&\ddots&\\&&&&&&&&&&1\end{pmatrix}\begin{matrix}\\\\\\\text{第 }i\text{ 行}\\\\\\\\\text{第 }j\text{ 行}\\\\\\\\\end{matrix};$$

(ii) 用非零数 k 乘 $\boldsymbol{E}$ 的第 i 行, 得到初等矩阵 $\boldsymbol{E}(i(k))$,

$$\boldsymbol{E}(i(k))=\begin{pmatrix}1&&&&&&\\&\ddots&&&&&\\&&1&&&&\\&&&k&&&\\&&&&1&&\\&&&&&\ddots&\\&&&&&&1\end{pmatrix}\text{第 }i\text{ 行};$$

(iii) 把矩阵 $\boldsymbol{E}$ 的第 j 行的 k 倍加到第 i 行, 得到初等矩阵 $\boldsymbol{E}(i,j(k))$,

$$\boldsymbol{E}(i,j(k))=\begin{pmatrix}1&&&&&&\\&\ddots&&&&&\\&&1&\cdots&k&&\\&&&\ddots&\vdots&&\\&&&&1&&\\&&&&&\ddots&\\&&&&&&1\end{pmatrix}\begin{matrix}\\\\第\ i\ 行\\\\第\ j\ 行\\\\\\\end{matrix}.$$

同样可以得到与列变换相应的初等矩阵. 并且对单位矩阵作一次初等列变换所得到的矩阵也包括在上面的三类矩阵之中.

因此, 上述三类矩阵就是全部的初等矩阵.

由行列式的性质得 $|\boldsymbol{E}(i,j)|=-1$, $|\boldsymbol{E}(i(k))|=k\neq 0$, $|\boldsymbol{E}(i,j(k))|=1$. 所以, 初等矩阵都是可逆的, 且它们的逆矩阵还是初等矩阵. 即

$$(\boldsymbol{E}(i,j))^{-1}=\boldsymbol{E}(i,j),\quad (\boldsymbol{E}(i(k)))^{-1}=\boldsymbol{E}\left(i\left(\frac{1}{k}\right)\right),\quad (\boldsymbol{E}(i,j(k)))^{-1}=\boldsymbol{E}(i,j(-k)).$$

为了找到矩阵的初等变换和矩阵乘法的关系, 请看下面的例子.

例如, 设 $\boldsymbol{A}=\begin{pmatrix}a_{11}&a_{12}&a_{13}\\a_{21}&a_{22}&a_{23}\\a_{31}&a_{32}&a_{33}\end{pmatrix}$, 则

$$\boldsymbol{E}(2,1(3))\cdot\boldsymbol{A}=\begin{pmatrix}1&0&0\\3&1&0\\0&0&1\end{pmatrix}\cdot\boldsymbol{A}=\begin{pmatrix}a_{11}&a_{12}&a_{13}\\3a_{11}+a_{21}&3a_{12}+a_{22}&3a_{13}+a_{23}\\a_{31}&a_{32}&a_{33}\end{pmatrix}.$$

$$\boldsymbol{A}\cdot\boldsymbol{E}(2,1(3))=\boldsymbol{A}\cdot\begin{pmatrix}1&0&0\\3&1&0\\0&0&1\end{pmatrix}=\begin{pmatrix}a_{11}+3a_{12}&a_{12}&a_{13}\\a_{21}+3a_{22}&a_{22}&a_{23}\\a_{31}+3a_{32}&a_{32}&a_{33}\end{pmatrix}.$$

上式表明, 以初等矩阵 $\boldsymbol{E}(2,1(3))$ 左乘矩阵 $\boldsymbol{A}$, 相当于对矩阵 $\boldsymbol{A}$ 作相应的初等行变换: 把矩阵 $\boldsymbol{A}$ 的第一行的 3 倍加到第二行. 以初等矩阵 $\boldsymbol{E}(2,1(3))$ 右乘矩阵 $\boldsymbol{A}$, 相当于对矩阵 $\boldsymbol{A}$ 作初等列变换: 把矩阵 $\boldsymbol{A}$ 的第二列的 3 倍加到第一列.

定理 2.5.2 对一个 $s\times n$ 矩阵 $\boldsymbol{A}$ 作一次初等行变换就相当于在 $\boldsymbol{A}$ 的左边乘上一个相应的 $s\times s$ 初等矩阵; 对 $\boldsymbol{A}$ 作一次初等列变换就相当于在 $\boldsymbol{A}$ 的右边乘上一个相应的 $n\times n$ 初等矩阵.

定理 2.5.3 对矩阵 $\boldsymbol{A}_{m\times n}$, 存在 m 阶初等矩阵 $\boldsymbol{P}_1,\boldsymbol{P}_2,\cdots,\boldsymbol{P}_s$ 与 n 阶初等矩阵 $\boldsymbol{Q}_1,\boldsymbol{Q}_2,\cdots,\boldsymbol{Q}_t$, 使得

$$\boldsymbol{P}_1\boldsymbol{P}_2,\cdots\boldsymbol{P}_s\boldsymbol{A}\boldsymbol{Q}_1\boldsymbol{Q}_2\cdots\boldsymbol{Q}_t=\begin{pmatrix}\boldsymbol{E}_r & \boldsymbol{O}\\ \boldsymbol{O} & \boldsymbol{O}\end{pmatrix},\tag{2.5.1}$$

即任意的 $m\times n$ 矩阵 $\boldsymbol{A}$ 与其标准形 $\begin{pmatrix}\boldsymbol{E}_r & \boldsymbol{O}\\ \boldsymbol{O} & \boldsymbol{O}\end{pmatrix}$ 等价.

推论 2.5.2 n 阶可逆矩阵 $\boldsymbol{A}$ 必等价于单位矩阵 $\boldsymbol{E}$.

证明 假设 $\boldsymbol{A}$ 不等价于单位矩阵 $\boldsymbol{E}$, 由定理 2.5.3 可知, $\boldsymbol{A}$ 等价于 $\begin{pmatrix}\boldsymbol{E}_r & \boldsymbol{O}\\ \boldsymbol{O} & \boldsymbol{O}\end{pmatrix}$, 其中 $r<n$, 将 (2.5.1) 式两边取行列式, 有

$$|\boldsymbol{P}_1\boldsymbol{P}_2\cdots\boldsymbol{P}_s\boldsymbol{A}\boldsymbol{Q}_1\boldsymbol{Q}_2\cdots\boldsymbol{Q}|_t=\begin{vmatrix}\boldsymbol{E}_r & \boldsymbol{O}\\ \boldsymbol{O} & \boldsymbol{O}\end{vmatrix}=0,\tag{2.5.2}$$

但 $|\boldsymbol{P}_i|\neq 0(i=1,2,\cdots,s),\left|\boldsymbol{Q}_j\right|\neq 0(j=1,2,\cdots,t),|\boldsymbol{A}|\neq 0$, 从而

$$|\boldsymbol{P}_1|\,|\boldsymbol{P}_2|\cdots|\boldsymbol{P}_s|\,|\boldsymbol{A}|\,|\boldsymbol{Q}_1|\,|\boldsymbol{Q}_2|\cdots|\boldsymbol{Q}_t|\neq 0,$$

与 (2.5.2) 式矛盾, 故 $r=n$.

推论 2.5.3 若方阵 $\boldsymbol{A}$ 可逆, 则存在有限个初等矩阵 $\boldsymbol{P}_1,\boldsymbol{P}_2,\cdots,\boldsymbol{P}_s$, 使得 $\boldsymbol{A}=\boldsymbol{P}_1\boldsymbol{P}_2\cdots\boldsymbol{P}_s$.

推论 2.5.4 $\boldsymbol{A}_{m\times n}\sim\boldsymbol{B}_{m\times n}\Leftrightarrow$ 存在 m 阶可逆矩阵 $\boldsymbol{P}$ 和 n 阶可逆矩阵 $\boldsymbol{Q}$, 使得 $\boldsymbol{PAQ}=\boldsymbol{B}$.

使用推论 2.5.3, 还可以得到求矩阵逆矩阵的方法.

当 $\boldsymbol{A}$ 可逆时, 由 $\boldsymbol{A}=\boldsymbol{P}_1\boldsymbol{P}_2\cdots\boldsymbol{P}_s$, 有

$$\boldsymbol{P}_s^{-1}\boldsymbol{P}_{s-1}^{-1}\cdots\boldsymbol{P}_1^{-1}\boldsymbol{A}=\boldsymbol{E}\quad \text{及}\quad \boldsymbol{P}_s^{-1}\boldsymbol{P}_{s-1}^{-1}\cdots\boldsymbol{P}_1^{-1}\boldsymbol{E}=\boldsymbol{A}^{-1},$$

将两式可合并为

$$\boldsymbol{P}_s^{-1}\boldsymbol{P}_{s-1}^{-1}\cdots\boldsymbol{P}_1^{-1}(\boldsymbol{A}|\boldsymbol{E})=(\boldsymbol{P}_s^{-1}\boldsymbol{P}_{s-1}^{-1}\cdots\boldsymbol{P}_1^{-1}\boldsymbol{A}|\boldsymbol{P}_s^{-1}\boldsymbol{P}_{s-1}^{-1}\cdots\boldsymbol{P}_1^{-1}\boldsymbol{E})=(\boldsymbol{E}|\boldsymbol{A}^{-1}).$$

这说明可逆矩阵 $\boldsymbol{A}$ 只需要经过初等行变换就可化为单位矩阵, 在同样的初等行变换下, $\boldsymbol{E}$ 就化为了 $\boldsymbol{A}^{-1}$.

逆矩阵的具体求法为: 对 $n\times 2n$ 矩阵 $(\boldsymbol{A}|\boldsymbol{E})$ 施行初等行变换, 就可将左边的矩阵 $\boldsymbol{A}$ 化为单位矩阵, 同时右边的矩阵 $\boldsymbol{E}$ 就化为了 $\boldsymbol{A}$ 的逆矩阵, 即

$$(\boldsymbol{A}|\boldsymbol{E})\xrightarrow{\text{有限次初等行变换}}\cdots\longrightarrow(\boldsymbol{E}|\boldsymbol{A}^{-1}).$$

同理, 也可用初等列变换求逆矩阵, 即

$$\begin{pmatrix} \boldsymbol{A} \\ \hline \boldsymbol{E} \end{pmatrix} \xrightarrow{\text{有限次初等列变换}} \cdots \longrightarrow \begin{pmatrix} \boldsymbol{E} \\ \hline \boldsymbol{A}^{-1} \end{pmatrix}.$$

例 2.5.3 设 $\boldsymbol{A}=\begin{pmatrix} 1 & 2 & 3 \\ 2 & 2 & 2 \\ 3 & 4 & 3 \end{pmatrix}$, 求 $\boldsymbol{A}^{-1}$.

解

$$(\boldsymbol{A}|\boldsymbol{E})=\begin{pmatrix} 1 & 2 & 3 & 1 & 0 & 0 \\ 2 & 2 & 2 & 0 & 1 & 0 \\ 3 & 4 & 3 & 0 & 0 & 1 \end{pmatrix} \xrightarrow[r_3-3r_1]{r_2-2r_1} \begin{pmatrix} 1 & 2 & 3 & 1 & 0 & 0 \\ 0 & -2 & -4 & -2 & 1 & 0 \\ 0 & -2 & -6 & -3 & 0 & 1 \end{pmatrix}$$

$$\xrightarrow[r_1+r_2]{r_3-r_2} \begin{pmatrix} 1 & 0 & -1 & -1 & 1 & 0 \\ 0 & -2 & -4 & -2 & 1 & 0 \\ 0 & 0 & -2 & -1 & -1 & 1 \end{pmatrix}$$

$$\xrightarrow[r_2-2r_3]{r_1-\frac{1}{2}r_3} \begin{pmatrix} 1 & 0 & 0 & -\frac{1}{2} & \frac{3}{2} & -\frac{1}{2} \\ 0 & -2 & 0 & 0 & 3 & -2 \\ 0 & 0 & -2 & -1 & -1 & 1 \end{pmatrix}$$

$$\xrightarrow[-\frac{1}{2}r_3]{-\frac{1}{2}r_2} \begin{pmatrix} 1 & 0 & 0 & -\dfrac{1}{2} & \dfrac{3}{2} & -\dfrac{1}{2} \\ 0 & 1 & 0 & 0 & -\dfrac{3}{2} & 1 \\ 0 & 0 & 1 & \dfrac{1}{2} & \dfrac{1}{2} & -\dfrac{1}{2} \end{pmatrix},$$

所以 $\boldsymbol{A}^{-1}=\begin{pmatrix} -\dfrac{1}{2} & \dfrac{3}{2} & -\dfrac{1}{2} \\ 0 & -\dfrac{3}{2} & 1 \\ \dfrac{1}{2} & \dfrac{1}{2} & -\dfrac{1}{2} \end{pmatrix}$.

同理可证明, 对矩阵 $(\boldsymbol{A}|\boldsymbol{B})$ 施行初等行变换, 将左边的矩阵 $\boldsymbol{A}$ 化为单位矩阵, 同时右边的矩阵 $\boldsymbol{B}$ 就化为了 $\boldsymbol{A}^{-1}\boldsymbol{B}$, 即

$$(\boldsymbol{A}|\boldsymbol{B}) \xrightarrow{\text{有限次初等行变换}} \cdots \longrightarrow (\boldsymbol{E}|\boldsymbol{A}^{-1}\boldsymbol{B}).$$

同理, 有

$$\begin{pmatrix} \boldsymbol{A} \\ \hline \boldsymbol{B} \end{pmatrix} \xrightarrow{\text{有限次初等列变换}} \cdots \longrightarrow \begin{pmatrix} \boldsymbol{E} \\ \hline \boldsymbol{B}\boldsymbol{A}^{-1} \end{pmatrix}.$$

例 2.5.4 求矩阵 $\boldsymbol{X}$, 使 $\boldsymbol{AX}=\boldsymbol{B}$, 其中 $\boldsymbol{A}=\begin{pmatrix}4&1&-2\\2&2&1\\3&1&-1\end{pmatrix}$, $\boldsymbol{B}=\begin{pmatrix}1&-3\\2&2\\3&-1\end{pmatrix}$.

解 若 $\boldsymbol{A}$ 可逆, 则 $\boldsymbol{X}=\boldsymbol{A}^{-1}\boldsymbol{B}$,

$$(\boldsymbol{A}|\boldsymbol{B})=\begin{pmatrix}4&1&-2&1&-3\\2&2&1&2&2\\3&1&-1&3&-1\end{pmatrix}\xrightarrow{r_1-r_3}\begin{pmatrix}1&0&-1&-2&-2\\2&2&1&2&2\\3&1&-1&3&-1\end{pmatrix}$$

$$\xrightarrow[r_3-3r_1]{r_2-2r_1}\begin{pmatrix}1&0&-1&-2&-2\\0&2&3&6&6\\0&1&2&9&5\end{pmatrix}\xrightarrow[r_2\leftrightarrow r_3]{r_2-2r_3}\begin{pmatrix}1&0&-1&-2&-2\\0&1&2&9&5\\0&0&-1&-12&-4\end{pmatrix}$$

$$\xrightarrow[r_2+2r_3]{r_1-r_3}\begin{pmatrix}1&0&0&10&2\\0&1&0&-15&-3\\0&0&-1&-12&-4\end{pmatrix}\xrightarrow{-r_3}\begin{pmatrix}1&0&0&10&2\\0&1&0&-15&-3\\0&0&1&12&4\end{pmatrix}.$$

所以 $\boldsymbol{X}=\begin{pmatrix}10&2\\-15&-3\\12&4\end{pmatrix}$.

2.6 矩阵的秩

为了利用矩阵研究线性方程组, 在本节中介绍矩阵秩的概念.

任一矩阵都可以经过初等行变换化为阶梯形矩阵, 且阶梯形矩阵中所含非零行的行数是唯一确定的, 这个数实质上就是矩阵的 “秩”, 它是矩阵的一个重要数字特征, 下面讨论它的定义和求法.

2.6.1 矩阵秩的定义

定义 2.6.1 在一个 $s\times n$ 矩阵 $\boldsymbol{A}$ 中任意选定 k 行和 k 列, 位于这些选定的行和列的交点上的 k^2 个元素按原来的次序所组成的 k 阶行列式, 称为 $\boldsymbol{A}$ 的一个 k 阶 (级) 子式.

例如, 在矩阵 $\begin{pmatrix}1&2&3&-1&2\\0&4&-1&1&2\\1&0&-3&2&-1\\2&3&5&-1&0\end{pmatrix}$ 中选第一、三行, 第二、四列, 位于这些行和列交点上的 4 个元素组成二阶行列式 $\begin{vmatrix}2&-1\\0&2\end{vmatrix}=4$.

选第一、二、四行, 第二、四、五列. 就得到一个三阶子式 $\begin{vmatrix} 2 & -1 & 2 \\ 4 & 1 & 2 \\ 3 & -1 & 0 \end{vmatrix} = -16$.

注　(1) 子式的阶数 $k \leqslant \min\{s, n\}$;

(2) $\boldsymbol{A}$ 中的每一个元素都是 $\boldsymbol{A}$ 的一阶子式.

定义 2.6.2　设 $\boldsymbol{A}$ 为 $m \times n$ 矩阵, 如果存在 $\boldsymbol{A}$ 的一个 r 阶子式不为零, 同时所有 $r+1$ 阶子式 (如果存在) 全为 0, 则称数 r 为矩阵 $\boldsymbol{A}$ 的秩, 记为 $R(\boldsymbol{A})$.

一个矩阵 $\boldsymbol{A}_{m\times n}$ 共有 $\mathrm{C}_m^k \mathrm{C}_n^k$ 个子式, 其中特别地, 当 $\boldsymbol{A}$ 是方阵时, 则 $\boldsymbol{A}$ 的 n 阶子式就是 $\boldsymbol{A}$ 的行列式.

当 $R(\boldsymbol{A}) = \min\{m, n\}$ 时, 称 $\boldsymbol{A}$ 为满秩矩阵, 否则称为降秩矩阵.

2.6.2　矩阵秩的性质

矩阵的秩具有下列性质.

(1) 设 $\boldsymbol{A}$ 为 $m \times n$ 矩阵, 则 $0 \leqslant R(\boldsymbol{A}) \leqslant \min\{m, n\}$.

(2) 若矩阵 $\boldsymbol{A}$ 有某个 s 阶子式不为零, 则 $R(\boldsymbol{A}) \geqslant s$; 若矩阵 $\boldsymbol{A}$ 的所有 s 阶子式全为零, 则 $R(\boldsymbol{A}) < s$.

(3) $R(\boldsymbol{A}) = R\left(\boldsymbol{A}^{\mathrm{T}}\right)$.

(4) $R(\boldsymbol{A} \pm \boldsymbol{B}) \leqslant r(\boldsymbol{A}) + r(\boldsymbol{B})$.

(5) 若 $\boldsymbol{A}_{m\times n}\boldsymbol{B}_{n\times s} = \boldsymbol{O}$, 则 $r(\boldsymbol{A}) + r(\boldsymbol{B}) \leqslant n$.

定理 2.6.1　n 阶矩阵 $\boldsymbol{A}$ 可逆的充要条件是 $r(\boldsymbol{A}) = n$.

例 2.6.1　求矩阵 $\boldsymbol{A}$ 和 $\boldsymbol{B}$ 的秩, 其中

$$\boldsymbol{A} = \begin{pmatrix} 1 & 2 & 3 \\ 2 & 3 & -5 \\ 4 & 7 & 1 \end{pmatrix}, \quad \boldsymbol{B} = \begin{pmatrix} 1 & 1 & 2 & 2 & 1 \\ 0 & 2 & 1 & 5 & -1 \\ 0 & 0 & -2 & 2 & -2 \\ 0 & 0 & 0 & 0 & 0 \end{pmatrix}.$$

解　在 $\boldsymbol{A}$ 中, 二阶子式 $\begin{vmatrix} 1 & 2 \\ 2 & 3 \end{vmatrix} \neq 0$, 三阶子式只有一个 $|\boldsymbol{A}|$, 且

$$|\boldsymbol{A}| = \begin{vmatrix} 1 & 2 & 3 \\ 2 & 3 & -5 \\ 4 & 7 & 1 \end{vmatrix} = \begin{vmatrix} 1 & 2 & 3 \\ 0 & -1 & -11 \\ 0 & -1 & -11 \end{vmatrix} = 0,$$

所以 $R(\boldsymbol{A}) = 2$.

$\boldsymbol{B}$ 是一个阶梯形行列式, 其非零行只有三行, 所以 $\boldsymbol{B}$ 的四阶子式全为零; 而 $\boldsymbol{B}$

有一个三阶子式

$$\begin{vmatrix} 1 & 1 & 2 \\ 0 & 2 & 1 \\ 0 & 0 & -2 \end{vmatrix} = -4 \neq 0,$$

所以 $R(\boldsymbol{A}) = 3$.

从例 2.6.1 看到, 利用定义计算矩阵的秩, 需要由高阶到低阶考虑矩阵的子式, 当矩阵的行数与列数较高时, 按定义求秩就非常麻烦; 但阶梯形矩阵的秩很容易确定, 即为非零行的行数, 而任意矩阵都可以经过初等变换化为阶梯形矩阵, 因而可考虑借助初等变换求矩阵的秩.

2.6.3 利用初等变换求矩阵的秩

定理 2.6.2 矩阵的初等变换不改变矩阵的秩. 即若 $\boldsymbol{A} \sim \boldsymbol{B}$, 则 $R(\boldsymbol{A}) = R(\boldsymbol{B})$.

证明 先证明, 若 $\boldsymbol{A}$ 经一次初等行变换变为 $\boldsymbol{B}$, 则 $R(\boldsymbol{A}) \leqslant R(\boldsymbol{B})$.

设 $R(\boldsymbol{A}) = r$, 且 $\boldsymbol{A}$ 的某个 r 阶子式 $D \neq 0$.

当 $\boldsymbol{A} \xrightarrow{r_i \leftrightarrow r_j} \boldsymbol{B}$ 或 $\boldsymbol{A} \xrightarrow{r_i \times k} \boldsymbol{B}$ 时, 在 $\boldsymbol{B}$ 中总能找到与 $\boldsymbol{D}$ 相对应的 r 阶子式 D_1, 由于 $D_1 = D$ 或 $D_1 = -D$ 或 $D_1 = kD$, 因此 $D_1 \neq 0$, 从而 $R(\boldsymbol{B}) \geqslant r$.

当 $\boldsymbol{A} \xrightarrow{r_i + kr_j} \boldsymbol{B}$ 时, 因为对于作变换 $r_i \leftrightarrow r_j$ 时结论成立, 所以只需考虑 $\boldsymbol{A} \xrightarrow{r_1 + kr_2} \boldsymbol{B}$ 这一特殊情形.

分两种情形讨论.

(1) $\boldsymbol{A}$ 的 r 阶非零子式 D 不包含 $\boldsymbol{A}$ 的第一行, 这时 D 也是 B 的 r 阶非零子式, 所以 $R(\boldsymbol{B}) \geqslant r$;

(2) D 包含 $\boldsymbol{A}$ 的第一行, 这时把 $\boldsymbol{B}$ 中与 D 对应的 r 阶子式 D_1 记作

$$D_1 = \begin{vmatrix} r_1 + kr_2 \\ r_p \\ \vdots \\ r_q \end{vmatrix} = \begin{vmatrix} r_1 \\ r_p \\ \vdots \\ r_q \end{vmatrix} + k \begin{vmatrix} r_2 \\ r_p \\ \vdots \\ r_q \end{vmatrix} = D + kD_2,$$

若 $p = 2$, 则 $D_1 = D \neq 0$; 若 $p \neq 2$, 则 D_2 也是 B 的 r 阶子式, 由 $D_1 - kD_2 = D \neq 0$, 可知 D_1 与 D_2 不同时为 0.

总之, $\boldsymbol{B}$ 中存在的 r 阶非零子式 D_1 或 D_2, 所以 $R(\boldsymbol{B}) \geqslant r$.

以上证明了若 $\boldsymbol{A}$ 经一次初等行变换为 $\boldsymbol{B}$, 则 $R(\boldsymbol{A}) \leqslant R(\boldsymbol{B})$. 由于 $\boldsymbol{B}$ 也可经一次初等行变换变为 $\boldsymbol{A}$, 所以也有 $R(\boldsymbol{B}) \leqslant R(\boldsymbol{A})$.

因此, $R(\boldsymbol{A}) = R(\boldsymbol{B})$.

经过一次初等行变换矩阵的秩不变, 即可知经过有限次初等行变换矩阵的秩仍不变.

设 $\boldsymbol{A}$ 经初等列变换变为 $\boldsymbol{B}$, 则 $\boldsymbol{A}^{\mathrm{T}}$ 经初等行变换变为 $\boldsymbol{B}^{\mathrm{T}}$, 由上面证明可知 $R\left(\boldsymbol{A}^{\mathrm{T}}\right)=R\left(\boldsymbol{B}^{\mathrm{T}}\right)$, 又 $R(\boldsymbol{A})=R\left(\boldsymbol{A}^{\mathrm{T}}\right)$, $R(\boldsymbol{B})=R\left(\boldsymbol{B}^{\mathrm{T}}\right)$, 因此 $R(\boldsymbol{A})=R(\boldsymbol{B})$.

总之, 若 $\boldsymbol{A}$ 经有限次初等变换变为 $\boldsymbol{B}$, 则 $R(\boldsymbol{A})=R(\boldsymbol{B})$.

例 2.6.2 求矩阵 $\boldsymbol{A}$ 的秩

$$\boldsymbol{A}=\begin{pmatrix}1&2&3&-1&2\\0&4&-1&1&2\\1&0&-3&2&-1\\2&3&5&-1&0\end{pmatrix}.$$

解

$$\boldsymbol{A}\to\begin{pmatrix}0&2&6&-3&3\\0&4&-1&1&2\\1&0&-3&2&-1\\0&3&11&-5&2\end{pmatrix}\to\begin{pmatrix}0&2&6&-3&3\\0&0&-13&7&-4\\1&0&-3&2&-1\\0&1&5&-2&-1\end{pmatrix}$$

$$\to\begin{pmatrix}0&0&-4&1&5\\0&0&-13&7&-4\\1&0&-3&2&-1\\0&1&5&-2&-1\end{pmatrix}\to\begin{pmatrix}0&0&-4&1&5\\0&0&-1&4&-19\\1&0&-3&2&-1\\0&1&5&-2&-1\end{pmatrix}$$

$$\to\begin{pmatrix}1&0&-3&2&-1\\0&1&5&-2&-1\\0&0&-1&4&-19\\0&0&0&-15&81\end{pmatrix}.$$

故 A 的秩为 4.

例 2.6.3 设 $\boldsymbol{A}$ 是一个 $s\times n$ 矩阵, $\boldsymbol{P}$ 是 s 阶可逆方阵, $\boldsymbol{Q}$ 是 n 阶可逆方阵, 证明: $R(\boldsymbol{A})=R(\boldsymbol{PA})=R(\boldsymbol{AQ})$.

证明 因 $\boldsymbol{P}$ 可逆, 所以 $\boldsymbol{P}$ 可表示成初等矩阵的积

$$\boldsymbol{P}=\boldsymbol{P}_1\boldsymbol{P}_2\cdots\boldsymbol{P}_t,$$

其中 $\boldsymbol{P}_i\,(i=1,2,\cdots,t)$ 均为初等矩阵. 从而有

$$\boldsymbol{PA}=\boldsymbol{P}_1\boldsymbol{P}_2\cdots\boldsymbol{P}_t\boldsymbol{A},$$

所以 $\boldsymbol{PA}\sim\boldsymbol{A}$, 故 $R(\boldsymbol{A})=R(\boldsymbol{PA})$.

同理可证 $R(\boldsymbol{A})=R(\boldsymbol{AQ})$.

习 题 2

1. 计算下列乘积.

(1) $\begin{pmatrix} 4 & 3 & 1 \\ 1 & -2 & 3 \\ 5 & 7 & 0 \end{pmatrix}\begin{pmatrix} 7 \\ 2 \\ 1 \end{pmatrix}$; (2) $(1\quad 2\quad 3)\begin{pmatrix} 3 \\ 2 \\ 1 \end{pmatrix}$.

2. 设 $\boldsymbol{A}=\begin{pmatrix} 1 & 1 & 1 \\ 1 & 1 & -1 \\ 1 & -1 & 1 \end{pmatrix}$, $\boldsymbol{B}=\begin{pmatrix} 1 & 2 & 3 \\ -1 & -2 & 4 \\ 0 & 5 & 1 \end{pmatrix}$, 求 $3\boldsymbol{AB}-2\boldsymbol{A}$ 及 $\boldsymbol{A}^{\mathrm{T}}\boldsymbol{B}$.

3. 设 $\boldsymbol{A}=\begin{pmatrix} 1 & 2 \\ 1 & 3 \end{pmatrix}$, $\boldsymbol{B}=\begin{pmatrix} 1 & 0 \\ 1 & 2 \end{pmatrix}$, 问:

(1) $\boldsymbol{AB}=\boldsymbol{BA}$ 吗?

(2) $(\boldsymbol{A}+\boldsymbol{B})^2=\boldsymbol{A}^2+2\boldsymbol{AB}+\boldsymbol{B}^2$ 吗?

(3) $(\boldsymbol{A}+\boldsymbol{B})(\boldsymbol{A}-\boldsymbol{B})=\boldsymbol{A}^2-\boldsymbol{B}^2$ 吗?

4. 举反例说明下列命题是错误的.

(1) 若 $\boldsymbol{A}^2=\boldsymbol{O}$, 则 $\boldsymbol{A}=\boldsymbol{O}$;

(2) 若 $\boldsymbol{A}^2=\boldsymbol{A}$, 则 $\boldsymbol{A}=\boldsymbol{O}$ 或 $\boldsymbol{A}=\boldsymbol{E}$;

(3) 若 $\boldsymbol{AX}=\boldsymbol{AY}$, 且 $\boldsymbol{A}\neq\boldsymbol{O}$, 则 $\boldsymbol{X}=\boldsymbol{Y}$.

5. 求下列矩阵的逆矩阵.

(1) $\begin{pmatrix} 1 & 2 \\ 2 & 5 \end{pmatrix}$; (2) $\begin{pmatrix} 1 & 2 & -1 \\ 3 & 4 & -2 \\ 5 & -4 & 1 \end{pmatrix}$.

6. 解下列矩阵方程.

(1) $\begin{pmatrix} 2 & 5 \\ 1 & 3 \end{pmatrix}\boldsymbol{X}=\begin{pmatrix} 4 & -6 \\ 2 & 1 \end{pmatrix}$;

(2) $\boldsymbol{X}\begin{pmatrix} 2 & 1 & -1 \\ 2 & 1 & 0 \\ 1 & -1 & 1 \end{pmatrix}=\begin{pmatrix} 1 & -1 & 3 \\ 4 & 3 & 2 \end{pmatrix}$;

(3) $\begin{pmatrix} 1 & 4 \\ -1 & 2 \end{pmatrix}\boldsymbol{X}\begin{pmatrix} 2 & 0 \\ -1 & 1 \end{pmatrix}=\begin{pmatrix} 3 & 1 \\ 0 & -1 \end{pmatrix}$;

(4) $\begin{pmatrix} 0 & 1 & 0 \\ 1 & 0 & 0 \\ 0 & 0 & 1 \end{pmatrix}\boldsymbol{X}\begin{pmatrix} 1 & 0 & 0 \\ 0 & 0 & 1 \\ 0 & 1 & 0 \end{pmatrix}=\begin{pmatrix} 1 & -4 & 3 \\ 2 & 0 & -1 \\ 1 & -2 & 0 \end{pmatrix}$.

7. 设 $\boldsymbol{A}$ 为三阶方阵, $|\boldsymbol{A}|=\dfrac{1}{2}$, 计算 $\left|(2\boldsymbol{A})^{-1}-5\boldsymbol{A}^*\right|$.

8. 设 $\boldsymbol{A}=\begin{pmatrix} 0 & 3 & 3 \\ 1 & 1 & 0 \\ -1 & 2 & 3 \end{pmatrix}$, $\boldsymbol{AB}=\boldsymbol{A}+2\boldsymbol{B}$, 求 $\boldsymbol{B}$.

9. 设 $\boldsymbol{A}^k=\boldsymbol{O}$($k$ 为正整数), 证明: $(\boldsymbol{E}-\boldsymbol{A})^{-1}=\boldsymbol{E}+\boldsymbol{A}+\boldsymbol{A}^2+\cdots+\boldsymbol{A}^{k-1}$.

10. 设方阵 $\boldsymbol{A}$ 满足 $\boldsymbol{A}^2-\boldsymbol{A}-2\boldsymbol{E}=\boldsymbol{O}$, 证明 $\boldsymbol{A}$ 及 $\boldsymbol{A}+2\boldsymbol{E}$ 都可逆, 并求 $\boldsymbol{A}^{-1}$ 及 $(\boldsymbol{A}+2\boldsymbol{E})^{-1}$.

11. 设矩阵 $\boldsymbol{A}$ 可逆, 证明其伴随矩阵 $\boldsymbol{A}^*$ 也可逆, 且 $(\boldsymbol{A}^*)^{-1}=(\boldsymbol{A}^{-1})^*$.

12. 设 n 阶矩阵 $\boldsymbol{A}$ 及 s 阶矩阵 $\boldsymbol{B}$ 都可逆, 求

(1) $\begin{pmatrix} \boldsymbol{O} & \boldsymbol{A} \\ \boldsymbol{B} & \boldsymbol{O} \end{pmatrix}^{-1}$;　(2) $\begin{pmatrix} \boldsymbol{A} & \boldsymbol{O} \\ \boldsymbol{C} & \boldsymbol{B} \end{pmatrix}^{-1}$.

13. 求下列矩阵的逆矩阵.

(1) $\begin{pmatrix} 5 & 2 & 0 & 0 \\ 2 & 1 & 0 & 0 \\ 0 & 0 & 8 & 3 \\ 0 & 0 & 5 & 2 \end{pmatrix}$;　(2) $\begin{pmatrix} 1 & 0 & 0 & 0 \\ 1 & 2 & 0 & 0 \\ 2 & 1 & 3 & 0 \\ 1 & 2 & 1 & 4 \end{pmatrix}$.

14. 用初等行变换把下列矩阵化为行最简形矩阵.

(1) $\begin{pmatrix} 1 & 0 & 2 & -1 \\ 2 & 0 & 3 & 1 \\ 3 & 0 & 4 & 3 \end{pmatrix}$;　(2) $\begin{pmatrix} 0 & 2 & -3 & 1 \\ 0 & 3 & -4 & 3 \\ 0 & 4 & -7 & -1 \end{pmatrix}$.

15. 试利用矩阵的初等行变换, 求下列方程的逆阵.

(1) $\begin{pmatrix} 3 & 2 & 1 \\ 3 & 1 & 5 \\ 3 & 2 & 3 \end{pmatrix}$;　(2) $\begin{pmatrix} 3 & -2 & 0 & -1 \\ 0 & 2 & 2 & 1 \\ 1 & -2 & -3 & -2 \\ 0 & 1 & 2 & 1 \end{pmatrix}$.

16. 求下列矩阵的秩, 并求一个最高阶非零子式.

(1) $\begin{pmatrix} 3 & 1 & 0 & 2 \\ 1 & -1 & 2 & -1 \\ 1 & 3 & -4 & 4 \end{pmatrix}$;　(2) $\begin{pmatrix} 3 & 2 & -1 & -3 & -1 \\ 2 & -1 & 3 & 1 & -3 \\ 7 & 0 & 5 & -1 & -8 \end{pmatrix}$.

17. 设 $\boldsymbol{A}=\begin{pmatrix} 1 & -2 & 3k \\ -1 & 2k & -3 \\ k & -2 & 3 \end{pmatrix}$, 问 k 为何值可使

(1) $R(\boldsymbol{A})=1$;　(2) $R(\boldsymbol{A})=2$;　(3) $R(\boldsymbol{A})=3$.

第 3 章　线性方程组与向量组

本章首先利用初等变换的方法讨论线性方程组是否有解的判断问题, 并给出在有解的情况下求解的一般方法; 进一步引入向量的概念, 讨论向量的线性表示、线性相关问题; 在向量理论基础上进一步讨论线性方程组的解的性质及结构问题.

3.1　线性方程组

n 元线性方程组

$$\begin{cases} a_{11}x_1 + a_{12}x_2 + \cdots + a_{1n}x_n = b_1, \\ a_{21}x_1 + a_{22}x_2 + \cdots + a_{2n}x_n = b_2, \\ \cdots\cdots \\ a_{m1}x_1 + a_{m2}x_2 + \cdots + a_{mn}x_n = b_m \end{cases} \tag{3.1.1}$$

称为 n 元非齐次线性方程组.

记

$$\boldsymbol{A} = \begin{pmatrix} a_{11} & a_{12} & \cdots & a_{1n} \\ a_{21} & a_{22} & \cdots & a_{2n} \\ \vdots & \vdots & & \vdots \\ a_{m1} & a_{m2} & \cdots & a_{mn} \end{pmatrix}, \quad \boldsymbol{X} = \begin{pmatrix} x_1 \\ x_2 \\ \vdots \\ x_n \end{pmatrix}, \quad \boldsymbol{b} = \begin{pmatrix} b_1 \\ b_2 \\ \vdots \\ b_m \end{pmatrix},$$

非齐次线性方程组 (3.1.1) 的矩阵形式记为 $\boldsymbol{AX} = \boldsymbol{b}$, 其中 $\boldsymbol{A}$ 称为非齐次线性方程组的系数矩阵, $\boldsymbol{X}$ 称为未知列阵, $\boldsymbol{b}$ 称为常数列阵.

n 元线性方程组

$$\begin{cases} a_{11}x_1 + a_{12}x_2 + \cdots + a_{1n}x_n = 0, \\ a_{21}x_1 + a_{22}x_2 + \cdots + a_{2n}x_n = 0, \\ \cdots\cdots \\ a_{m1}x_1 + a_{m2}x_2 + \cdots + a_{mn}x_n = 0 \end{cases} \tag{3.1.2}$$

称为 n 元齐次线性方程组.

齐次线性方程组 (3.1.2) 的矩阵形式记为 $\boldsymbol{AX} = \boldsymbol{0}$.

齐次线性方程组 (3.1.2) 也称为非齐次线性方程组 (3.1.1) 对应的齐次线性方程组或导出方程组.

3.1.1　引例

记

$$\widetilde{\boldsymbol{A}} = (\boldsymbol{A}|\boldsymbol{b}) = \begin{pmatrix} a_{11} & a_{12} & \cdots & a_{1n} & b_1 \\ a_{21} & a_{22} & \cdots & a_{2n} & b_2 \\ \vdots & \vdots & & \vdots & \vdots \\ a_{m1} & a_{m2} & \cdots & a_{mn} & b_m \end{pmatrix},$$

$\widetilde{\boldsymbol{A}}$ 称为非齐次线性方程组 (3.1.1) 的增广矩阵.

例 3.1.1　$\begin{cases} 2x_1 - x_2 + 3x_3 = 1, & ① \\ 4x_1 + 2x_2 + 5x_3 = 4, & ② \\ 2x_1 + 2x_3 = 6, & ③ \end{cases}$　$\widetilde{\boldsymbol{A}} = \left(\begin{array}{ccc|c} 2 & -1 & 3 & 1 \\ 4 & 2 & 5 & 4 \\ 2 & 0 & 2 & 6 \end{array}\right).$

②−2①, ③−①　$\begin{cases} 2x_1 - x_2 + 3x_3 = 1, \\ 4x_2 - x_3 = 2, \\ x_2 - x_3 = 5, \end{cases}$　$\xrightarrow[r_3 - r_1]{r_2 - 2r_1} \left(\begin{array}{ccc|c} 2 & -1 & 3 & 1 \\ 0 & 4 & -1 & 2 \\ 0 & 1 & -1 & 5 \end{array}\right)$

②↔③, ③−4②　$\begin{cases} 2x_1 - x_2 + 3x_3 = 1, \\ x_2 - x_3 = 5, \\ 3x_3 = -18, \end{cases}$　$\longrightarrow \left(\begin{array}{ccc|c} 2 & -1 & 3 & 1 \\ 0 & 1 & -1 & 5 \\ 0 & 0 & 3 & -18 \end{array}\right)$

$\begin{cases} x_1 = 9, \\ x_2 = -1, \\ x_3 = -6. \end{cases}$　$\longrightarrow \left(\begin{array}{ccc|c} 1 & 0 & 0 & 9 \\ 0 & 1 & 0 & -1 \\ 0 & 0 & 1 & -6 \end{array}\right)$

左侧是解线性方程组的消元法过程, 包括的变换有以下三种.

(1) 互换两个方程的位置;

(2) 用非零常数乘某个方程;

(3) 将某个方程的若干倍加到另一个方程上.

解线性方程组的消元法过程恰好对应矩阵的初等行变换. 右侧是对 $\widetilde{\boldsymbol{A}}$ 用矩阵的初等行变换表示方程组的求解过程; 右侧解线性方程组的方法称为**初等变换法**.

3.1.2　非齐次线性方程组

定理 3.1.1　n 元非齐次线性方程组 $\boldsymbol{AX} = \boldsymbol{b}$ 有解的充分必要条件是

$$R(\boldsymbol{A}) = R(\widetilde{\boldsymbol{A}}).$$

证明　必要性. 设非齐次线性方程组 $\boldsymbol{AX} = \boldsymbol{b}$ 有解, 要证明 $R(\boldsymbol{A}) = R(\widetilde{\boldsymbol{A}})$.

用反证法, 假设 $R(\boldsymbol{A}) < R(\widetilde{\boldsymbol{A}})$, 也就是 $R(\widetilde{\boldsymbol{A}}) = R(\boldsymbol{A}) + 1$, 那么不妨设 $\widetilde{\boldsymbol{A}}$ 可化成行阶梯形矩阵

$$\begin{pmatrix} 1 & 0 & \cdots & 0 & c_{1,r+1} & \cdots & c_{1n} & d_1 \\ 0 & 1 & \cdots & 0 & c_{2,r+1} & \cdots & c_{2n} & d_2 \\ \vdots & \vdots & & \vdots & \vdots & & \vdots & \vdots \\ 0 & 0 & \cdots & 1 & c_{r,r+1} & \cdots & c_{rn} & d_r \\ 0 & 0 & \cdots & 0 & 0 & \cdots & 0 & 1 \\ \vdots & \vdots & & \vdots & \vdots & & \vdots & \vdots \\ 0 & 0 & \cdots & 0 & 0 & \cdots & 0 & 0 \end{pmatrix}.$$

于是得到与原方程组 $\boldsymbol{AX}=\boldsymbol{b}$ 同解的方程组:

$$\begin{cases} x_1 + c_{1,r+1}x_{r+1} + \cdots + c_{1n}x_n = d_1, \\ x_2 + c_{2,r+1}x_{r+1} + \cdots + c_{2n}x_n = d_2, \\ \cdots\cdots \\ x_r + c_{r,r+1}x_{r+1} + \cdots + c_{rn}x_n = d_r, \\ 0 = 1. \end{cases}$$

因为它含有矛盾方程 0=1, 所以这个方程组无解, 这与原方程组有解矛盾. 因此 $R(\boldsymbol{A}) = R(\widetilde{\boldsymbol{A}})$.

充分性. 设 $R(\boldsymbol{A}) = R(\widetilde{\boldsymbol{A}}) = r$.

不妨设用初等行变换化增广矩阵 $\widetilde{\boldsymbol{A}}$ 为行阶梯形矩阵:

$$\widetilde{\boldsymbol{A}} \to \begin{pmatrix} 1 & 0 & \cdots & 0 & c_{1,r+1} & \cdots & c_{1n} & d_1 \\ 0 & 1 & \cdots & 0 & c_{2,r+1} & \cdots & c_{2n} & d_2 \\ \vdots & \vdots & & \vdots & \vdots & & \vdots & \vdots \\ 0 & 0 & \cdots & 1 & c_{r,r+1} & \cdots & c_{rn} & d_r \\ 0 & 0 & \cdots & 0 & 0 & \cdots & 0 & 0 \\ \vdots & \vdots & & \vdots & \vdots & & \vdots & \vdots \\ 0 & 0 & \cdots & 0 & 0 & \cdots & 0 & 0 \end{pmatrix},$$

对应的方程组为

$$\begin{cases} x_1 = -c_{1,r+1}x_{r+1} - \cdots - c_{1n}x_n + d_1, \\ x_2 = -c_{2,r+1}x_{r+1} - \cdots - c_{2n}x_n + d_2, \\ \cdots\cdots \\ x_r = -c_{r,r+1}x_{r+1} - \cdots - c_{rn}x_n + d_r, \end{cases}$$

这个方程组有解. 它与原方程组 $\boldsymbol{AX}=\boldsymbol{b}$ 同解, 所以非齐次线性方程组 $\boldsymbol{AX}=\boldsymbol{b}$ 有解.

推论 3.1.1　n 元非齐次线性方程组 $\boldsymbol{AX}=\boldsymbol{b}$ 有唯一解的充分必要条件是 $R(\boldsymbol{A})=R(\widetilde{\boldsymbol{A}})=n$; 有无穷解的充分必要条件是 $R(\boldsymbol{A})=R(\widetilde{\boldsymbol{A}})<n$.

当 $\boldsymbol{AX}=\boldsymbol{b}$ 有无穷解时: 由 $\widetilde{\boldsymbol{A}}$ 的行最简式得

$$\begin{cases} x_1=-c_{1,r+1}x_{r+1}-\cdots-c_{1n}x_n+d_1, \\ x_2=-c_{2,r+1}x_{r+1}-\cdots-c_{2n}x_n+d_2, \\ \qquad\qquad\cdots\cdots \\ x_r=-c_{r,r+1}x_{r+1}-\cdots-c_{rn}x_n+d_r, \end{cases}$$

称等号右边的未知数为自由变元, 等号左边的未知数为约束变元 (有 $R(\boldsymbol{A})$ 个), 令自由变元为任意常数, 得

$$\begin{cases} x_1=-c_{1,r+1}k_1-\cdots-c_{1n}k_{n-k}+d_1, \\ x_2=-c_{2,r+1}k_1-\cdots-c_{2n}k_{n-k}+d_2, \\ \qquad\qquad\cdots\cdots \\ x_r=-c_{r,r+1}k_1-\cdots-c_{rn}k_{n-k}+d_r, \\ x_{r+1}=k_1, \\ \quad\cdots\cdots \\ x_n=k_{n-k}, \end{cases}$$

即通解为

$$\boldsymbol{X}=k_1\begin{pmatrix} -c_{1,r+1} \\ -c_{2,r+1} \\ \vdots \\ -c_{r,r+1} \\ 1 \\ 0 \\ \vdots \\ 0 \end{pmatrix}+k_2\begin{pmatrix} -c_{1,r+2} \\ -c_{2,r+2} \\ \vdots \\ -c_{r,r+2} \\ 0 \\ 1 \\ \vdots \\ 0 \end{pmatrix}+\cdots+k_{n-r}\begin{pmatrix} -c_{1,n} \\ -c_{2,n} \\ \vdots \\ -c_{r,n} \\ 0 \\ 0 \\ \vdots \\ 1 \end{pmatrix}+\begin{pmatrix} d_1 \\ d_2 \\ \vdots \\ d_r \\ 0 \\ 0 \\ \vdots \\ 0 \end{pmatrix}.$$

注　实际题目中约束变元不一定恰好是前 r 个未知数: $x_1,x_2,\cdots,x_r$, 约束变元对应的是 $\widetilde{\boldsymbol{A}}$ 的行最简式中非零行的首非零元对应的未知数!

关于非齐次线性方程组解的结论:

(1) n 元非齐次线性方程组无解 $\Leftrightarrow R(\widetilde{\boldsymbol{A}})\neq R(\boldsymbol{A})$;

(2) n 元非齐次线性方程组有唯一解 $\Leftrightarrow R(\boldsymbol{A})=R(\widetilde{\boldsymbol{A}})=n$;

(3) n 元非齐次线性方程组有无穷多组解 $\Leftrightarrow R(\boldsymbol{A})=R(\widetilde{\boldsymbol{A}})=r<n$.

无穷解时含有 $n-R(\boldsymbol{A})$ 个任意常数.

例 3.1.2 判断下列非齐次线性方程组是否有解.

$$\begin{cases} x_1-2x_2+3x_3-x_4=2, \\ 3x_1-x_2+5x_3-3x_4=6, \\ 2x_1+x_2+2x_3-2x_4=8, \\ 5x_2-4x_3+5x_4=7. \end{cases}$$

解 用初等行变换化其增广矩阵

$$\widetilde{\boldsymbol{A}}=\begin{pmatrix} 1 & -2 & 3 & -1 & 2 \\ 3 & -1 & 5 & -3 & 6 \\ 2 & 1 & 2 & -2 & 8 \\ 0 & 5 & -4 & 5 & 7 \end{pmatrix} \sim \begin{pmatrix} 1 & -2 & 3 & -1 & 2 \\ 0 & 5 & -4 & 0 & 0 \\ 0 & 5 & -4 & 0 & 4 \\ 0 & 5 & -4 & 5 & 7 \end{pmatrix}$$

$$\sim \begin{pmatrix} 1 & -2 & 3 & -1 & 2 \\ 0 & 5 & -4 & 0 & 0 \\ 0 & 0 & 0 & 5 & 7 \\ 0 & 0 & 0 & 0 & 4 \end{pmatrix}.$$

由此可知, $R(\boldsymbol{A})=3$, $R(\widetilde{\boldsymbol{A}})=4$, 即 $R(\boldsymbol{A})\neq R(\widetilde{\boldsymbol{A}})$, 因此方程组无解.

注 若仅判断是否有解, 将 $\widetilde{\boldsymbol{A}}$ 化为阶梯阵即可.

例 3.1.3 a,b 取何值时, 非齐次线性方程组

$$\begin{cases} x_1+x_2+x_3+x_4=1, \\ x_2-x_3+2x_4=1, \\ 2x_1+3x_2+(a+2)x_3+4x_4=b+3, \\ 3x_1+5x_2+x_3+(a+8)x_4=5 \end{cases}$$

(1) 有唯一解, (2) 无解, (3) 有无穷多个解?

解 用初等行变换把增广矩阵化为行阶梯形矩阵:

$$\widetilde{\boldsymbol{A}}=\begin{pmatrix} 1 & 1 & 1 & 1 & 1 \\ 0 & 1 & -1 & 2 & 1 \\ 2 & 3 & a+2 & 4 & b+3 \\ 3 & 5 & 1 & a+8 & 5 \end{pmatrix} \sim \begin{pmatrix} 1 & 1 & 1 & 1 & 1 \\ 0 & 1 & -1 & 2 & 1 \\ 0 & 1 & a & 2 & b+1 \\ 0 & 2 & -2 & a+5 & 2 \end{pmatrix}$$

$$\sim \begin{pmatrix} 1 & 1 & 1 & 1 & 1 \\ 0 & 1 & -1 & 2 & 1 \\ 0 & 0 & a+1 & 0 & b \\ 0 & 0 & 0 & a+1 & 0 \end{pmatrix}.$$

由此可知以下结论.

(1) 当 $a \neq -1$ 时, $R(\boldsymbol{A}) = R(\widetilde{\boldsymbol{A}}) = 4$, 方程组有唯一解;

(2) 当 $a = -1, b \neq 0$ 时, $R(\boldsymbol{A}) = 2$, 而 $R(\widetilde{\boldsymbol{A}}) = 3$, 方程组无解;

(3) 当 $a = -1, b = 0$ 时, $R(\boldsymbol{A}) = R(\widetilde{\boldsymbol{A}}) = 2$, 方程组有无穷多个解.

例 3.1.4 求解下列非齐次线性方程组

$$\begin{cases} x_1 - x_2 - x_3 - 3x_4 = -2, \\ x_1 - x_2 + x_3 + 5x_4 = 4, \\ -4x_1 + 4x_2 + x_3 = -1. \end{cases}$$

解 用初等行变换把增广矩阵化为行最简矩阵:

$$\widetilde{\boldsymbol{A}} = \begin{pmatrix} 1 & -1 & -1 & -3 & -2 \\ 1 & -1 & 1 & 5 & 4 \\ -4 & 4 & 1 & 0 & -1 \end{pmatrix} \xrightarrow[r_3+4r_1]{r_2-r_1} \begin{pmatrix} 1 & -1 & -1 & -3 & -2 \\ 0 & 0 & 2 & 8 & 6 \\ 0 & 0 & -3 & -12 & -9 \end{pmatrix}$$

$$\xrightarrow{\frac{1}{2}\times r_2} \begin{pmatrix} 1 & -1 & -1 & -3 & -2 \\ 0 & 0 & 1 & 4 & 3 \\ 0 & 0 & -3 & -12 & -9 \end{pmatrix} \xrightarrow[r_3+3r_2]{r_1+r_2} \begin{pmatrix} 1 & -1 & 0 & 1 & 1 \\ 0 & 0 & 1 & 4 & 3 \\ 0 & 0 & 0 & 0 & 0 \end{pmatrix},$$

可得 $R(\boldsymbol{A}) = R(\widetilde{\boldsymbol{A}}) = 2$, 而 $n = 4$, 故方程组有无穷多解, 通解中含有 $4 - 2 = 2$ 个任意常数. 与原方程组同解的方程组为

$$\begin{cases} x_1 = x_2 - x_4 + 1, \\ x_3 = -4x_4 + 3. \end{cases}$$

x_2, x_4 为自由变元, 令其为任意常数: $x_2 = c_1, x_4 = c_2$, 则方程组的通解为

$$\begin{cases} x_1 = 1 + c_1 - c_2, \\ x_2 = c_1, \\ x_3 = 3 - 4c_2, \\ x_4 = c_2, \end{cases} \quad c_1, c_2\text{为任意常数},$$

或

$$\boldsymbol{X} = c_1 \begin{pmatrix} 1 \\ 1 \\ 0 \\ 0 \end{pmatrix} + c_2 \begin{pmatrix} -1 \\ 0 \\ -4 \\ 1 \end{pmatrix} + \begin{pmatrix} 1 \\ 0 \\ 3 \\ 0 \end{pmatrix}, \quad c_1, c_2\text{为任意常数}.$$

例 3.1.5 k 取何值时, 线性方程组

$$\begin{cases} kx_1 + x_2 + x_3 = 1, \\ x_1 + kx_2 + x_3 = k, \\ x_1 + x_2 + kx_3 = k^2 \end{cases}$$

(1) 有唯一解, (2) 无解, (3) 有无穷多解? 有解时求出全部解.

解 方程组的系数矩阵与增广矩阵分别为

$$\boldsymbol{A} = \begin{pmatrix} k & 1 & 1 \\ 1 & k & 1 \\ 1 & 1 & k \end{pmatrix}, \quad \widetilde{\boldsymbol{A}} = \begin{pmatrix} k & 1 & 1 & 1 \\ 1 & k & 1 & k \\ 1 & 1 & k & k^2 \end{pmatrix}.$$

(1) 当 $R(\boldsymbol{A}) = R(\widetilde{\boldsymbol{A}}) = 3$, 即当 $|\boldsymbol{A}| \neq 0$ 时, 方程组有唯一解.

$$|\boldsymbol{A}| = \begin{vmatrix} k & 1 & 1 \\ 1 & k & 1 \\ 1 & 1 & k \end{vmatrix} = (k-1)^2(k+2),$$

所以, 当 $k \neq 1$ 且 $k \neq -2$ 时, 方程组有唯一解.

根据克拉默法则,

$$D_1 = \begin{vmatrix} 1 & 1 & 1 \\ k & k & 1 \\ k^2 & 1 & k \end{vmatrix} = -(k-1)^2(k+1),$$

$$D_2 = \begin{vmatrix} k & 1 & 1 \\ 1 & k & 1 \\ 1 & k^2 & k \end{vmatrix} = (k-1)^2,$$

$$D_3 = \begin{vmatrix} k & 1 & 1 \\ 1 & k & k \\ 1 & 1 & k^2 \end{vmatrix} = (k-1)^2(k+1)^2,$$

得到唯一解

$$x_1 = \frac{D_1}{|A|} = -\frac{k+1}{k+2}, \quad x_2 = \frac{D_2}{|A|} = \frac{1}{k+2}, \quad x_3 = \frac{D_3}{|A|} = \frac{(k+1)^2}{k+2}.$$

(2) 当 $k = -2$ 时,

$$\bar{\boldsymbol{A}} = \begin{pmatrix} -2 & 1 & 1 & 1 \\ 1 & -2 & 1 & -2 \\ 1 & 1 & -2 & 4 \end{pmatrix} \xrightarrow[r_1+2r_2]{r_3+r_2+r_1} \begin{pmatrix} 0 & -3 & 3 & -3 \\ 1 & -2 & 1 & -2 \\ 0 & 0 & 0 & 3 \end{pmatrix}$$

$$\xrightarrow{r_1 \leftrightarrow r_2} \begin{pmatrix} 1 & -2 & 1 & -2 \\ 0 & -3 & 3 & -3 \\ 0 & 0 & 0 & 3 \end{pmatrix},$$

可得 $R(\boldsymbol{A})=2$, $R(\widetilde{\boldsymbol{A}})=3$, 故方程组无解.

(3) 当 $k=1$ 时,

$$\widetilde{\boldsymbol{A}} = \begin{pmatrix} 1 & 1 & 1 & 1 \\ 1 & 1 & 1 & 1 \\ 1 & 1 & 1 & 1 \end{pmatrix} \to \begin{pmatrix} 1 & 1 & 1 & 1 \\ 0 & 0 & 0 & 0 \\ 0 & 0 & 0 & 0 \end{pmatrix}$$

可得 $R(\boldsymbol{A})=R(\widetilde{\boldsymbol{A}})=1<3$, 故方程组有无穷多解, 通解中含有 $3-1=2$ 个任意常数. 令 $x_2=c_1, x_3=c_2$, 则方程组通解为

$$\begin{cases} x_1 = 1-c_1-c_2, \\ x_2 = c_1, \\ x_3 = c_2 \end{cases}$$

或

$$\begin{pmatrix} x_1 \\ x_2 \\ x_3 \end{pmatrix} = \begin{pmatrix} 1 \\ 0 \\ 0 \end{pmatrix} + c_1 \begin{pmatrix} -1 \\ 1 \\ 0 \end{pmatrix} + c_2 \begin{pmatrix} -1 \\ 0 \\ 1 \end{pmatrix}, \quad c_1, c_2 \text{为任意常数}.$$

3.1.3　齐次线性方程组

对于齐次线性方程组 $\begin{cases} a_{11}x_1 + a_{12}x_2 + \cdots + a_{1n}x_n = 0, \\ a_{21}x_1 + a_{22}x_2 + \cdots + a_{2n}x_n = 0, \\ \cdots\cdots \\ a_{m1}x_1 + a_{m2}x_2 + \cdots + a_{mn}x_n = 0, \end{cases}$ 即 $\boldsymbol{AX}=\boldsymbol{0}$. $x_1 = x_2 = \cdots = x_n = 0$ 一定是齐次线性方程组的解, 称为零解, 除零解外, 是否还有非零解呢?

定理 3.1.2　n 元齐次线性方程组 $\boldsymbol{AX}=\boldsymbol{0}$. 有非零解的充分必要条件是

$$R(\boldsymbol{A}) < n.$$

齐次线性方程组可以理解为 $\boldsymbol{AX}=\boldsymbol{b}$ 中 $\boldsymbol{b}=\boldsymbol{0}$ 的情况, 这样 $R(\boldsymbol{A})=R(\widetilde{\boldsymbol{A}})$ 总是成立的. 由定理 3.1.1 的推论即可得定理 3.1.2.

当 $\boldsymbol{AX}=\boldsymbol{0}$ 有非零解时: A 的行最简式不妨设为

$$\begin{pmatrix} 1 & 0 & \cdots & 0 & c_{1,r+1} & \cdots & c_{1n} \\ 0 & 1 & \cdots & 0 & c_{2,r+1} & \cdots & c_{2n} \\ \vdots & \vdots & & \vdots & \vdots & & \vdots \\ 0 & 0 & \cdots & 1 & c_{r,r+1} & \cdots & c_{rn} \\ 0 & 0 & \cdots & 0 & 0 & \cdots & 0 \\ \vdots & \vdots & & \vdots & \vdots & & \vdots \\ 0 & 0 & \cdots & 0 & 0 & \cdots & 0 \end{pmatrix},$$

得

$$\begin{cases} x_1 = -c_{1,r+1}x_{r+1} - \cdots - c_{1n}x_n, \\ x_2 = -c_{2,r+1}x_{r+1} - \cdots - c_{2n}x_n, \\ \qquad \cdots\cdots \\ x_r = -c_{r,r+1}x_{r+1} - \cdots - c_{rn}x_n. \end{cases}$$

同样, 称等号右边的未知数为自由变元, 等号左边的未知数为约束变元 (有 $R(\boldsymbol{A})$ 个), 令自由变元为任意常数:

$$\begin{cases} x_1 = -c_{1,r+1}k_1 - \cdots - c_{1n}k_{n-k}, \\ x_2 = -c_{2,r+1}k_1 - \cdots - c_{2n}k_{n-k}, \\ \qquad \cdots\cdots \\ x_r = -c_{r,r+1}k_1 - \cdots - c_{rn}k_{n-k}, \\ x_{r+1} = k_1 \\ \cdots\cdots \\ x_n = k_{n-k}, \end{cases}$$

即可得通解

$$\boldsymbol{X} = k_1 \begin{pmatrix} -c_{1,r+1} \\ -c_{2,r+1} \\ \vdots \\ -c_{r,r+1} \\ 1 \\ 0 \\ \vdots \\ 0 \end{pmatrix} + k_2 \begin{pmatrix} -c_{1,r+2} \\ -c_{2,r+2} \\ \vdots \\ -c_{r,r+2} \\ 0 \\ 1 \\ \vdots \\ 0 \end{pmatrix} + \cdots + k_{n-r} \begin{pmatrix} -c_{1,n} \\ -c_{2,n} \\ \vdots \\ -c_{r,n} \\ 0 \\ 0 \\ \vdots \\ 1 \end{pmatrix}.$$

注 实际题目中约束变元不一定恰好是前 r 个未知数: $x_1, x_2, \cdots, x_r$, 约束变元对应的是 $\boldsymbol{A}$ 的行最简式中非零行第一个非零元对应的未知数!

关于齐次线性方程组的结论:

(1) n 元齐次线性方程组 $\boldsymbol{AX}=\boldsymbol{0}$ 仅有零解的充分必要条件是 $R(\boldsymbol{A})=n$;

(2) n 元齐次线性方程组 $\boldsymbol{AX}=\boldsymbol{0}$ 有非零解的充分必要条件是 $R(\boldsymbol{A})<n$.

推论 3.1.2　当 $\boldsymbol{A}$ 为方阵时, n 元齐次线性方程组 $\boldsymbol{AX}=\boldsymbol{0}$ 有非零解的充分必要条件是 $|\boldsymbol{A}|=0$.

证明　齐次线性方程组有非零解的充分必要条件是 $R(\boldsymbol{A})<n$, 对于方阵 $\boldsymbol{A}$, $R(\boldsymbol{A})<n$ 当且仅当 $|\boldsymbol{A}|=0$.

齐次线性方程组中, 当未知数的个数大于方程个数时, 必有 $R(\boldsymbol{A})<n$, 这时齐次线性方程组一定有非零解.

例 3.1.6　判断三元齐次线性方程组 $\begin{cases} x_1-x_2+5x_3=0, \\ x_1+x_2-2x_3=0, \\ 3x_1-x_2+8x_3=0, \\ x_1+3x_2-9x_3=0 \end{cases}$ 是否有非零解?

解　由

$$\boldsymbol{A}=\begin{pmatrix} 1 & -1 & 5 \\ 1 & 1 & -2 \\ 3 & -1 & 8 \\ 1 & 3 & -9 \end{pmatrix} \sim \begin{pmatrix} 1 & -1 & 5 \\ 0 & 2 & -7 \\ 0 & 2 & -7 \\ 0 & 4 & -14 \end{pmatrix} \sim \begin{pmatrix} 1 & -1 & 5 \\ 0 & 2 & -7 \\ 0 & 0 & 0 \\ 0 & 0 & 0 \end{pmatrix},$$

可知 $R(\boldsymbol{A})$=2. 因为 $R(\boldsymbol{A})<3$, 所以此齐次线性方程组有非零解.

例 3.1.7　当 λ 取何值时, 齐次线性方程组 $\begin{cases} 3x_1+x_2-x_3=0, \\ 3x_1+2x_2+3x_3=0, \\ x_2+\lambda x_3=0 \end{cases}$ 有非零解.

解　方法一　用初等行变换化系数矩阵

$$\boldsymbol{A}=\begin{pmatrix} 3 & 1 & -1 \\ 3 & 2 & 3 \\ 0 & 1 & \lambda \end{pmatrix} \sim \begin{pmatrix} 3 & 1 & -1 \\ 0 & 1 & 4 \\ 0 & 1 & \lambda \end{pmatrix} \sim \begin{pmatrix} 3 & 1 & -1 \\ 0 & 1 & 4 \\ 0 & 0 & \lambda-4 \end{pmatrix},$$

可知, $\lambda=4$ 时, 有 $R(\boldsymbol{A})=2<3$, 齐次线性方程组有非零解.

方法二　因为 $\boldsymbol{A}$ 为方阵, 齐次线性方程组有非零解, 则 $|\boldsymbol{A}|=0$,

$$|\boldsymbol{A}|=\begin{vmatrix} 3 & 1 & -1 \\ 3 & 2 & 3 \\ 0 & 1 & \lambda \end{vmatrix}=3\lambda-12=0,$$

得 $\lambda=4$.

例 3.1.8 求解下列齐次线性方程组

$$\begin{cases} x_1 + 2x_2 + x_3 - x_4 = 0, \\ 3x_1 + 6x_2 - x_3 - 3x_4 = 0, \\ 5x_1 + 10x_2 + x_3 - 5x_4 = 0. \end{cases}$$

解

$$A = \begin{pmatrix} 1 & 2 & 1 & -1 \\ 3 & 6 & -1 & -3 \\ 5 & 10 & 1 & -5 \end{pmatrix} \xrightarrow[r_3-5r_1]{r_2-3r_1} \begin{pmatrix} 1 & 2 & 1 & -1 \\ 0 & 0 & -4 & 0 \\ 0 & 0 & -4 & 0 \end{pmatrix}$$

$$\xrightarrow[(-\frac{1}{4})\times r_2]{r_3-r_2} \begin{pmatrix} 1 & 2 & 1 & -1 \\ 0 & 0 & 1 & 0 \\ 0 & 0 & 0 & 0 \end{pmatrix} \xrightarrow{r_1-r_2} \begin{pmatrix} 1 & 2 & 0 & -1 \\ 0 & 0 & 1 & 0 \\ 0 & 0 & 0 & 0 \end{pmatrix},$$

可得 $R(\boldsymbol{A}) = 2$, 而 $n = 4$, 故方程组有非零解, 原方程组的同解方程组为

$$\begin{cases} x_1 + 2x_2 - x_4 = 0, \\ x_3 = 0. \end{cases}$$

取 x_2, x_4 为自由变元, 即令 $x_2 = c_1, x_4 = c_2$, 则方程组的通解为

$$\begin{cases} x_1 = -2c_1 + c_2, \\ x_2 = c_1, \\ x_3 = 0, \\ x_4 = c_2, \end{cases}$$

即通解

$$\boldsymbol{X} = c_1 \begin{pmatrix} -2 \\ 1 \\ 0 \\ 0 \end{pmatrix} + c_2 \begin{pmatrix} 1 \\ 0 \\ 0 \\ 1 \end{pmatrix}, \quad c_1, c_2 \text{ 为任意常数}.$$

总结线性方程组求解方法如下:

用矩阵初等行变换将矩阵 $\widetilde{\boldsymbol{A}}$ 或 $\boldsymbol{A}$ 化成行阶梯形矩阵, 根据矩阵的秩判断线性方程组是否有解, 若有解, 则需继续将行阶梯形矩阵化为行最简形矩阵; 若有无穷解, 令自由变元为任意常数, 则可求出方程组的通解.

3.2　向量组及其线性组合

在表示线性方程组的解时用到向量的表示方法, 为了深入讨论线性方程组有无穷解时解的结构问题, 本节进一步讨论向量的概念及其性质. 向量理论本身在物理学、计算机科学、工程、经济等许多领域也有广泛的应用.

3.2.1　向量及其运算

定义 3.2.1　n 个有序的数 $a_1, a_2, \cdots, a_n$ 所组成的数组 $\begin{pmatrix} a_1 \\ a_2 \\ \vdots \\ a_n \end{pmatrix}$ 称为 n 维向量, 这 n 个数称为向量的 n 个分量.

分量全为实数的向量称为实向量, 分量全为复数的向量称为复向量.

n 维向量可以写成一行, 称为行向量 (对应行矩阵); 也可以写成一列, 称为列向量 (对应列矩阵), 在线性代数中, 由于表示线性方程组解的形式都采用的列向量形式, 所以线性代数中都默认向量的格式为列向量格式.

用 $\boldsymbol{\alpha}, \boldsymbol{\beta}, \boldsymbol{\xi}, \boldsymbol{\eta}$ 等表示列向量, 如 $\boldsymbol{\alpha} = \begin{pmatrix} a_1 \\ a_2 \\ \vdots \\ a_n \end{pmatrix} = (a_1, a_2, \cdots, a_n)^{\mathrm{T}}$, 用 $\boldsymbol{\alpha}^{\mathrm{T}}$ 等表示行向量.

零向量：$(0, 0, \cdots, 0)^{\mathrm{T}}$.

负向量：$-\boldsymbol{\alpha} = (-a_1, -a_2, \cdots, -a_n)$.

若干个同维向量构成的集合称为**向量组**, 如 $(\boldsymbol{\alpha}_1, \boldsymbol{\alpha}_2, \cdots, \boldsymbol{\alpha}_s)$, 一个向量组可以构成矩阵, 如

$$\boldsymbol{A} = \begin{pmatrix} a_{11} & a_{12} & \cdots & a_{1s} \\ a_{21} & a_{21} & \cdots & a_{2s} \\ \vdots & \vdots & & \vdots \\ a_{n1} & a_{n1} & \cdots & a_{ns} \end{pmatrix} = (\boldsymbol{\alpha}_1, \boldsymbol{\alpha}_2, \cdots, \boldsymbol{\alpha}_s), \text{ 其中 } \boldsymbol{\alpha}_i = \begin{pmatrix} a_{1i} \\ a_{2i} \\ \vdots \\ a_{ni} \end{pmatrix}.$$

向量组 $(\boldsymbol{\alpha}_1, \boldsymbol{\alpha}_2, \cdots, \boldsymbol{\alpha}_s)$ 称为 $\boldsymbol{A}$ 的列向量组.

同样, $\boldsymbol{A}$ 的每一行是行向量, 记 $\boldsymbol{A}=\begin{pmatrix}\boldsymbol{\beta}_1^{\mathrm{T}}\\ \boldsymbol{\beta}_2^{\mathrm{T}}\\ \vdots\\ \boldsymbol{\beta}_n^{\mathrm{T}}\end{pmatrix}$, $\boldsymbol{\beta}_1^{\mathrm{T}},\boldsymbol{\beta}_2^{\mathrm{T}},\cdots,\boldsymbol{\beta}_n^{\mathrm{T}}$ 称为 $\boldsymbol{A}$ 的行向量组.

例 3.2.1 n 元线性方程组的一组解: $\begin{cases}x_1=a_1,\\ x_2=a_2,\\ \cdots\cdots\\ x_n=a_n,\end{cases}$ 可记为 $\boldsymbol{X}=\begin{pmatrix}a_1\\ a_2\\ \vdots\\ a_n\end{pmatrix}$ 或 $(a_1,a_2,\cdots,a_n)^{\mathrm{T}}$, 称为线性方程组的解向量.

定义 3.2.2 设两个 n 维向量: $\boldsymbol{\alpha}=(a_1,a_2,\cdots,a_n)^{\mathrm{T}}$, $\boldsymbol{\beta}=(b_1,b_2,\cdots,b_n)^{\mathrm{T}}$.

向量的加法: $\boldsymbol{\alpha}+\boldsymbol{\beta}=(a_1+b_1,a_2+b_2,\cdots,a_n+b_n)^{\mathrm{T}}$.

向量的数乘: $\lambda\boldsymbol{\alpha}=(\lambda a_1,\lambda a_2,\cdots,\lambda a_n)^{\mathrm{T}}$.

向量的减法定义为: $\boldsymbol{\alpha}-\boldsymbol{\beta}=\boldsymbol{\alpha}+(-\boldsymbol{\beta})=(a_1-b_1,a_2-b_2,\cdots,a_n-b_n)^{\mathrm{T}}$.

向量的加法、数乘运算统称为向量的线性运算, 它与列 (行) 矩阵的运算规律相同.

运算律: 设 $\boldsymbol{\alpha}$, $\boldsymbol{\beta}$, $\boldsymbol{\gamma}$ 为 n 维向量, λ, μ 为任意数, 则

(1) $\boldsymbol{\alpha}+\boldsymbol{\beta}=\boldsymbol{\beta}+\boldsymbol{\alpha}$;

(2) $(\boldsymbol{\alpha}+\boldsymbol{\beta})+\boldsymbol{\gamma}=\boldsymbol{\alpha}+(\boldsymbol{\beta}+\boldsymbol{\gamma})$;

(3) $\lambda(\mu\boldsymbol{\alpha})=(\lambda\mu)\boldsymbol{\alpha}$;

(4) $1\cdot\boldsymbol{\alpha}=\boldsymbol{\alpha}$;

(5) $\lambda(\boldsymbol{\alpha}+\boldsymbol{\beta})=\lambda\boldsymbol{\alpha}+\lambda\boldsymbol{\beta}$;

(6) $(\lambda+\mu)\boldsymbol{\alpha}=\lambda\boldsymbol{\alpha}+\mu\boldsymbol{\alpha}$;

(7) $\boldsymbol{\alpha}+\mathbf{0}=\boldsymbol{\alpha}$;

(8) $\boldsymbol{\alpha}+(-\boldsymbol{\alpha})=\mathbf{0}$.

n 维向量 $\boldsymbol{\alpha}=(a_1,a_2,\cdots,a_n)^{\mathrm{T}}$, $\|\boldsymbol{\alpha}\|=\sqrt{a_1^2+a_2^2+\cdots+a_n^2}$ 称为向量的模 (或范数).

模为 1 的向量称为单位向量.

n 维向量组: $\boldsymbol{\varepsilon}_1=(1,0,\cdots,0)^{\mathrm{T}},\boldsymbol{\varepsilon}_2=(0,1,\cdots,0)^{\mathrm{T}},\cdots,\boldsymbol{\varepsilon}_n=(0,0,\cdots,1)^{\mathrm{T}}$ 称为 n 维单位坐标向量组, 其构成的矩阵为单位阵: $(\boldsymbol{\varepsilon}_1,\boldsymbol{\varepsilon}_2,\cdots,\boldsymbol{\varepsilon}_n)=\boldsymbol{E}_n$.

例 3.2.2 设 $\boldsymbol{\alpha}=(1,2,-2)^{\mathrm{T}}$, $\boldsymbol{\beta}=(2,0,-3)^{\mathrm{T}}$, 求 (1) $2\boldsymbol{\alpha}-3\boldsymbol{\beta}$; (2) $\boldsymbol{\alpha}$ 对应的单位向量.

解 (1) $2\boldsymbol{\alpha}-3\boldsymbol{\beta}=(-4,4,5)^{\mathrm{T}}$;

(2) $\|\boldsymbol{\alpha}\|=\sqrt{1^2+2^2+(-2)^2}=3$, $\boldsymbol{\alpha}_0=\dfrac{1}{|\boldsymbol{\alpha}|}\boldsymbol{\alpha}=\left(\dfrac{1}{3},\dfrac{2}{3},-\dfrac{2}{3}\right)$.

n 元非齐次线性方程组

$$\begin{cases} a_{11}x_1 + a_{12}x_2 + \cdots + a_{1n}x_n = b_1, \\ a_{21}x_1 + a_{22}x_2 + \cdots + a_{2n}x_n = b_2, \\ \qquad \cdots\cdots \\ a_{m1}x_1 + a_{m2}x_2 + \cdots + a_{mn}x_n = b_m \end{cases}$$

可以记为向量形式: $\boldsymbol{\alpha}_1 x_1 + \boldsymbol{\alpha}_2 x_2 + \cdots + \boldsymbol{\alpha}_n x_n = \boldsymbol{\beta}$, 其中 $\boldsymbol{\alpha}_i$ 为 x_i 的系数构成的列向量;

n 元齐次线性方程组

$$\begin{cases} a_{11}x_1 + a_{12}x_2 + \cdots + a_{1n}x_n = 0, \\ a_{21}x_1 + a_{22}x_2 + \cdots + a_{2n}x_n = 0, \\ \qquad \cdots\cdots \\ a_{m1}x_1 + a_{m2}x_2 + \cdots + a_{mn}x_n = 0 \end{cases}$$

可以记为向量形式: $\boldsymbol{\alpha}_1 x_1 + \boldsymbol{\alpha}_2 x_2 + \cdots + \boldsymbol{\alpha}_n x_n = 0$.

3.2.2 向量组及其线性表示

定义 3.2.3 给定向量组 $\boldsymbol{\alpha}_1, \boldsymbol{\alpha}_2, \cdots, \boldsymbol{\alpha}_s$, 对于任何一组实数 $k_1, k_2, \cdots, k_s$, 表达式 $k_1\boldsymbol{\alpha}_1 + k_2\boldsymbol{\alpha}_2 + \cdots + k_s\boldsymbol{\alpha}_s$ 称为向量组 $\alpha_1, \alpha_2, \cdots, \alpha_s$ 的一个线性组合, $k_1, k_2, \cdots, k_s$ 称为这个线性组合的系数.

定义 3.2.4 给定向量组 $A : \boldsymbol{\alpha}_1, \boldsymbol{\alpha}_2, \cdots, \boldsymbol{\alpha}_s$ 和向量 $\boldsymbol{\beta}$, 如果存在一组数 $k_1, k_2, \cdots, k_s$, 使

$$\boldsymbol{\beta} = k_1 a_1 + k_2 a_2 + \cdots + k_s a_s$$

成立, 则称向量 $\boldsymbol{\beta}$ 是向量组 $A : \boldsymbol{\alpha}_1, \boldsymbol{\alpha}_2, \cdots, \boldsymbol{\alpha}_s$ 的一个线性组合, 或称向量 $\boldsymbol{\beta}$ 可由向量组 $\boldsymbol{\alpha}_1, \boldsymbol{\alpha}_2, \cdots, \boldsymbol{\alpha}_s$ 线性表示.

定理 3.2.1 n 维向量 $\boldsymbol{\beta}$ 能由 n 维向量组 $A : \boldsymbol{\alpha}_1, \boldsymbol{\alpha}_2, \cdots, \boldsymbol{\alpha}_s$ 线性表示 $\Leftrightarrow$ 非齐次线性方程组 $\boldsymbol{\alpha}_1 x_1 + \boldsymbol{\alpha}_2 x_2 + \cdots + \boldsymbol{\alpha}_s x_s = \boldsymbol{\beta}$ 有解 $\Leftrightarrow$ $R(\boldsymbol{\alpha}_1, \boldsymbol{\alpha}_2, \cdots, \boldsymbol{\alpha}_s) = R(\boldsymbol{\alpha}_1, \boldsymbol{\alpha}_2, \cdots, \boldsymbol{\alpha}_s, \boldsymbol{\beta})$.

证明 第一个充分必要条件是显然的; 而线性方程组 $\boldsymbol{\alpha}_1 x_1 + \boldsymbol{\alpha}_2 x_2 + \cdots + \boldsymbol{\alpha}_s x_s = \boldsymbol{\beta}$ 有解的充分必要条件是 $R(\boldsymbol{A}) = R(\widetilde{\boldsymbol{A}})$, 即 $R(\boldsymbol{\alpha}_1, \boldsymbol{\alpha}_2, \cdots, \boldsymbol{\alpha}_s) = R(\boldsymbol{\alpha}_1, \boldsymbol{\alpha}_2, \cdots, \boldsymbol{\alpha}_s, \boldsymbol{\beta})$, 其中 $\boldsymbol{A} = (\boldsymbol{\alpha}_1, \boldsymbol{\alpha}_2, \cdots, \boldsymbol{\alpha}_s)$.

注 若非齐次线性方程组 $\boldsymbol{\alpha}_1 x_1 + \boldsymbol{\alpha}_2 x_2 + \cdots + \boldsymbol{\alpha}_s x_s = \boldsymbol{\beta}$ 有唯一解, 则向量 $\boldsymbol{\beta}$ 能由 n 维向量组 $A : \boldsymbol{\alpha}_1, \boldsymbol{\alpha}_2, \cdots, \boldsymbol{\alpha}_s$ 线性表示, 且表示法唯一.

例 3.2.3 任意 n 维向量 $\boldsymbol{\alpha} = (a_1, a_2, \cdots, a_n)^{\mathrm{T}}$ 都可由单位坐标向量组 $\varepsilon_1, \varepsilon_2, \cdots, \varepsilon_n$ 线性表示.

因为 $\boldsymbol{\alpha}=(a_1,a_2,\cdots,a_n)^{\mathrm{T}}=a_1\boldsymbol{\varepsilon}_1+a_2\boldsymbol{\varepsilon}_2+\cdots+a_n\boldsymbol{\varepsilon}_n$ 成立.

例 3.2.4 零向量可由任意向量组 $A:\alpha_1,\alpha_2,\cdots,\alpha_s$ 线性表示.

因为 $\mathbf{0}=0\boldsymbol{\alpha}_1+0\boldsymbol{\alpha}_2+\cdots+0\boldsymbol{\alpha}_s$ 成立.

例 3.2.5 向量组 $A:\boldsymbol{\alpha}_1,\boldsymbol{\alpha}_2,\cdots,\boldsymbol{\alpha}_s$ 中的任一向量 $\boldsymbol{\alpha}_i(1\leqslant i\leqslant s)$ 都可以由这个向量组线性表示.

因为 $\boldsymbol{\alpha}_i=0\boldsymbol{\alpha}_1+\cdots+0\boldsymbol{\alpha}_{i-1}+1\boldsymbol{\alpha}_i+0\boldsymbol{\alpha}_{i+1}+\cdots+0\boldsymbol{\alpha}_s$ 成立.

例 3.2.6 设 $\boldsymbol{\alpha}_1=\begin{pmatrix}0\\1\\2\\3\end{pmatrix},\boldsymbol{\alpha}_2=\begin{pmatrix}3\\0\\1\\2\end{pmatrix},\boldsymbol{\alpha}_3=\begin{pmatrix}2\\3\\0\\1\end{pmatrix},\boldsymbol{\beta}=\begin{pmatrix}2\\1\\1\\2\end{pmatrix}$.

判断向量 $\boldsymbol{\beta}$ 是否能由向量组 $\boldsymbol{\alpha}_1,\boldsymbol{\alpha}_2,\boldsymbol{\alpha}_3$ 线性表示, 若可以求出表示式.

解 令 $x_1\boldsymbol{\alpha}_1+x_2\boldsymbol{\alpha}_2+x_3\boldsymbol{\alpha}_3=\boldsymbol{\beta}$, 对这个线性方程组的增广阵进行初等行变换:

$$\widetilde{\boldsymbol{A}}=(\boldsymbol{\alpha}_1,\boldsymbol{\alpha}_2,\boldsymbol{\alpha}_3,\boldsymbol{\beta})=\begin{pmatrix}0&3&2&2\\1&0&3&1\\2&1&0&1\\3&2&1&2\end{pmatrix}\sim\begin{pmatrix}1&0&3&1\\0&3&2&2\\0&1&-6&-1\\0&2&-8&-1\end{pmatrix}$$

$$\sim\begin{pmatrix}1&0&3&1\\0&1&-6&-1\\0&0&4&1\\0&0&20&5\end{pmatrix}\sim\begin{pmatrix}1&0&3&1\\0&1&-6&-1\\0&0&4&1\\0&0&0&0\end{pmatrix}\sim\begin{pmatrix}1&0&0&\frac{1}{4}\\0&1&0&\frac{1}{2}\\0&0&1&\frac{1}{4}\\0&0&0&0\end{pmatrix},$$

故方程 $x_1\boldsymbol{\alpha}_1+x_2\boldsymbol{\alpha}_2+x_3\boldsymbol{\alpha}_3=\boldsymbol{\beta}$ 有解, 解为

$$\boldsymbol{X}=\begin{pmatrix}x_1\\x_2\\x_3\end{pmatrix}=\begin{pmatrix}\frac{1}{4}\\\frac{1}{2}\\\frac{1}{4}\end{pmatrix}.$$

所以向量 $\boldsymbol{\beta}$ 能由向量组 $\boldsymbol{\alpha}_1,\boldsymbol{\alpha}_2,\boldsymbol{\alpha}_3$ 线性表示, 且表示法唯一, $\boldsymbol{\beta}=\frac{1}{4}\boldsymbol{\alpha}_1+\frac{1}{2}\boldsymbol{\alpha}_2+\frac{1}{4}\boldsymbol{\alpha}_3$.

例 3.2.7 设向量 $\boldsymbol{\alpha}_1=(1,4,0,2)^{\mathrm{T}}$, $\boldsymbol{\alpha}_2=(2,7,1,3)^{\mathrm{T}}$, $\boldsymbol{\alpha}_3=(0,1,-1,a)^{\mathrm{T}}$, $\boldsymbol{\beta}=(3,10,b,4)^{\mathrm{T}}$, 求:

(1) a,b 为何值时, $\boldsymbol{\beta}$ 不能由 $\boldsymbol{\alpha}_1,\boldsymbol{\alpha}_2,\boldsymbol{\alpha}_3$ 线性表示?

(2) a,b 为何值时, $\boldsymbol{\beta}$ 可由 $\boldsymbol{\alpha}_1,\boldsymbol{\alpha}_2,\boldsymbol{\alpha}_3$ 线性表示?

解　设存在数 k_1,k_2,k_3, 使得 $k_1\boldsymbol{\alpha}_1+k_2\boldsymbol{\alpha}_2+k_3\boldsymbol{\alpha}_3=\boldsymbol{\beta}$, 可得以 k_1,k_2,k_3 为未知数的线性方程组: $(\boldsymbol{\alpha}_1,\boldsymbol{\alpha}_2,\boldsymbol{\alpha}_3)\boldsymbol{K}=\boldsymbol{\beta}$, 对其增广阵 $(\boldsymbol{\alpha}_1,\boldsymbol{\alpha}_2,\boldsymbol{\alpha}_3,\boldsymbol{\beta})$ 进行初等行变换化为阶梯阵:

$$(\boldsymbol{\alpha}_1,\boldsymbol{\alpha}_2,\boldsymbol{\alpha}_3,\boldsymbol{\beta})=\begin{pmatrix}1&2&0&3\\4&7&1&10\\0&1&-1&b\\2&3&a&4\end{pmatrix}\sim\begin{pmatrix}1&0&2&-1\\0&1&-1&2\\0&0&a-1&0\\0&0&0&b-2\end{pmatrix}.$$

由此知以下结论.

(1) 当 $b\neq 2$, a 为任意实数时, 线性方程组 $(\boldsymbol{\alpha}_1,\boldsymbol{\alpha}_2,\boldsymbol{\alpha}_3)\boldsymbol{K}=\boldsymbol{\beta}$ 无解, 即 $\boldsymbol{\beta}$ 不能由 $\boldsymbol{\alpha}_1,\boldsymbol{\alpha}_2,\boldsymbol{\alpha}_3$ 线性表示;

(2) 当 $b=2,a\neq 1$ 时, 线性方程组 $(\boldsymbol{\alpha}_1,\boldsymbol{\alpha}_2,\boldsymbol{\alpha}_3)\boldsymbol{K}=\boldsymbol{\beta}$ 有唯一解: $k_1=-1,k_2=2$, $k_3=0$, 即 $\boldsymbol{\beta}$ 可由 $\boldsymbol{\alpha}_1,\boldsymbol{\alpha}_2,\boldsymbol{\alpha}_3$ 唯一线性表示: $\boldsymbol{\beta}=-\boldsymbol{\alpha}_1+2\boldsymbol{\alpha}_2$.

当 $b=2,a=1$ 时, 线性方程组 $(\boldsymbol{\alpha}_1,\boldsymbol{\alpha}_2,\boldsymbol{\alpha}_3)\boldsymbol{K}=\boldsymbol{\beta}$ 有无穷解, 即 $\boldsymbol{\beta}$ 可由 $\boldsymbol{\alpha}_1,\boldsymbol{\alpha}_2,\boldsymbol{\alpha}_3$ 线性表示, 且表示法不唯一.

由例 3.2.6 和例 3.2.7 知: 判断 $\boldsymbol{\beta}$ 是否能由 $\boldsymbol{\alpha}_1,\boldsymbol{\alpha}_2,\cdots,\boldsymbol{\alpha}_s$ 线性表示, 可转化为判断非齐次线性方程组 $k_1\boldsymbol{\alpha}_1+k_2\boldsymbol{\alpha}_2+\cdots+k_s\boldsymbol{\alpha}_s=\boldsymbol{\beta}$ 是否有解的问题.

3.2.3　向量组的等价

定义 3.2.5　设有两个向量组 $A:\boldsymbol{\alpha}_1,\boldsymbol{\alpha}_2,\cdots,\boldsymbol{\alpha}_s$ 及 $B:\boldsymbol{\beta}_1,\boldsymbol{\beta}_2,\cdots,\boldsymbol{\beta}_t$, 若向量组 B 中的每个向量都能由向量组 A 线性表示, 则称向量组 B 能由向量组 A 线性表示, 若向量组 A 与向量组 B 能互相线性表示, 则称这两个向量组等价, 记为 $A\cong B$.

向量组等价的性质:

(1) 自反性: $A\cong A$;

(2) 对称性: 若 $A\cong B$, 则 $B\cong A$;

(3) 传递性: 若 $A\cong B$, $B\cong C$, 则 $A\cong C$.

注　矩阵 $\boldsymbol{A}$ 与矩阵 $\boldsymbol{B}$ 等价是指矩阵 $\boldsymbol{A}$ 可通过初等变换化为矩阵 $\boldsymbol{B}$(两个矩阵必然同型); 而向量组 $A:\boldsymbol{\alpha}_1,\boldsymbol{\alpha}_2,\cdots,\boldsymbol{\alpha}_s$ 与 $B:\boldsymbol{\beta}_1,\boldsymbol{\beta}_2,\cdots,\boldsymbol{\beta}_t$ 等价是指两组向量可以互相线性表示 (两向量组构成的两个矩阵不一定同型).

定理 3.2.2　向量组 $B:\boldsymbol{\beta}_1,\boldsymbol{\beta}_2,\cdots,\boldsymbol{\beta}_t$ 能由向量组 $A:\boldsymbol{\alpha}_1,\boldsymbol{\alpha}_2,\cdots,\boldsymbol{\alpha}_s$ 线性表示 $\Leftrightarrow R(\boldsymbol{\alpha}_1,\boldsymbol{\alpha}_2,\cdots,\boldsymbol{\alpha}_s)=R(\boldsymbol{\alpha}_1,\boldsymbol{\alpha}_2,\cdots,\boldsymbol{\alpha}_s,\boldsymbol{\beta}_1,\boldsymbol{\beta}_2,\cdots,\boldsymbol{\beta}_t)$.

证明　向量 $\boldsymbol{\beta}_i$ 能由向量组 $A:\boldsymbol{\alpha}_1,\boldsymbol{\alpha}_2,\cdots,\boldsymbol{\alpha}_s$ 线性表示

$$\Leftrightarrow R(\boldsymbol{\alpha}_1,\boldsymbol{\alpha}_2,\cdots,\boldsymbol{\alpha}_s)=R(\boldsymbol{\alpha}_1,\boldsymbol{\alpha}_2,\cdots,\boldsymbol{\alpha}_s,\boldsymbol{\beta}_i)\quad(i=1,2,\cdots,t)$$

$$\Leftrightarrow R(\boldsymbol{\alpha}_1,\boldsymbol{\alpha}_2,\cdots,\boldsymbol{\alpha}_s)=R(\boldsymbol{\alpha}_1,\boldsymbol{\alpha}_2,\cdots,\boldsymbol{\alpha}_s,\boldsymbol{\beta}_1,\boldsymbol{\beta}_2,\cdots,\boldsymbol{\beta}_t).$$

推论 3.2.1 向量组 $A:\boldsymbol{\alpha}_1,\boldsymbol{\alpha}_2,\cdots,\boldsymbol{\alpha}_s$ 与向量组 $B:\boldsymbol{\beta}_1,\boldsymbol{\beta}_2,\cdots,\boldsymbol{\beta}_t$ 等价 $\Leftrightarrow R(\boldsymbol{A})=R(\boldsymbol{B})=R(\boldsymbol{A},\boldsymbol{B})$, 其中 $\boldsymbol{A}=(\boldsymbol{\alpha}_1,\boldsymbol{\alpha}_2,\cdots,\boldsymbol{\alpha}_s),\boldsymbol{B}=(\boldsymbol{\beta}_1,\boldsymbol{\beta}_2,\cdots,\boldsymbol{\beta}_t)$.

证明 因向量组 A 与 B 可以互相线性表示, 故知 $R(\boldsymbol{A})=R(\boldsymbol{A},\boldsymbol{B})$, $R(\boldsymbol{B})=R(\boldsymbol{B},\boldsymbol{A})$ 而 $R(\boldsymbol{B},\boldsymbol{A})=R(\boldsymbol{A},\boldsymbol{B})$, 故 $R(\boldsymbol{A})=R(\boldsymbol{B})=R(\boldsymbol{A},\boldsymbol{B})$.

例 3.2.8 已知向量组 A: $\boldsymbol{\alpha}_1=\begin{pmatrix}0\\1\\1\end{pmatrix},\boldsymbol{\alpha}_2=\begin{pmatrix}1\\1\\0\end{pmatrix}$, B: $\boldsymbol{\beta}_1=\begin{pmatrix}-1\\0\\1\end{pmatrix},\boldsymbol{\beta}_2=\begin{pmatrix}1\\2\\1\end{pmatrix},\boldsymbol{\beta}_3=\begin{pmatrix}3\\2\\-1\end{pmatrix}$, 证明: 向量组 A 与向量组 B 等价.

证明 令 $\boldsymbol{A}=(\boldsymbol{\alpha}_1,\boldsymbol{\alpha}_2)$, $\boldsymbol{B}=(\boldsymbol{\beta}_1,\boldsymbol{\beta}_2,\boldsymbol{\beta}_3)$, 由推论 3.2.1 知, 即证 $R(\boldsymbol{A})=R(\boldsymbol{B})=R(\boldsymbol{A},\boldsymbol{B})$.

$$(\boldsymbol{A},\boldsymbol{B})=\begin{pmatrix}0&1&-1&1&3\\1&1&0&2&2\\1&0&1&1&-1\end{pmatrix}\sim\begin{pmatrix}1&1&0&2&2\\0&1&-1&1&3\\0&-1&1&-1&-3\end{pmatrix}$$
$$\sim\begin{pmatrix}1&1&0&2&2\\0&1&-1&1&3\\0&0&0&0&0\end{pmatrix}.$$

$R(\boldsymbol{A})=2,\quad R(\boldsymbol{A},\boldsymbol{B})=2,\quad |\boldsymbol{B}|=0.\begin{vmatrix}-1&1\\0&2\end{vmatrix}\neq 0$, 故 $R(\boldsymbol{B})=2$, 因此 $R(\boldsymbol{A})=R(\boldsymbol{B})=R(\boldsymbol{A},\boldsymbol{B})$.

注意 $\boldsymbol{A},\boldsymbol{B}$ 两个矩阵并不等价.

定理 3.2.3 设向量组 $B:\boldsymbol{\beta}_1,\boldsymbol{\beta}_2,\cdots,\boldsymbol{\beta}_t$ 能由向量组 $A:\boldsymbol{\alpha}_1,\boldsymbol{\alpha}_2,\cdots,\boldsymbol{\alpha}_s$ 线性表示, 则

$$R(\boldsymbol{\beta}_1,\boldsymbol{\beta}_2,\cdots,\boldsymbol{\beta}_t)\leqslant R(\boldsymbol{\alpha}_1,\boldsymbol{\alpha}_2,\cdots,\boldsymbol{\alpha}_s).$$

证明 记 $\boldsymbol{A}=(\boldsymbol{\alpha}_1,\boldsymbol{\alpha}_2,\cdots,\boldsymbol{\alpha}_s)$, $\boldsymbol{B}=(\boldsymbol{\beta}_1,\boldsymbol{\beta}_2,\cdots,\boldsymbol{\beta}_t)$. 向量组 $B:\boldsymbol{\beta}_1,\boldsymbol{\beta}_2,\cdots,\boldsymbol{\beta}_t$ 能由向量组 $A:\boldsymbol{\alpha}_1,\boldsymbol{\alpha}_2,\cdots,\boldsymbol{\alpha}_s$ 线性表示, 所以 $R(\boldsymbol{A})=R(\boldsymbol{A},\boldsymbol{B})$, 而 $R(\boldsymbol{B})\leqslant R(\boldsymbol{A},\boldsymbol{B})$, 故 $R(\boldsymbol{B})\leqslant R(\boldsymbol{A})$.

若向量组 $B:\boldsymbol{\beta}_1,\boldsymbol{\beta}_2,\cdots,\boldsymbol{\beta}_t$ 能由向量组 $A:\boldsymbol{\alpha}_1,\boldsymbol{\alpha}_2,\cdots,\boldsymbol{\alpha}_s$ 线性表示, 则存在 k_{ij} 使

$$\boldsymbol{\beta}_i = k_{1i}\boldsymbol{\alpha}_1 + k_{2i}\boldsymbol{\alpha}_2 + \cdots + k_{si}\boldsymbol{\alpha}_s = (\boldsymbol{\alpha}_1, \boldsymbol{\alpha}_2, \cdots, \boldsymbol{\alpha}_s)\begin{pmatrix} k_{1i} \\ k_{2i} \\ \vdots \\ k_{si} \end{pmatrix} \quad (i = 1, 2, \cdots, t)$$

成立. 故 $(\boldsymbol{\beta}_1, \boldsymbol{\beta}_2, \cdots, \boldsymbol{\beta}_t) = (\boldsymbol{\alpha}_1, \boldsymbol{\alpha}_2, \cdots, \boldsymbol{\alpha}_s)\begin{pmatrix} k_{11} & k_{12} & \cdots & k_{1t} \\ k_{21} & k_{22} & \cdots & k_{2t} \\ \vdots & \vdots & & \vdots \\ k_{s1} & k_{s2} & \cdots & k_{st} \end{pmatrix}$, 记为 $\boldsymbol{B} = \boldsymbol{AK}$.

矩阵 $\boldsymbol{K}$ 称为这一线性表示的表示矩阵.

例 3.2.9　已知 $\boldsymbol{\gamma}_1 = \boldsymbol{\beta}_1 - 2\boldsymbol{\beta}_2$, $\boldsymbol{\gamma}_2 = 3\boldsymbol{\beta}_1 + \boldsymbol{\beta}_2$; $\boldsymbol{\beta}_1 = 2\boldsymbol{\alpha}_1 + \boldsymbol{\alpha}_2 - 3\boldsymbol{\alpha}_3$, $\boldsymbol{\beta}_2 = \boldsymbol{\alpha}_1 - \boldsymbol{\alpha}_2 + 2\boldsymbol{\alpha}_3$. 求 $\boldsymbol{\gamma}_1$, $\boldsymbol{\gamma}_2$ 由 $\boldsymbol{\alpha}_1, \boldsymbol{\alpha}_2, \boldsymbol{\alpha}_3$ 线性表示的表达式.

解　$(\boldsymbol{\gamma}_1, \boldsymbol{\gamma}_2) = (\boldsymbol{\beta}_1, \boldsymbol{\beta}_2)\begin{pmatrix} 1 & 3 \\ -2 & 1 \end{pmatrix}$,　$(\boldsymbol{\beta}_1, \boldsymbol{\beta}_2) = (\boldsymbol{\alpha}_1, \boldsymbol{\alpha}_2, \boldsymbol{\alpha}_3)\begin{pmatrix} 2 & 1 \\ 1 & -1 \\ -3 & 2 \end{pmatrix}$,

所以

$$(\boldsymbol{\gamma}_1, \boldsymbol{\gamma}_2) = (\boldsymbol{\alpha}_1, \boldsymbol{\alpha}_2, \boldsymbol{\alpha}_3)\begin{pmatrix} 2 & 1 \\ 1 & -1 \\ -3 & 2 \end{pmatrix}\begin{pmatrix} 1 & 3 \\ -2 & 1 \end{pmatrix} = (\boldsymbol{\alpha}_1, \boldsymbol{\alpha}_2, \boldsymbol{\alpha}_3)\begin{pmatrix} 0 & 7 \\ 3 & 2 \\ -7 & -7 \end{pmatrix},$$

即 $\boldsymbol{\gamma}_1 = 3\boldsymbol{\alpha}_2 - 7\boldsymbol{\alpha}_3$, $\boldsymbol{\gamma}_2 = 7\boldsymbol{\alpha}_1 + 2\boldsymbol{\alpha}_2 - 7\boldsymbol{\alpha}_3$.

3.3　向量组的线性相关性

3.3.1　线性相关性的概念

定义 3.3.1　给定向量组 $A: \boldsymbol{\alpha}_1, \boldsymbol{\alpha}_2, \cdots, \boldsymbol{\alpha}_s$, 若存在不全为零的数 $k_1, k_2, \cdots, k_s$, 使

$$k_1\boldsymbol{\alpha}_1 + k_2\boldsymbol{\alpha}_2 + \cdots + k_s\boldsymbol{\alpha}_s = \boldsymbol{0}$$

成立, 则称向量组 A 是线性相关的, 否则称为线性无关的, 即若 $k_1\boldsymbol{\alpha}_1 + k_2\boldsymbol{\alpha}_2 + \cdots + k_s\boldsymbol{\alpha}_s = \boldsymbol{0}$ 当且仅当 $k_1, k_2, \cdots, k_s$ 全为 0, 称向量组 $\boldsymbol{\alpha}_1, \boldsymbol{\alpha}_2, \cdots, \boldsymbol{\alpha}_s$ 线性无关.

例 3.3.1　含零向量的向量组线性相关.

因为 $0\boldsymbol{\alpha}_1 + \cdots + k \cdot \boldsymbol{0} + \cdots + 0\boldsymbol{\alpha}_s = \boldsymbol{0}$ 总是成立的, 其中 k 为非零常数.

例 3.3.2　两个非零向量 $\boldsymbol{\alpha}, \boldsymbol{\beta}$ 线性相关的充分必要条件是: $\boldsymbol{\alpha}, \boldsymbol{\beta}$ 的对应分量成比例.

证明 充分性. 若两个非零向量 $\boldsymbol{\alpha},\boldsymbol{\beta}$ 的对应分量成比例, 则存在非零数 k, 使 $\boldsymbol{\alpha}=k\boldsymbol{\beta}$ 成立, 即 $\boldsymbol{\alpha}-k\boldsymbol{\beta}=\mathbf{0}$, 所以 $\boldsymbol{\alpha},\boldsymbol{\beta}$ 线性相关;

必要性. 若非零向量 $\boldsymbol{\alpha},\boldsymbol{\beta}$ 线性相关, 则存在不全为零的数 k_1,k_2, 使 $k_1\boldsymbol{\alpha}+k_2\boldsymbol{\beta}=\mathbf{0}$ 成立, 不妨设 $k_1\neq 0$, 得 $\boldsymbol{\alpha}=-\dfrac{k_2}{k_1}\boldsymbol{\beta}$, 所以 $\boldsymbol{\alpha},\boldsymbol{\beta}$ 的对应分量成比例.

例 3.3.3 单个非零向量 $\boldsymbol{\alpha}$ 是线性无关的.

证明 假设数 k 使 $k\boldsymbol{\alpha}=\mathbf{0}$, 因为 $\boldsymbol{\alpha}\neq\mathbf{0}$, 则必有 $k=0$, 所以单个非零向量 $\boldsymbol{\alpha}$ 是线性无关的.

例 3.3.4 证明: 单位坐标向量组 $\boldsymbol{\varepsilon}_1=\begin{pmatrix}1\\0\\\vdots\\0\end{pmatrix},\boldsymbol{\varepsilon}_2=\begin{pmatrix}0\\1\\\vdots\\0\end{pmatrix},\cdots,\boldsymbol{\varepsilon}_n=\begin{pmatrix}0\\0\\\vdots\\1\end{pmatrix}$ 是线性无关的.

证明 设 $k_1\boldsymbol{\varepsilon}_1+k_2\boldsymbol{\varepsilon}_2+\cdots+k_n\boldsymbol{\varepsilon}_n=\mathbf{0}$, 得

$$\begin{pmatrix}k_1\\k_2\\\vdots\\k_n\end{pmatrix}=\begin{pmatrix}0\\0\\\vdots\\0\end{pmatrix},\quad k_1=k_2=\cdots=k_n=0,$$

所以 $\boldsymbol{\varepsilon}_1,\boldsymbol{\varepsilon}_2,\cdots,\boldsymbol{\varepsilon}_n$ 是线性无关的.

例 3.3.5 已知向量组 $\boldsymbol{\alpha}_1,\boldsymbol{\alpha}_2,\boldsymbol{\alpha}_3$ 线性无关, $\boldsymbol{\beta}_1=\boldsymbol{\alpha}_1+\boldsymbol{\alpha}_2$, $\boldsymbol{\beta}_2=\boldsymbol{\alpha}_2+\boldsymbol{\alpha}_3$, $\boldsymbol{\beta}_3=\boldsymbol{\alpha}_1+\boldsymbol{\alpha}_3$, 试证向量组 $\boldsymbol{\beta}_1,\boldsymbol{\beta}_2,\boldsymbol{\beta}_3$ 线性无关.

证明 设有 x_1,x_2,x_3 使

$$x_1\boldsymbol{\beta}_1+x_2\boldsymbol{\beta}_2+x_3\boldsymbol{\beta}_3=\mathbf{0},$$

即 $x_1(\boldsymbol{\alpha}_1+\boldsymbol{\alpha}_2)+x_2(\boldsymbol{\alpha}_2+\boldsymbol{\alpha}_3)+x_3(\boldsymbol{\alpha}_1+\boldsymbol{\alpha}_3)=\mathbf{0}$, 得 $(x_1+x_3)\boldsymbol{\alpha}_1+(x_1+x_2)\boldsymbol{\alpha}_2+(x_2+x_3)\boldsymbol{\alpha}_3=\mathbf{0}$. 因 $\boldsymbol{\alpha}_1,\boldsymbol{\alpha}_2,\boldsymbol{\alpha}_3$ 线性无关, 故有

$$\begin{cases}x_1+x_3=0,\\x_1+x_2=0,\\x_2+x_3=0.\end{cases}$$

由此方程组的系数行列式

$$\begin{vmatrix}1&0&1\\1&1&0\\0&1&1\end{vmatrix}=2\neq 0.$$

故方程组只有零解 $x_1 = x_2 = x_3 = 0$, 所以向量组 $\boldsymbol{\beta}_1, \boldsymbol{\beta}_2, \boldsymbol{\beta}_3$ 线性无关.

注 本题的证明方法是用定义证明向量组线性无关的一般方法.

3.3.2 线性相关性的判定

定理 3.3.1 向量组 $A : \boldsymbol{\alpha}_1, \boldsymbol{\alpha}_2, \cdots, \boldsymbol{\alpha}_m$ 线性相关的充分必要条件是: 向量组 A 中至少有一个向量能由其余 $m-1$ 个向量线性表示.

证明 必要性. 由于 $A : \boldsymbol{\alpha}_1, \boldsymbol{\alpha}_2, \cdots, \boldsymbol{\alpha}_m$ 线性相关, 故存在不全为零的数 $k_1, k_2, \cdots, k_m$, 使

$$k_1\boldsymbol{\alpha}_1 + k_2\boldsymbol{\alpha}_2 + \cdots + k_m\boldsymbol{\alpha}_m = \mathbf{0}.$$

不妨设 $k_1 \neq 0$, 则 $\boldsymbol{\alpha}_1 = \dfrac{-1}{k_1}(k_2\boldsymbol{\alpha}_2 + \cdots + k_m\boldsymbol{\alpha}_m)$, 即 $\boldsymbol{\alpha}_1$ 能由 $\boldsymbol{\alpha}_2, \cdots, \boldsymbol{\alpha}_m$ 线性表示.

充分性. 向量组 A 中有一个向量能由其余 $m-1$ 个向量线性表示, 不妨设 $\boldsymbol{\alpha}_m$ 能由 $\boldsymbol{\alpha}_1, \cdots, \boldsymbol{\alpha}_{m-1}$ 线性表示, 即有 $\lambda_1, \lambda_2, \cdots, \lambda_{m-1}$ 使 $\boldsymbol{\alpha}_m = \lambda_1\boldsymbol{\alpha}_1 + \cdots + \lambda_{m-1}\boldsymbol{\alpha}_{m-1}$, 于是

$$\lambda_1\boldsymbol{\alpha}_1 + \cdots + \lambda_{m-1}\boldsymbol{\alpha}_{m-1} + (-1)\boldsymbol{\alpha}_m = \mathbf{0}.$$

因为 $\lambda_1, \lambda_2, \cdots, \lambda_{m-1}, -1$ 这 m 个数不全为零, 故向量组 $A : \boldsymbol{\alpha}_1, \boldsymbol{\alpha}_2, \cdots, \boldsymbol{\alpha}_m$ 线性相关.

由此可知, 向量组 $A : \boldsymbol{\alpha}_1, \boldsymbol{\alpha}_2, \cdots, \boldsymbol{\alpha}_m$ 线性无关的充分必要条件是: 向量组 A 中任意一个向量都不能由其余 $m-1$ 个向量线性表示.

定理 3.3.2 向量组 $\boldsymbol{\alpha}_1, \boldsymbol{\alpha}_2, \cdots, \boldsymbol{\alpha}_s$ 线性相关

$\Leftrightarrow$ 齐次线性方程组 $\boldsymbol{\alpha}_1x_1 + \boldsymbol{\alpha}_2x_2 + \cdots + \boldsymbol{\alpha}_sx_s = \mathbf{0}$ 或$(\boldsymbol{\alpha}_1, \boldsymbol{\alpha}_2, \cdots, \boldsymbol{\alpha}_s)\boldsymbol{X} = \mathbf{0}$ 有非零解 $\Leftrightarrow R(\boldsymbol{\alpha}_1, \boldsymbol{\alpha}_2, \cdots, \boldsymbol{\alpha}_s) < s$.

证明 根据线性相关的定义即得.

从而有, 向量组 $\boldsymbol{\alpha}_1, \boldsymbol{\alpha}_2, \cdots, \boldsymbol{\alpha}_s$ 线性无关

$\Leftrightarrow$ 齐次线性方程组 $\boldsymbol{\alpha}_1x_1 + \boldsymbol{\alpha}_2x_2 + \cdots + \boldsymbol{\alpha}_sx_s = \mathbf{0}$ 只有零解

$\Leftrightarrow R(\boldsymbol{\alpha}_1, \boldsymbol{\alpha}_2, \cdots, \boldsymbol{\alpha}_s) = s$.

推论 3.3.1 n 个 n 维向量组 $\boldsymbol{\alpha}_1, \boldsymbol{\alpha}_2, \cdots, \boldsymbol{\alpha}_n$ 线性相关的充要条件是行列式 $|\boldsymbol{\alpha}_1, \boldsymbol{\alpha}_2, \cdots, \boldsymbol{\alpha}_n| = 0$.

证明 由定理 3.3.2, $\boldsymbol{\alpha}_1, \boldsymbol{\alpha}_2, \cdots, \boldsymbol{\alpha}_n$ 线性相关的充要条件是齐次线性方程组 $\boldsymbol{\alpha}_1x_1 + \boldsymbol{\alpha}_2x_2 + \cdots + \boldsymbol{\alpha}_nx_n = \mathbf{0}$ 有非零解, 而此方程组有非零解的充要条件是行列式 $|\boldsymbol{\alpha}_1, \boldsymbol{\alpha}_2, \cdots, \boldsymbol{\alpha}_n| = 0$.

推论 3.3.2 $n+1$ 个 n 维向量组一定线性相关.

证明 由定理 3.3.2, $\boldsymbol{\alpha}_1,\boldsymbol{\alpha}_2,\cdots,\boldsymbol{\alpha}_n,\boldsymbol{\alpha}_{n+1}$ 线性相关的充要条件是齐次线性方程组 $\boldsymbol{\alpha}_1x_1+\boldsymbol{\alpha}_2x_2+\cdots+\boldsymbol{\alpha}_nx_n+\boldsymbol{\alpha}_{n+1}x_{n+1}=0$ 有非零解, 此方程组是含有 $n+1$ 个未知数 n 个方程的齐次线性方程组, 此方程组有非零解, 所以 $\boldsymbol{\alpha}_1,\boldsymbol{\alpha}_2,\cdots,\boldsymbol{\alpha}_n,\boldsymbol{\alpha}_{n+1}$ 线性相关.

例 3.3.6 已知 $\boldsymbol{\alpha}_1=\begin{pmatrix}-1\\3\\1\end{pmatrix}$, $\boldsymbol{\alpha}_2=\begin{pmatrix}2\\1\\0\end{pmatrix}$, $\boldsymbol{\alpha}_3=\begin{pmatrix}1\\4\\1\end{pmatrix}$, 试讨论向量组 $\boldsymbol{\alpha}_1,\boldsymbol{\alpha}_2,\boldsymbol{\alpha}_3$ 及向量组 $\boldsymbol{\alpha}_1,\boldsymbol{\alpha}_2$ 的线性相关性.

解 方法一 令 $A=(\boldsymbol{\alpha}_1,\boldsymbol{\alpha}_2,\boldsymbol{\alpha}_3)=\begin{pmatrix}-1&2&1\\3&1&4\\1&0&1\end{pmatrix}\sim\begin{pmatrix}1&-2&-1\\0&7&7\\0&2&2\end{pmatrix}\sim$ $\begin{pmatrix}1&-2&-1\\0&1&1\\0&0&0\end{pmatrix}$, 故 $R(\boldsymbol{A})=R(\boldsymbol{\alpha}_1,\boldsymbol{\alpha}_2,\boldsymbol{\alpha}_3)=2<3$, 向量组 $\boldsymbol{\alpha}_1,\boldsymbol{\alpha}_2,\boldsymbol{\alpha}_3$ 线性相关, 而 $R(\boldsymbol{\alpha}_1,\boldsymbol{\alpha}_2)=2$, 向量组 $\boldsymbol{\alpha}_1,\boldsymbol{\alpha}_2$ 线性无关.

方法二 $|\boldsymbol{A}|=|\boldsymbol{\alpha}_1,\boldsymbol{\alpha}_2,\boldsymbol{\alpha}_3|=\begin{vmatrix}-1&2&1\\3&1&4\\1&0&1\end{vmatrix}=0$, 所以向量组 $\boldsymbol{\alpha}_1,\boldsymbol{\alpha}_2,\boldsymbol{\alpha}_3$ 线性相关.

定理 3.3.3 设向量组 $\boldsymbol{\alpha}_1,\boldsymbol{\alpha}_2,\cdots,\boldsymbol{\alpha}_s$ 线性无关, $\boldsymbol{\beta}_1,\boldsymbol{\beta}_2,\cdots,\boldsymbol{\beta}_t$ 都可由 $\boldsymbol{\alpha}_1,\boldsymbol{\alpha}_2,\cdots,\boldsymbol{\alpha}_s$ 线性表示, 即 $(\boldsymbol{\beta}_1,\boldsymbol{\beta}_2,\cdots,\boldsymbol{\beta}_t)=(\boldsymbol{\alpha}_1,\boldsymbol{\alpha}_2,\cdots,\boldsymbol{\alpha}_s)\boldsymbol{K}$, 其中 $\boldsymbol{K}$ 为 $s\times t$ 矩阵, 则 $\boldsymbol{\beta}_1,\boldsymbol{\beta}_2,\cdots,\boldsymbol{\beta}_t$ 线性无关的充要条件是 $R(\boldsymbol{K})=t$.

证明 设 $\begin{cases}\boldsymbol{\beta}_1=a_{11}\boldsymbol{\alpha}_1+a_{12}\boldsymbol{\alpha}_2+\cdots+a_{1s}\boldsymbol{\alpha}_s,\\\boldsymbol{\beta}_2=a_{21}\boldsymbol{\alpha}_1+a_{22}\boldsymbol{\alpha}_2+\cdots+a_{2s}\boldsymbol{\alpha}_s,\\\cdots\cdots\\\boldsymbol{\beta}_t=a_{t1}\boldsymbol{\alpha}_1+a_{t2}\boldsymbol{\alpha}_2+\cdots+a_{ts}\boldsymbol{\alpha}_s,\end{cases}$ 记 $\boldsymbol{K}=\begin{pmatrix}a_{11}&a_{21}&\cdots&a_{t1}\\a_{12}&a_{22}&\cdots&a_{t2}\\\vdots&\vdots&&\vdots\\a_{1s}&a_{2s}&\cdots&a_{ts}\end{pmatrix}$, 则 $(\boldsymbol{\beta}_1,\boldsymbol{\beta}_2,\cdots,\boldsymbol{\beta}_t)=(\boldsymbol{\alpha}_1,\boldsymbol{\alpha}_2,\cdots,\boldsymbol{\alpha}_s)\boldsymbol{K}$.

设存在数 $k_1,k_2,\cdots,k_t$, 使 $k_1\boldsymbol{\beta}_1+k_2\boldsymbol{\beta}_2+\cdots+k_t\boldsymbol{\beta}_t=\mathbf{0}$.

记 $(\boldsymbol{\beta}_1,\boldsymbol{\beta}_2,\cdots,\boldsymbol{\beta}_t)\begin{pmatrix}k_1\\k_2\\\vdots\\k_t\end{pmatrix}=0$, 则得以 $k_1,k_2,\cdots,k_t$ 为未知数的齐次线性方

程组

$$(\boldsymbol{\alpha}_1,\boldsymbol{\alpha}_2,\cdots,\boldsymbol{\alpha}_s)\boldsymbol{K}\begin{pmatrix}k_1\\k_2\\\vdots\\k_t\end{pmatrix}=\mathbf{0}.$$

它只有零解 ($\boldsymbol{\beta}_1,\boldsymbol{\beta}_2,\cdots,\boldsymbol{\beta}_t$ 线性无关) 的充要条件是其系数矩阵 $(\boldsymbol{\alpha}_1,\boldsymbol{\alpha}_2,\cdots,\boldsymbol{\alpha}_s)\boldsymbol{K}$ 的秩等于 t, 因为向量组 $\boldsymbol{\alpha}_1,\boldsymbol{\alpha}_2,\cdots,\boldsymbol{\alpha}_s$ 线性无关, 所以 $R(\boldsymbol{\alpha}_1,\boldsymbol{\alpha}_2,\cdots,\boldsymbol{\alpha}_s)=s$. 所以 $R[(\boldsymbol{\alpha}_1,\boldsymbol{\alpha}_2,\cdots,\boldsymbol{\alpha}_s)K]=t$ 的充要条件是 $R(\boldsymbol{K})=t$.

例 3.3.5 也可以用下面方法证明.

由已知

$$(\boldsymbol{\beta}_1,\boldsymbol{\beta}_2,\boldsymbol{\beta}_3)=(\boldsymbol{\alpha}_1,\boldsymbol{\alpha}_2,\boldsymbol{\alpha}_3)\begin{pmatrix}1&0&1\\1&1&0\\0&1&1\end{pmatrix}.$$

记 $\boldsymbol{B}=\boldsymbol{AK}$. 因 $|\boldsymbol{K}|=2\neq 0$, 知 $R(\boldsymbol{K})=3$, 故 $\boldsymbol{\beta}_1,\boldsymbol{\beta}_2,\boldsymbol{\beta}_3$ 线性无关.

例 3.3.7　已知向量组 $\boldsymbol{\alpha}_1,\boldsymbol{\alpha}_2,\boldsymbol{\alpha}_3,\boldsymbol{\alpha}_4$ 线性无关, 证明向量组 $\boldsymbol{\alpha}_1+\boldsymbol{\alpha}_2,\boldsymbol{\alpha}_2+\boldsymbol{\alpha}_3,\boldsymbol{\alpha}_3+\boldsymbol{\alpha}_4,\boldsymbol{\alpha}_4+\boldsymbol{\alpha}_1$ 线性相关.

证明　$$(\boldsymbol{\alpha}_1+\boldsymbol{\alpha}_2,\boldsymbol{\alpha}_2+\boldsymbol{\alpha}_3,\boldsymbol{\alpha}_3+\boldsymbol{\alpha}_4,\boldsymbol{\alpha}_4+\boldsymbol{\alpha}_1)=(\boldsymbol{\alpha}_1,\boldsymbol{\alpha}_2,\boldsymbol{\alpha}_3,\boldsymbol{\alpha}_4)\begin{pmatrix}1&0&0&1\\1&1&0&0\\0&1&1&0\\0&0&1&1\end{pmatrix}.$$

向量组 $\boldsymbol{\alpha}_1,\boldsymbol{\alpha}_2,\boldsymbol{\alpha}_3,\boldsymbol{\alpha}_4$. 线性无关, 而

$$R\begin{pmatrix}1&0&0&1\\1&1&0&0\\0&1&1&0\\0&0&1&1\end{pmatrix}=3<4.$$

所以向量组 $\boldsymbol{\alpha}_1+\boldsymbol{\alpha}_2,\boldsymbol{\alpha}_2+\boldsymbol{\alpha}_3,\boldsymbol{\alpha}_3+\boldsymbol{\alpha}_4,\boldsymbol{\alpha}_4+\boldsymbol{\alpha}_1$ 线性相关.

定理 3.3.4　向量组 $A:\boldsymbol{\alpha}_1,\boldsymbol{\alpha}_2,\cdots,\boldsymbol{\alpha}_m$ 线性相关, 则向量组 $B:\boldsymbol{\alpha}_1,\boldsymbol{\alpha}_2,\cdots,\boldsymbol{\alpha}_m,\boldsymbol{\beta}$ 也线性相关. 若向量组 B 线性无关, 则向量组 A 也线性无关.

证明　记 $\boldsymbol{A}=(\boldsymbol{\alpha}_1,\boldsymbol{\alpha}_2,\cdots,\boldsymbol{\alpha}_m)$, $\boldsymbol{B}=(\boldsymbol{\alpha}_1,\boldsymbol{\alpha}_2,\cdots,\boldsymbol{\alpha}_m,\boldsymbol{\beta})$, 有 $R(\boldsymbol{B})\leqslant R(\boldsymbol{A})+1$, 若向量组 $A:\boldsymbol{\alpha}_1,\boldsymbol{\alpha}_2,\cdots,\boldsymbol{\alpha}_m$ 线性相关, 则 $R(\boldsymbol{A})<m$, 从而 $R(\boldsymbol{B})\leqslant R(\boldsymbol{A})+1<m+1$, 故知向量组 $B:\boldsymbol{\alpha}_1,\boldsymbol{\alpha}_2,\cdots,\boldsymbol{\alpha}_m,\boldsymbol{\beta}$ 线性相关.

定理说明: 线性相关的向量组扩充后仍线性相关; 线性无关的向量组的部分向量仍线性无关.

定理 3.3.5 设向量组 $\boldsymbol{\alpha}_1,\boldsymbol{\alpha}_2,\cdots,\boldsymbol{\alpha}_m$ 线性无关, 若向量 $\boldsymbol{\beta}$ 能由向量组 $\boldsymbol{\alpha}_1,\boldsymbol{\alpha}_2,\cdots,\boldsymbol{\alpha}_m$ 线性表示, 则表示法唯一.

证明 设有 $\boldsymbol{\beta}=k_1\boldsymbol{\alpha}_1+k_2\boldsymbol{\alpha}_2+\cdots+k_m\boldsymbol{\alpha}_m$, $\boldsymbol{\beta}=l_1\boldsymbol{\alpha}_1+l_2\boldsymbol{\alpha}_2+\cdots+l_m\boldsymbol{\alpha}_m$, 两式相减得

$$(k_1-l_1)\boldsymbol{\alpha}_1+(k_2-l_2)\boldsymbol{\alpha}_2+\cdots+(k_m-l_m)\boldsymbol{\alpha}_m=\mathbf{0}.$$

因为向量组 $\boldsymbol{\alpha}_1,\boldsymbol{\alpha}_2,\cdots,\boldsymbol{\alpha}_m$ 线性无关, 所以

$$k_i-l_i=0\ (i=1,2,\cdots,m),$$

即 $k_i=l_i\ (i=1,2,\cdots,m)$, 故表示法唯一.

定理 3.3.6 设向量组 $A:\boldsymbol{\alpha}_1,\boldsymbol{\alpha}_2,\cdots,\boldsymbol{\alpha}_m$ 线性无关, 而向量组 $B:\boldsymbol{\alpha}_1,\boldsymbol{\alpha}_2,\cdots,\boldsymbol{\alpha}_m,\boldsymbol{\beta}$ 线性相关, 则向量 $\boldsymbol{\beta}$ 必能由向量组 A 线性表示, 且表示式是唯一的.

证明 记 $\boldsymbol{A}=(\boldsymbol{\alpha}_1,\boldsymbol{\alpha}_2,\cdots,\boldsymbol{\alpha}_m)$, $\boldsymbol{B}=(\boldsymbol{\alpha}_1,\boldsymbol{\alpha}_2,\cdots,\boldsymbol{\alpha}_m,\boldsymbol{\beta})$, 有 $R(\boldsymbol{A})\leqslant R(\boldsymbol{B})$. 因向量组 A 线性无关, 有 $R(\boldsymbol{A})=m$; 因向量组 B 线性相关, 有 $R(\boldsymbol{B})<m+1$, 所以 $m\leqslant R(\boldsymbol{B})<m+1$, 即 $R(\boldsymbol{B})=m$. 由 $R(\boldsymbol{A})=R(\boldsymbol{B})=m$, 知方程组

$$(\boldsymbol{\alpha}_1,\boldsymbol{\alpha}_2,\cdots,\boldsymbol{\alpha}_m)\boldsymbol{X}=\boldsymbol{\beta}$$

有唯一解, 即向量 $\boldsymbol{\beta}$ 能由向量组 A 线性表示, 且表示式是唯一的.

定理 3.3.7 设 n 维向量组

$$A:\boldsymbol{\alpha}_1=\begin{pmatrix}a_{11}\\a_{21}\\\vdots\\a_{n1}\end{pmatrix},\quad \boldsymbol{\alpha}_2=\begin{pmatrix}a_{12}\\a_{22}\\\vdots\\a_{n2}\end{pmatrix},\cdots,\boldsymbol{\alpha}_s=\begin{pmatrix}a_{1s}\\a_{2s}\\\vdots\\a_{ns}\end{pmatrix}.$$

向量组 B 是向量组 A 的每个向量去掉最后一个分量所得的 $n-1$ 维向量组:

$$B:\boldsymbol{\beta}_1=\begin{pmatrix}a_{11}\\a_{21}\\\vdots\\a_{n-1,1}\end{pmatrix},\quad \boldsymbol{\beta}_2=\begin{pmatrix}a_{12}\\a_{22}\\\vdots\\a_{n-1,2}\end{pmatrix},\cdots,\boldsymbol{\beta}_s=\begin{pmatrix}a_{1s}\\a_{2s}\\\vdots\\a_{n-1,s}\end{pmatrix}.$$

那么 (1) 若向量组 A 线性相关, 则向量组 B 也线性相关; (2) 若向量组 B 线性无关, 则向量组 A 也线性无关.

证明 (1) 记矩阵 $\boldsymbol{A}_{ns}=(\boldsymbol{\alpha}_1,\boldsymbol{\alpha}_2,\cdots,\boldsymbol{\alpha}_s),\boldsymbol{B}_{n-1,s}=(\boldsymbol{\beta}_1,\boldsymbol{\beta}_2,\cdots,\boldsymbol{\beta}_s)$, 由向量组 A 线性相关, 得 $R(\boldsymbol{A})<s$, 而显然 $R(\boldsymbol{B})\leqslant R(\boldsymbol{A})$, 所以 $R(\boldsymbol{B})<s$, 即向量组 B 线性相关.

(2) 此命题是 (1) 的逆否命题, 故成立.

定理说明: 线性相关组缩维后仍线性相关; 线性无关组扩维后仍线性无关. 反之不成立.

例如, 当齐次线性方程组有非零解时, 令自由未知数为单位坐标向量 (是线性无关的), 所得的一组解向量一定是线性无关的.

定理 3.3.8 若向量组 $A:\boldsymbol{\alpha}_1,\boldsymbol{\alpha}_2,\cdots,\boldsymbol{\alpha}_s$ 可由向量组 $B:\boldsymbol{\beta}_1,\boldsymbol{\beta}_2,\cdots,\boldsymbol{\beta}_t$ 线性表示, 且 $s>t$, 则向量组 $\boldsymbol{\alpha}_1,\boldsymbol{\alpha}_2,\cdots,\boldsymbol{\alpha}_s$ 一定线性相关.

证明 设 $(\boldsymbol{\alpha}_1,\boldsymbol{\alpha}_2,\cdots,\boldsymbol{\alpha}_s)=(\boldsymbol{\beta}_1,\boldsymbol{\beta}_2,\cdots,\boldsymbol{\beta}_t)\boldsymbol{K}_{ts}$, 因为 $R(\boldsymbol{K})\leqslant t<s$, 所以齐次线性方程组 $\boldsymbol{KX}=\boldsymbol{0}$ 有非零解, 设 $\begin{pmatrix}\lambda_1\\ \lambda_2\\ \vdots\\ \lambda_s\end{pmatrix}$ 为 $\boldsymbol{KX}=\boldsymbol{0}$ 的非零解, 即

$$\boldsymbol{K}\begin{pmatrix}\lambda_1\\ \lambda_2\\ \vdots\\ \lambda_s\end{pmatrix}=0,$$

所以

$$(\boldsymbol{\alpha}_1,\boldsymbol{\alpha}_2,\cdots,\boldsymbol{\alpha}_s)\begin{pmatrix}\lambda_1\\ \lambda_2\\ \vdots\\ \lambda_s\end{pmatrix}=(\boldsymbol{\beta}_1,\boldsymbol{\beta}_2,\cdots,\boldsymbol{\beta}_t)\boldsymbol{K}\begin{pmatrix}\lambda_1\\ \lambda_2\\ \vdots\\ \lambda_s\end{pmatrix}=0,$$

即齐次线性方程组 $(\boldsymbol{\alpha}_1,\boldsymbol{\alpha}_2,\cdots,\boldsymbol{\alpha}_s)\boldsymbol{X}=\boldsymbol{0}$ 有非零解 $\begin{pmatrix}\lambda_1\\ \lambda_2\\ \vdots\\ \lambda_s\end{pmatrix}$, 故向量组 $\boldsymbol{\alpha}_1,\boldsymbol{\alpha}_2,\cdots,\boldsymbol{\alpha}_s$ 线性相关.

推论 3.3.3 若向量组 $\boldsymbol{\alpha}_1,\boldsymbol{\alpha}_2,\cdots,\boldsymbol{\alpha}_s$ 与向量组 $B:\boldsymbol{\beta}_1,\boldsymbol{\beta}_2,\cdots,\boldsymbol{\beta}_t$ 等价, 且都线性无关, 则必有 $s=t$.

3.4 向量组的秩

在 3.3 节研究向量组的线性相关性时, 矩阵的秩起着很重要的作用, 本节将研究向量组的秩的问题, 并讨论矩阵的秩和向量组的秩的关系.

3.4.1 最大无关组

定义 3.4.1 设向量组 A, 若在 A 中能选出 r 个向量构成向量组 A_0: $\boldsymbol{\alpha}_1,\boldsymbol{\alpha}_2,\cdots,\boldsymbol{\alpha}_r$, 满足:

(1) 向量组 A_0: $\boldsymbol{\alpha}_1,\boldsymbol{\alpha}_2,\cdots,\boldsymbol{\alpha}_r$ 线性无关;

(2) 向量组 A 中任意 $r+1$ 个向量 (若 A 中存在 $r+1$ 个向量) 都线性相关.

则称向量组 A_0 是向量组 A 的一个最大线性无关向量组, 简称**最大无关组**.

例 3.4.1 求向量组 A: $\boldsymbol{\alpha}_1=\begin{pmatrix}1\\0\\0\end{pmatrix}$, $\boldsymbol{\alpha}_2=\begin{pmatrix}0\\1\\0\end{pmatrix}$, $\boldsymbol{\alpha}_3=\begin{pmatrix}1\\1\\0\end{pmatrix}$ 的最大无关组.

解 向量组 $\boldsymbol{\alpha}_1,\boldsymbol{\alpha}_2$ 线性无关, 向量组 $\boldsymbol{\alpha}_1,\boldsymbol{\alpha}_2,\boldsymbol{\alpha}_3$ 线性相关, 故 $\boldsymbol{\alpha}_1,\boldsymbol{\alpha}_2$ 为一个最大无关组, 同样可看出 $\boldsymbol{\alpha}_2,\boldsymbol{\alpha}_3$ 及 $\boldsymbol{\alpha}_1,\boldsymbol{\alpha}_3$ 也均是最大无关组.

定理 3.4.1 设向量组 A_0: $\boldsymbol{\alpha}_1,\boldsymbol{\alpha}_2,\cdots,\boldsymbol{\alpha}_r$ 是向量组 A 的一个最大无关组, 则向量组 A 的任一向量都能由向量组 $\boldsymbol{\alpha}_1,\boldsymbol{\alpha}_2,\cdots,\boldsymbol{\alpha}_r$ 线性表示.

证明 向量组 A 的任一向量设为 $\boldsymbol{\beta}$, 若 $\boldsymbol{\beta}$ 是最大无关组中的向量, 结论是显然的;

否则, 因为 A_0: $\boldsymbol{\alpha}_1,\boldsymbol{\alpha}_2,\cdots,\boldsymbol{\alpha}_r$ 线性无关, 而向量组 A 中任意 $r+1$ 个向量线性相关, 即 $\boldsymbol{\alpha}_1,\boldsymbol{\alpha}_2,\cdots,\boldsymbol{\alpha}_r,\boldsymbol{\beta}$ 线性相关, 由定理 3.3.6 知 $\boldsymbol{\beta}$ 能由向量组 A_0: $\boldsymbol{\alpha}_1,\boldsymbol{\alpha}_2,\cdots,\boldsymbol{\alpha}_r$ 线性表示.

性质 3.4.1 最大无关组不一定唯一;

性质 3.4.2 线性无关的向量组的最大无关组是其本身;

性质 3.4.3 向量组与它的最大无关组等价;

由定理 3.4.1 可得以下性质.

性质 3.4.4 两个最大无关组中所含向量的个数相同.

证明 由性质 3.4.3 可推出两个最大无关组是等价的, 再由上节的定理即得.

3.4.2 向量组的秩

由性质 3.4.4 知向量组的不同最大无关组中所含向量的个数是相同的.

定义 3.4.2 向量组 $\boldsymbol{\alpha}_1,\boldsymbol{\alpha}_2,\cdots,\boldsymbol{\alpha}_m$ 的最大无关组中所含向量的个数 r 称为向量组的秩. 记作 $R(\boldsymbol{\alpha}_1,\boldsymbol{\alpha}_2,\cdots,\boldsymbol{\alpha}_m)=r$.

向量组的秩是唯一的.

只含零向量的向量组没有最大无关组, 规定它的秩为 0.

如果向量组 A 的秩为 r(大于 0), 则向量组 A 的任意 r 个线性无关的向量组都是 A 的最大无关组.

定理 3.4.2　设向量组 A 能由向量组 B 线性表示, 则向量组 A 的秩不大于向量组 B 的秩.

证明　设向量组 A 的一个最大无关组为 $\boldsymbol{\alpha}_1,\boldsymbol{\alpha}_2,\cdots,\boldsymbol{\alpha}_r$, 向量组 B 的一个最大无关组为 $\boldsymbol{\beta}_1,\boldsymbol{\beta}_2,\cdots,\boldsymbol{\beta}_s$, 由性质 3.4.3 得: $\boldsymbol{\alpha}_1,\boldsymbol{\alpha}_2,\cdots,\boldsymbol{\alpha}_r$ 可由向量组 A 线性表示, 向量组 A 能由向量组 B 线性表示, 所以 $\boldsymbol{\alpha}_1,\boldsymbol{\alpha}_2,\cdots,\boldsymbol{\alpha}_r$ 能由向量组 B 线性表示, 向量组 B 又能由 $\boldsymbol{\beta}_1,\boldsymbol{\beta}_2,\cdots,\boldsymbol{\beta}_s$ 线性表示, 故: $\boldsymbol{\alpha}_1,\boldsymbol{\alpha}_2,\cdots,\boldsymbol{\alpha}_r$ 能由 $\boldsymbol{\beta}_1,\boldsymbol{\beta}_2,\cdots,\boldsymbol{\beta}_s$ 线性表示, 所以 $r \leqslant s$.

推论 3.4.1　设向量组 A 与向量组 B 等价, 则这两个向量组的秩相等.

证明　设向量组 A, B 的秩分别为 r, s.

向量组 A 能由向量组 B 线性表示, 则 $r \leqslant s$;

向量组 B 能由向量组 A 线性表示, 则 $s \leqslant r$, 所以 $r = s$.

例 3.4.2　设向量组 A 能由向量组 B 线性表示, 这两个向量组的秩相等, 证明向量组 A 与向量组 B 等价.

证明　设向量组 C: $\{A,B\}$ 是向量组 A 和向量组 B 合并而成的向量组, 向量组 A 和向量组 B 的秩为 r. 已知向量组 A 能由向量组 B 线性表示, 所以向量组 $\{A,B\}$ 和向量组 B 等价, 所以向量组 C: $\{A,B\}$ 的秩也为 r; 所以向量组 A 的最大无关组也是向量组 C 的最大无关组, 向量组 B 能由向量组 $\{A,B\}$ 线性表示, 则向量组 B 能由向量组 $\{A,B\}$ 的最大无关组线性表示, 即向量组 B 能由向量组 A 的最大无关组线性表示, 从而向量组 B 能由向量组 A 线性表示, 所以向量组 A 与向量组 B 等价.

3.4.3　矩阵的秩与向量组的秩的关系

定义 3.4.3　矩阵的列向量组的秩称为矩阵的列秩; 矩阵的行向量组的秩称为矩阵的行秩.

例 3.4.3　设矩阵 $\boldsymbol{A} = \begin{pmatrix} 1 & 0 & 1 \\ 0 & 1 & 1 \\ 0 & 0 & 0 \end{pmatrix}$, 求矩阵 $\boldsymbol{A}$ 的秩, $\boldsymbol{A}$ 的列秩, $\boldsymbol{A}$ 的行秩.

解　矩阵 $\boldsymbol{A}$ 的秩 $R(\boldsymbol{A}) = 2$;

$\boldsymbol{A}$ 的列向量组: $\boldsymbol{\alpha}_1 = \begin{pmatrix} 1 \\ 0 \\ 0 \end{pmatrix}, \boldsymbol{\alpha}_2 = \begin{pmatrix} 0 \\ 1 \\ 0 \end{pmatrix}, \boldsymbol{\alpha}_3 = \begin{pmatrix} 1 \\ 1 \\ 0 \end{pmatrix}$, 其中 $\boldsymbol{\alpha}_1,\boldsymbol{\alpha}_2$ 为一个最大无关组, 所以 $\boldsymbol{A}$ 的列秩 $R(\boldsymbol{\alpha}_1,\boldsymbol{\alpha}_2,\boldsymbol{\alpha}_3) = 2$;

$\boldsymbol{A}$ 的行向量组: $\boldsymbol{\beta}_1 = (1,0,1), \boldsymbol{\beta}_2 = (0,1,1), \boldsymbol{\beta}_3 = (0,0,0)$, 易知 $\boldsymbol{\beta}_1,\boldsymbol{\beta}_2$ 为一个最大无关组, 所以 $\boldsymbol{A}$ 的行秩 $R(\boldsymbol{\beta}_1,\boldsymbol{\beta}_2,\boldsymbol{\beta}_3) = 2$.

例 3.4.3 中, 我们发现矩阵的秩等于它的列秩和行秩, 这是否有一般性? 于是有下面的定理.

定理 3.4.3 矩阵 $\boldsymbol{A}$ 的秩等于它的列秩或行秩.

证明 设 $\boldsymbol{A}=(\boldsymbol{\alpha}_1,\boldsymbol{\alpha}_2,\cdots,\boldsymbol{\alpha}_m)$, $R(\boldsymbol{A})=r$, 存在 r 阶子式 $D_r\neq 0$, 故知 D_r 所在的 r 列线性无关, 又由 $\boldsymbol{A}$ 中所有 $r+1$ 阶子式均为零, 知 $\boldsymbol{A}$ 中任意 $r+1$ 个列向量都线性相关, 因此 D_r 所在的 r 列是 $\boldsymbol{A}$ 的列向量组的一个最大无关组, 故列向量组的秩为 r.

同理可证矩阵 $\boldsymbol{A}$ 的秩也等于 $\boldsymbol{A}$ 的行秩.

由定理的证明过程看出, 由于初等变换不改变矩阵 $\boldsymbol{A}$ 的秩, 从而也不改变矩阵 $\boldsymbol{A}$ 的列秩和行秩, 所以用初等变换可以求向量组的秩和最大无关组.

例 3.4.4 设矩阵

$$\boldsymbol{A}=\begin{pmatrix}2&-1&-1&1&2\\1&1&-2&1&4\\4&-6&2&-2&4\\3&6&-9&7&9\end{pmatrix},$$

求矩阵 $\boldsymbol{A}$ 的列向量组的一个最大无关组, 并把不属于最大无关组的列向量组用最大无关组线性表示.

解 对 $\boldsymbol{A}$ 施行初等行变换化为行阶梯形矩阵

$$\boldsymbol{A}=\begin{pmatrix}2&-1&-1&1&2\\1&1&-2&1&4\\4&-6&2&-2&4\\3&6&-9&7&9\end{pmatrix}\sim\begin{pmatrix}1&1&-2&1&4\\0&1&-1&0&3\\0&0&0&1&-3\\0&0&0&0&0\end{pmatrix}$$

知 $R(\boldsymbol{A})=3$, 故列向量组的最大无关组含 3 个向量, 而三个非零行的首非零元在 1, 2, 4 列,

$$(\boldsymbol{\alpha}_1,\boldsymbol{\alpha}_2,\boldsymbol{\alpha}_4)\xrightarrow{r}\begin{pmatrix}1&1&1\\0&1&1\\0&0&1\\0&0&0\end{pmatrix}$$

知 $R(\boldsymbol{\alpha}_1,\boldsymbol{\alpha}_2,\boldsymbol{\alpha}_4)=3$, 故 $\boldsymbol{\alpha}_1,\boldsymbol{\alpha}_2,\boldsymbol{\alpha}_4$ 线性无关, 即 $\boldsymbol{\alpha}_1,\boldsymbol{\alpha}_2,\boldsymbol{\alpha}_4$ 为列向量组的一个最大无关组.

为把 $\boldsymbol{\alpha}_3,\boldsymbol{\alpha}_5$ 用 $\boldsymbol{\alpha}_1,\boldsymbol{\alpha}_2,\boldsymbol{\alpha}_4$ 线性表示, 把 $\boldsymbol{A}$ 再初等行变换成行最简形矩阵:

$$\boldsymbol{A} \sim \begin{pmatrix} 1 & 0 & \boxed{-1} & 0 & \boxed{4} \\ 0 & 1 & -1 & 0 & 3 \\ 0 & 0 & 0 & 1 & -3 \\ 0 & 0 & 0 & 0 & 0 \end{pmatrix},$$

求 $\boldsymbol{\alpha}_3 = k_1\boldsymbol{\alpha}_1 + k_2\boldsymbol{\alpha}_2 + k_3\boldsymbol{\alpha}_4$ 中的 k_1, k_2, k_3, 就是解非齐次线性方程组：$k_1\boldsymbol{\alpha}_1 + k_2\boldsymbol{\alpha}_2 + k_3\boldsymbol{\alpha}_4 = \boldsymbol{\alpha}_3$. 根据行最简形矩阵, 即得 $\boldsymbol{\alpha}_3 = -\boldsymbol{\alpha}_1 - \boldsymbol{\alpha}_2$, 同理可得 $\boldsymbol{\alpha}_5 = 4\boldsymbol{\alpha}_1 + 3\boldsymbol{\alpha}_2 - 3\boldsymbol{\alpha}_4$.

3.5 齐次线性方程组的解

通过 3.1 节的学习, 我们可以判断线性方程组是否有解, 并且可用初等变换法求解线性方程组, 如果一个齐次线性方程组只有零解或非齐次线性方程组有唯一解及无解, 方程组的解就已经完全清楚了, 所以本节讨论解的结构, 前提是齐次线性方程组有非零解的.

设齐次线性方程组为

$$\begin{cases} a_{11}x_1 + a_{12}x_2 + \cdots + a_{1n}x_n = 0, \\ a_{21}x_1 + a_{22}x_2 + \cdots + a_{2n}x_n = 0, \\ \qquad \cdots\cdots \\ a_{m1}x_1 + a_{m2}x_2 + \cdots + a_{mn}x_n = 0, \end{cases}$$

记为 $\boldsymbol{AX} = \boldsymbol{0}$, 其中 $\boldsymbol{A} = \begin{pmatrix} a_{11} & a_{12} & \cdots & a_{1n} \\ a_{21} & a_{22} & \cdots & a_{2n} \\ \vdots & \vdots & & \vdots \\ a_{m1} & a_{m2} & \cdots & a_{mn} \end{pmatrix}$ 为系数矩阵.

3.5.1 齐次线性方程组解的性质

设 $R(\boldsymbol{A}) = r < n$, 则 $\boldsymbol{AX} = \boldsymbol{0}$ 有非零解.

性质 3.5.1 设 $\boldsymbol{\xi}_1$ 和 $\boldsymbol{\xi}_2$ 是齐次线性方程组 $\boldsymbol{AX} = \boldsymbol{0}$ 的两个解, 则 $\boldsymbol{\xi}_1 + \boldsymbol{\xi}_2$ 也是 $\boldsymbol{AX} = \boldsymbol{0}$ 的解.

证明 由 $\boldsymbol{A\xi}_1 = \boldsymbol{0}, \boldsymbol{A\xi}_2 = \boldsymbol{0}$ 得 $\boldsymbol{A}(\boldsymbol{\xi}_1 + \boldsymbol{\xi}_2) = \boldsymbol{A\xi}_1 + \boldsymbol{A\xi}_2 = \boldsymbol{0} + \boldsymbol{0} = \boldsymbol{0}$, 即 $\boldsymbol{\xi}_1 + \boldsymbol{\xi}_2$ 是 $\boldsymbol{AX} = \boldsymbol{0}$ 的解.

性质 3.5.2 设 $\boldsymbol{\xi}$ 是齐次线性方程组 $\boldsymbol{AX} = \boldsymbol{0}$ 的解, 则 $k\boldsymbol{\xi}$ 也是 $\boldsymbol{AX} = \boldsymbol{0}$ 的解.

证明 由 $\boldsymbol{A\xi}$=0 得 $\boldsymbol{A}(k\boldsymbol{\xi}) = k(\boldsymbol{A\xi}) = \boldsymbol{0}$, 即 $k\boldsymbol{\xi}$ 是 $\boldsymbol{AX} = \boldsymbol{0}$ 的解.

由性质 3.5.1 和性质 3.5.2 可知以下结论.

若 $\boldsymbol{\xi}_1,\boldsymbol{\xi}_2,\cdots,\boldsymbol{\xi}_t$ 是齐次线性方程组 $\boldsymbol{AX}=\boldsymbol{0}$ 的解, 则它们的线性组合 $k_1\boldsymbol{\xi}_1+k_2\boldsymbol{\xi}_2+\cdots+k_t\boldsymbol{\xi}_t$ 也是 $\boldsymbol{AX}=\boldsymbol{0}$ 的解.

3.5.2 齐次线性方程组解的结构

定义 3.5.1 设 $\boldsymbol{\xi}_1,\boldsymbol{\xi}_2,\cdots,\boldsymbol{\xi}_t$ 是齐次线性方程组 $\boldsymbol{AX}=\boldsymbol{0}$ 的 t 个解, 如果

(1) $\boldsymbol{\xi}_1,\boldsymbol{\xi}_2,\cdots,\boldsymbol{\xi}_t$ 线性无关;

(2) 齐次线性方程组 $\boldsymbol{AX}=\boldsymbol{0}$ 的任意一个解 $\boldsymbol{\xi}$ 都可由 $\boldsymbol{\xi}_1,\boldsymbol{\xi}_2,\cdots,\boldsymbol{\xi}_t$ 线性表示.

则称 $\boldsymbol{\xi}_1,\boldsymbol{\xi}_2,\cdots,\boldsymbol{\xi}_t$ 是齐次线性方程组 $\boldsymbol{AX}=\boldsymbol{0}$ 的一个**基础解系**.

显然基础解系是齐次线性方程组 $\boldsymbol{AX}=\boldsymbol{0}$ 全部解的最大无关组, 而且它不是唯一的.

当齐次线性方程组 $\boldsymbol{AX}=\boldsymbol{0}$ 只有零解时, 它没有基础解系; 当它有非零解时, 它是否一定有基础解系, 怎样求基础解系?

定理 3.5.1 对于 n 元齐次线性方程组 $\boldsymbol{AX}=\boldsymbol{0}$, 若 $R(\boldsymbol{A})=r<n$, 它一定存在基础解系 $\boldsymbol{\xi}_1,\boldsymbol{\xi}_2,\cdots,\boldsymbol{\xi}_t$, 且 $t=n-r$, 方程组的通解为 $\boldsymbol{X}=k_1\boldsymbol{\xi}_1+k_2\boldsymbol{\xi}_2+\cdots+k_t\boldsymbol{\xi}_t$.

证明 因为 $R(\boldsymbol{A})=r<n$, 故对 $\boldsymbol{A}$ 进行初等行变换化为行最简式, 不妨设化成了如下行最简形:

$$\boldsymbol{A}\sim\begin{pmatrix}1&0&\cdots&0&b_{1,r+1}&\cdots&b_{1n}\\0&1&\cdots&0&b_{2,r+1}&\cdots&b_{2n}\\\vdots&\vdots&&\vdots&\vdots&&\vdots\\0&0&\cdots&1&b_{r,r+1}&\cdots&b_{rn}\\0&0&\cdots&0&0&\cdots&0\\\vdots&\vdots&&\vdots&\vdots&&\vdots\\0&0&\cdots&0&0&\cdots&0\end{pmatrix},$$

于是齐次线性方程组 $\boldsymbol{AX}=\boldsymbol{0}$ 与 $\begin{cases}x_1+b_{1,r+1}x_{r+1}+\cdots+b_{1n}x_n=0,\\x_2+b_{2,r+1}x_{r+1}+\cdots+b_{1n}x_n=0,\\\cdots\cdots\\x_r+b_{r,r+1}x_{r+1}+\cdots+b_{r\,n}x_n=0\end{cases}$ 同解.

把它改写成 $\begin{cases}x_1=-b_{1,r+1}x_{r+1}-\cdots-b_{1n}x_n,\\x_2=-b_{2,r+1}x_{r+1}-\cdots-b_{1n}x_n,\\\cdots\cdots\\x_r=-b_{r,r+1}x_{r+1}-\cdots-b_{r\,n}x_n.\end{cases}$

令自由变元 $x_{r+1},x_{r+2},\cdots,x_n$ 为 $k_1,k_2,\cdots,k_{n-r}$, 则得

$$\begin{cases} x_1 = -b_{1,r+1}k_1 - b_{1,r+2}k_2 - \cdots - b_{1n}k_{n-r}, \\ x_2 = -b_{2,r+1}k_1 - b_{2,r+2}k_2 - \cdots - b_{2n}k_{n-r}, \\ \qquad \cdots\cdots \\ x_r = -b_{r,r+1}k_1 - b_{r,r+2}k_2 - \cdots - b_{rn}k_{n-r}, \\ x_{r+1} = k_1, \\ x_{r+2} = k_2, \\ \quad \cdots\cdots \\ x_n = k_{n-r}, \end{cases}$$

写成解向量格式

$$\boldsymbol{X} = k_1 \begin{pmatrix} -b_{1,r+1} \\ \vdots \\ -b_{r,r+1} \\ 1 \\ 0 \\ \vdots \\ 0 \end{pmatrix} + k_2 \begin{pmatrix} -b_{1,r+2} \\ \vdots \\ -b_{r,r+2} \\ 0 \\ 1 \\ \vdots \\ 0 \end{pmatrix} + \cdots + k_{n-r} \begin{pmatrix} -b_{1n} \\ \vdots \\ -b_{rn} \\ 0 \\ 0 \\ \vdots \\ 1 \end{pmatrix}.$$

记为 $\boldsymbol{X} = k_1\boldsymbol{\xi}_1 + k_2\boldsymbol{\xi}_2 + \cdots + k_t\boldsymbol{\xi}_t$, 其中 $t = n - r$, 显然 $\boldsymbol{\xi}_1, \boldsymbol{\xi}_2, \cdots, \boldsymbol{\xi}_t$ 线性无关, 且任意解 $\boldsymbol{X} = k_1\boldsymbol{\xi}_1 + k_2\boldsymbol{\xi}_2 + \cdots + k_t\boldsymbol{\xi}_t$, 所以 $\boldsymbol{\xi}_1, \boldsymbol{\xi}_2, \cdots, \boldsymbol{\xi}_t$ 就是齐次线性方程组 $\boldsymbol{AX} = \boldsymbol{0}$ 的基础解系.

注 (1) 基础解系中的向量个数为 $t = n - R(\boldsymbol{A})$, t 也是自由变元的个数.

(2) 定理证明过程给出了基础解系的标准求法: 令自由变元为单位坐标向量的方法.

例 3.5.1 求下面齐次线性方程组的基础解系和全部解:

$$\begin{cases} x_1 + x_2 - 3x_3 - x_4 + 5x_5 = 0, \\ 3x_1 - x_2 - 3x_3 + 4x_4 - x_5 = 0, \\ x_1 - 7x_2 + 9x_3 + 13x_4 - 27x_5 = 0. \end{cases}$$

解 $\boldsymbol{A} = \begin{pmatrix} 1 & 1 & -3 & -1 & 5 \\ 3 & -1 & -3 & 4 & -1 \\ 1 & -7 & 9 & 13 & -27 \end{pmatrix}$

$$\xrightarrow[r_3 - r_1]{r_2 - 3r_1} \begin{pmatrix} 1 & 1 & -3 & -1 & 5 \\ 0 & -4 & 6 & 7 & -16 \\ 0 & -8 & 12 & 14 & -32 \end{pmatrix} \xrightarrow{r_3 - 2r_2} \begin{pmatrix} 1 & 1 & -3 & -1 & 5 \\ 0 & -4 & 6 & 7 & -16 \\ 0 & 0 & 0 & 0 & 0 \end{pmatrix}$$

$$\xrightarrow{-\frac{1}{4}r_2}\begin{pmatrix}1&1&-3&-1&5\\0&1&-\dfrac{3}{2}&-\dfrac{7}{4}&4\\0&0&0&0&0\end{pmatrix}\xrightarrow{r_1-r_2}\begin{pmatrix}1&0&-\dfrac{3}{2}&\dfrac{3}{4}&1\\0&1&-\dfrac{3}{2}&-\dfrac{7}{4}&4\\0&0&0&0&0\end{pmatrix}.$$

因为 $R(\boldsymbol{A})=2<5$, 所以方程组有非零解.

基础解系包含的向量个数 = 自由未知量的个数 $t=n-R(\boldsymbol{A})=5-2=3$, 令自由变元 x_3,x_4,x_5 分别取 $(1,0,0),(0,1,0),(0,0,1)$, 则可得原方程组的一个基础解系为

$$\boldsymbol{\xi}_1=\begin{pmatrix}\dfrac{3}{2}\\\dfrac{3}{2}\\1\\0\\0\end{pmatrix},\quad \boldsymbol{\xi}_2=\begin{pmatrix}-\dfrac{3}{4}\\\dfrac{7}{4}\\0\\1\\0\end{pmatrix},\quad \boldsymbol{\xi}_3=\begin{pmatrix}-1\\-4\\0\\0\\1\end{pmatrix},$$

则方程组的全部解为

$$\boldsymbol{X}=k_1\boldsymbol{\xi}_1+k_2\boldsymbol{\xi}_2+k_3\boldsymbol{\xi}_3,$$

其中 k_1,k_2,k_3 为任意常数.

注 也可令自由变元 x_3,x_4,x_5 分别取 $(2,0,0)^{\mathrm{T}},(0,4,0)^{\mathrm{T}},(0,0,1)^{\mathrm{T}}$, 则可得原方程组的一个基础解系为

$$\boldsymbol{\xi}_1=\begin{pmatrix}3\\3\\2\\0\\0\end{pmatrix},\quad \boldsymbol{\xi}_2=\begin{pmatrix}-3\\7\\0\\4\\0\end{pmatrix},\quad \boldsymbol{\xi}_1=\begin{pmatrix}-1\\-4\\0\\0\\1\end{pmatrix}.$$

通解为 $\boldsymbol{X}=k_1\boldsymbol{\xi}_1+k_2\boldsymbol{\xi}_2+k_3\boldsymbol{\xi}_3$, 其中 k_1,k_2,k_3 为任意常数.

只要自由变元部分构成的向量组线性无关即可.

例 3.5.2 设 $\boldsymbol{A}$ 为五阶方阵, $R(\boldsymbol{A})=2$, $\boldsymbol{\alpha}_1,\boldsymbol{\alpha}_2,\boldsymbol{\alpha}_3$ 是齐次线性方程组 $\boldsymbol{AX}=\boldsymbol{0}$ 的三个线性无关的解, 证明: $\boldsymbol{\alpha}_1+\boldsymbol{\alpha}_2$, $\boldsymbol{\alpha}_2+\boldsymbol{\alpha}_3$, $\boldsymbol{\alpha}_1+\boldsymbol{\alpha}_3$ 是齐次线性方程组 $\boldsymbol{AX}=\boldsymbol{0}$ 的一个基础解系.

证明 基础解系包含的向量个数 $t=n-R(\boldsymbol{A})=5-2=3$ 个, 因为 $\boldsymbol{\alpha}_1,\boldsymbol{\alpha}_2,\boldsymbol{\alpha}_3$ 是齐次线性方程组 $\boldsymbol{AX}=\boldsymbol{0}$ 的解, 由解的性质知 $\boldsymbol{\alpha}_1+\boldsymbol{\alpha}_2$, $\boldsymbol{\alpha}_2+\boldsymbol{\alpha}_3$, $\boldsymbol{\alpha}_1+\boldsymbol{\alpha}_3$ 也是齐次线性方程组 $\boldsymbol{AX}=\boldsymbol{0}$ 的解, 故只需证明 $\boldsymbol{\alpha}_1+\boldsymbol{\alpha}_2$, $\boldsymbol{\alpha}_2+\boldsymbol{\alpha}_3$, $\boldsymbol{\alpha}_1+\boldsymbol{\alpha}_3$ 线性无关即可.

由于 $(\boldsymbol{\alpha}_1+\boldsymbol{\alpha}_2, \boldsymbol{\alpha}_2+\boldsymbol{\alpha}_3, \boldsymbol{\alpha}_1+\boldsymbol{\alpha}_3)=(\boldsymbol{\alpha}_1, \boldsymbol{\alpha}_2, \boldsymbol{\alpha}_3)\begin{pmatrix}1&0&1\\1&1&0\\0&1&1\end{pmatrix}, R\begin{pmatrix}1&0&1\\1&1&0\\0&1&1\end{pmatrix}=3$, 且 $\boldsymbol{\alpha}_1,\boldsymbol{\alpha}_2,\boldsymbol{\alpha}_3$ 线性无关, 所以 $\boldsymbol{\alpha}_1+\boldsymbol{\alpha}_2,\boldsymbol{\alpha}_2+\boldsymbol{\alpha}_3,\boldsymbol{\alpha}_1+\boldsymbol{\alpha}_3$ 也线性无关.

例 3.5.3　设 $\boldsymbol{A}$ 是 $n(\geqslant 2)$ 阶方阵, $\boldsymbol{A}^*$ 是 $\boldsymbol{A}$ 的伴随矩阵, 则

$$R(\boldsymbol{A}^*)=\begin{cases}0, & R(\boldsymbol{A})<n-1,\\ 1, & R(\boldsymbol{A})=n-1,\\ n & R(\boldsymbol{A})=n.\end{cases}$$

证明　当 $R(\boldsymbol{A})<n-1$ 时, $\boldsymbol{A}$ 的所有 $n-1$ 阶子式为零, 由伴随矩阵的定义知, 伴随矩阵是零矩阵, 所以 $R(\boldsymbol{A}^*)=0$;

当 $R(\boldsymbol{A})=n$ 时, $\boldsymbol{A}$ 为可逆矩阵, $|\boldsymbol{A}|\neq 0$, 而 $\boldsymbol{A}\boldsymbol{A}^*=|\boldsymbol{A}|\boldsymbol{E}, |\boldsymbol{A}||\boldsymbol{A}^*|=|\boldsymbol{A}|^n, |\boldsymbol{A}^*|\neq 0, r(\boldsymbol{A}^*)=n$.

设 $R(\boldsymbol{A})=n-1$, $\boldsymbol{A}^*=(\boldsymbol{\alpha}_1,\boldsymbol{\alpha}_2,\cdots,\boldsymbol{\alpha}_n)$, 因为 $R(\boldsymbol{A})=n-1$, 所以 $|\boldsymbol{A}|=0$, 故 $\boldsymbol{A}\boldsymbol{A}^*=\boldsymbol{A}\boldsymbol{A}^*=|\boldsymbol{A}|\,\boldsymbol{E}=\boldsymbol{O}$. $\boldsymbol{A}(\boldsymbol{\alpha}_1,\boldsymbol{\alpha}_2,\cdots,\boldsymbol{\alpha}_n)=\boldsymbol{0}$, 得 $A\boldsymbol{\alpha}_i=\boldsymbol{0}, i=1,2,\cdots,n$.

$\boldsymbol{\alpha}_i$ 是齐次线性方程组 $\boldsymbol{AX}=\boldsymbol{0}$ 的解, $i=1,2,\cdots,n$. 而齐次线性方程组 $\boldsymbol{AX}=\boldsymbol{0}$ 的基础解系包含的向量个数 $t=n-R(\boldsymbol{A})=1$ 个. 所以 $R(\boldsymbol{A}^*)=R(\boldsymbol{\alpha}_1,\boldsymbol{\alpha}_2,\cdots,\boldsymbol{\alpha}_n)\leqslant 1$.

又因为 $R(\boldsymbol{A})=n-1$, 所以 $\boldsymbol{A}$ 至少有一个 $n-1$ 阶子式不为 0, 所以 $\boldsymbol{A}^*$ 为非零方阵, 所以 $R(\boldsymbol{A}^*)=1$.

注　$\boldsymbol{AB}=\boldsymbol{O}$, 则 $\boldsymbol{B}$ 的每个列向量都是齐次线性方程组 $\boldsymbol{AX}=\boldsymbol{0}$ 的解.

例 3.5.4　设 $\boldsymbol{A},\boldsymbol{B}$ 均是 n 阶方阵, 且 $\boldsymbol{AB}=\boldsymbol{O}$, 则 $R(\boldsymbol{A})+R(\boldsymbol{B})\leqslant n$.

证明　设 $\boldsymbol{B}=(\boldsymbol{\beta}_1,\boldsymbol{\beta}_2,\cdots,\boldsymbol{\beta}_n)$, $\boldsymbol{AB}=\boldsymbol{O}$ 即 $\boldsymbol{A}(\boldsymbol{\beta}_1,\boldsymbol{\beta}_2,\cdots,\boldsymbol{\beta}_n)=\boldsymbol{0}$, 得 $\boldsymbol{A\beta}_i=\boldsymbol{0}$, $i=1,2,\cdots,n$, 所以 $\boldsymbol{B}$ 的列向量组 $\boldsymbol{\beta}_1,\boldsymbol{\beta}_2,\cdots,\boldsymbol{\beta}_n$ 都是齐次线性方程组 $\boldsymbol{AX}=\boldsymbol{0}$ 的解, $\boldsymbol{AX}=\boldsymbol{0}$ 的基础解系包含的向量个数 $t=n-R(\boldsymbol{A})$, 所以向量组 $\boldsymbol{\beta}_1,\boldsymbol{\beta}_2,\cdots,\boldsymbol{\beta}_n$ 可由基础解系线性表示, 所以 $R(\boldsymbol{\beta}_1,\boldsymbol{\beta}_2,\cdots,\boldsymbol{\beta}_n)\leqslant n-R(\boldsymbol{A})$, 从而 $R(\boldsymbol{A})+R(\boldsymbol{B})\leqslant n$.

3.6　非齐次线性方程组的解

本节讨论非齐次线性方程组有无穷解时的解的结构.

设非齐次线性方程组为

$$\begin{cases}a_{11}x_1+a_{12}x_2+\cdots+a_{1n}x_n=b_1,\\ a_{21}x_1+a_{22}x_2+\cdots+a_{2n}x_n=b_2,\\ \cdots\cdots\\ a_{m1}x_1+a_{m2}x_2+\cdots+a_{mn}x_n=b_m,\end{cases}$$

记为 $\boldsymbol{AX}=\boldsymbol{b}$, 其中 $\boldsymbol{A}=\begin{pmatrix} a_{11} & a_{12} & \cdots & a_{1n} \\ a_{21} & a_{22} & \cdots & a_{2n} \\ \vdots & \vdots & & \vdots \\ a_{m1} & a_{m2} & \cdots & a_{mn} \end{pmatrix}$, $\boldsymbol{b}=\begin{pmatrix} b_1 \\ b_2 \\ \vdots \\ b_m \end{pmatrix}$, $b_i(i=1,2,\cdots,m)$ 不全为 0.

齐次线性方程组 $\boldsymbol{AX}=\boldsymbol{0}$ 为 $\boldsymbol{AX}=\boldsymbol{b}$ 对应的齐次线性方程组 (或导出组).

3.6.1 解的性质

设 $R(\boldsymbol{A})=R(\widetilde{\boldsymbol{A}})=r<n$, 则 $\boldsymbol{AX}=\boldsymbol{b}$ 有无穷解.

性质 3.6.1 设 $\boldsymbol{\eta}_1$ 与 $\boldsymbol{\eta}_2$ 是 $\boldsymbol{AX}=\boldsymbol{b}$ 的解, 则 $\boldsymbol{\eta}_1-\boldsymbol{\eta}_2$ 是 $\boldsymbol{AX}=\boldsymbol{0}$ 的解.

证明 $\boldsymbol{\eta}_1$ 与 $\boldsymbol{\eta}_2$ 是 $\boldsymbol{AX}=\boldsymbol{b}$ 的解, 因此 $\boldsymbol{A\eta}_1=\boldsymbol{b}, \boldsymbol{A\eta}_2=\boldsymbol{b}$ 成立, $\boldsymbol{A}(\boldsymbol{\eta}_1-\boldsymbol{\eta}_2)=\boldsymbol{0}$, 即 $\boldsymbol{\eta}_1-\boldsymbol{\eta}_2$ 是 $\boldsymbol{AX}=\boldsymbol{0}$ 的解.

性质 3.6.2 设 $\boldsymbol{\eta}$ 是 $\boldsymbol{AX}=\boldsymbol{b}$ 的解, $\boldsymbol{\xi}$ 是 $\boldsymbol{AX}=\boldsymbol{0}$ 的解, 则 $\boldsymbol{\xi}+\boldsymbol{\eta}$ 是 $\boldsymbol{AX}=\boldsymbol{b}$ 的解.

证明 $\boldsymbol{\eta}$ 是 $\boldsymbol{AX}=\boldsymbol{b}$ 的解, 因此 $\boldsymbol{A\eta}=\boldsymbol{b}$, 又 $\boldsymbol{\xi}$ 是 $\boldsymbol{AX}=\boldsymbol{0}$ 的解, 则 $\boldsymbol{A\xi}=\boldsymbol{0}$, 所以 $\boldsymbol{A}(\boldsymbol{\xi}+\boldsymbol{\eta})=\boldsymbol{b}$, 即 $\boldsymbol{\xi}+\boldsymbol{\eta}$ 是 $\boldsymbol{AX}=\boldsymbol{b}$ 的解.

非齐次线性方程组的解的线性组合通常不再是此方程组的解.

例 3.6.1 设 $\boldsymbol{\eta}_1,\boldsymbol{\eta}_2,\cdots,\boldsymbol{\eta}_s$ 是 $\boldsymbol{AX}=\boldsymbol{b}$ 的解, 证明: 当常数 $k_1,k_2,\cdots,k_s$ 满足 $k_1+k_2+\cdots+k_s=1$ 时, $k_1\boldsymbol{\eta}_1+k_2\boldsymbol{\eta}_2+\cdots+k_s\boldsymbol{\eta}_s$ 是 $\boldsymbol{AX}=\boldsymbol{b}$ 的解.

证明 $\boldsymbol{\eta}_1,\boldsymbol{\eta}_2,\cdots,\boldsymbol{\eta}_s$ 是 $\boldsymbol{AX}=\boldsymbol{b}$ 的解, 因此 $\boldsymbol{A\eta}_i=\boldsymbol{b}, i=1,2,\cdots,s$, 故 $\boldsymbol{A}(k_1\boldsymbol{\eta}_1+k_2\boldsymbol{\eta}_2+\cdots+k_s\eta_s)=k_1\boldsymbol{b}+k_2\boldsymbol{b}+\cdots+k_s\boldsymbol{b}=\boldsymbol{b}$(因为 $k_1+k_2+\cdots+k_s=1$), 所以 $k_1\boldsymbol{\eta}_1+k_2\boldsymbol{\eta}_2+\cdots+k_s\boldsymbol{\eta}_s$ 是 $\boldsymbol{AX}=\boldsymbol{b}$ 的解.

3.6.2 解的结构

定理 3.6.1 设 η_0 是非齐次线性方程组 $\boldsymbol{AX}=\boldsymbol{b}$ 的一个特解, $\boldsymbol{\xi}_1,\boldsymbol{\xi}_2,\cdots,\boldsymbol{\xi}_t$ 是其导出组 $\boldsymbol{AX}=\boldsymbol{0}$ 的一个基础解系, 则 $\boldsymbol{AX}=\boldsymbol{b}$ 的通解为

$$\boldsymbol{X}=k_1\boldsymbol{\xi}_1+k_2\boldsymbol{\xi}_2+\cdots+k_t\boldsymbol{\xi}_t+\boldsymbol{\eta}_0,$$

其中 $k_1,k_2,\cdots,k_t$ 为任意常数, $t=n-R(\boldsymbol{A})$.

证明 根据非齐次线性方程组解的性质, 只需证明 $\boldsymbol{AX}=\boldsymbol{b}$ 的任意一个解 $\boldsymbol{\eta}$ 都可表示为 $\boldsymbol{AX}=\boldsymbol{0}$ 的某个解 $\boldsymbol{\xi}$ 与 η_0 的和即可.

取 $\boldsymbol{\xi}=\boldsymbol{\eta}-\boldsymbol{\eta}_0$, 由性质 3.6.1 知 $\boldsymbol{\xi}$ 是 $\boldsymbol{AX}=\boldsymbol{0}$ 的解, 故

$$\boldsymbol{\eta}=\boldsymbol{\xi}+\boldsymbol{\eta}_0,$$

即 $\boldsymbol{AX}=\boldsymbol{b}$ 的任意一个解 $\boldsymbol{\eta}$ 都可表示为 $\boldsymbol{\eta}_0$ 与 $\boldsymbol{AX}=\boldsymbol{0}$ 的解 $\boldsymbol{\xi}$ 之和, 而 $\boldsymbol{\xi}$ 又可表示为 $\boldsymbol{AX}=\boldsymbol{0}$ 的基础解系的线性组合.

例 3.6.2　求下面方程组的全部解：

$$\begin{cases} x_1 + x_2 - 3x_3 - x_4 + 5x_5 = 2, \\ 3x_1 - x_2 - 3x_3 + 4x_4 - x_5 = 2, \\ x_1 - 7x_2 + 9x_3 + 13x_4 - 27x_5 = -6. \end{cases}$$

解　$\tilde{\boldsymbol{A}} = \begin{pmatrix} 1 & 1 & -3 & -1 & 5 & 2 \\ 3 & -1 & -3 & 4 & -1 & 2 \\ 1 & -7 & 9 & 13 & -27 & -6 \end{pmatrix}$

$$\xrightarrow[r_3-r_1]{r_2-3r_1} \begin{pmatrix} 1 & 1 & -3 & -1 & 5 & 2 \\ 0 & -4 & 6 & 7 & -16 & -4 \\ 0 & -8 & 12 & 14 & -32 & -8 \end{pmatrix}$$

$$\xrightarrow{r_3-2r_2} \begin{pmatrix} 1 & 1 & -3 & -1 & 5 & 2 \\ 0 & -4 & 6 & 7 & -16 & -4 \\ 0 & 0 & 0 & 0 & 0 & 0 \end{pmatrix}$$

$$\xrightarrow{-\frac{1}{4}r_2} \begin{pmatrix} 1 & 1 & -3 & -1 & 5 & 2 \\ 0 & 1 & -\dfrac{3}{2} & -\dfrac{7}{4} & 4 & 1 \\ 0 & 0 & 0 & 0 & 0 & 0 \end{pmatrix}$$

$$\xrightarrow{r_1-r_2} \begin{pmatrix} 1 & 0 & -\dfrac{3}{2} & \dfrac{3}{4} & 1 & 1 \\ 0 & 1 & -\dfrac{3}{2} & -\dfrac{7}{4} & 4 & 1 \\ 0 & 0 & 0 & 0 & 0 & 0 \end{pmatrix}.$$

(1) 求非齐次线性方程组 $\boldsymbol{AX} = \boldsymbol{b}$ 的一个特解.

令自由变元 $x_3 = x_4 = x_5 = 0$, 得原方程组的一个特解：

$$\boldsymbol{\eta}_0 = \begin{pmatrix} 1 \\ 1 \\ 0 \\ 0 \\ 0 \end{pmatrix}.$$

(2) 求导出组 $\boldsymbol{AX} = \boldsymbol{0}$ 的一个基础解系.

令自由变元 x_3, x_4, x_5 分别为 $(1,0,0)^{\mathrm{T}}$, $(0,1,0)^{\mathrm{T}}$, $(0,0,1)^{\mathrm{T}}$, 则可得导出组的一个基础解系为

$$\boldsymbol{\xi}_1=\begin{pmatrix}\frac{3}{2}\\ \frac{3}{2}\\ 1\\ 0\\ 0\end{pmatrix},\quad \boldsymbol{\xi}_2=\begin{pmatrix}-\frac{3}{4}\\ \frac{7}{4}\\ 0\\ 1\\ 0\end{pmatrix},\quad \boldsymbol{\xi}_3=\begin{pmatrix}-1\\ -4\\ 0\\ 0\\ 1\end{pmatrix},$$

所以非齐次线性方程组 $\boldsymbol{AX}=\boldsymbol{b}$ 的全部解为

$$\begin{aligned}\boldsymbol{X}=&\boldsymbol{\eta}_0+k_1\boldsymbol{\xi}_1+k_2\boldsymbol{\xi}_2+k_3\boldsymbol{\xi}_3\\ =&\begin{pmatrix}1\\ 1\\ 0\\ 0\\ 0\end{pmatrix}+k_1\begin{pmatrix}\frac{3}{2}\\ \frac{3}{2}\\ 1\\ 0\\ 0\end{pmatrix}+k_2\begin{pmatrix}-\frac{3}{4}\\ \frac{7}{4}\\ 0\\ 1\\ 0\end{pmatrix}+k_3\begin{pmatrix}-1\\ -4\\ 0\\ 0\\ 1\end{pmatrix},\end{aligned}$$

其中 k_1,k_2,k_3 为任意常数.

例 3.6.3 四元非齐次线性方程组 $\boldsymbol{AX}=\boldsymbol{b}$, 已知 $R(\boldsymbol{A})=2$, 它有 3 个解,

$$\boldsymbol{\eta}_1=\begin{pmatrix}1\\ 0\\ 2\\ 1\end{pmatrix},\quad \boldsymbol{\eta}_2=\begin{pmatrix}2\\ 1\\ 2\\ 0\end{pmatrix},\quad \boldsymbol{\eta}_3=\begin{pmatrix}3\\ 1\\ 1\\ 1\end{pmatrix},$$

求 $\boldsymbol{AX}=\boldsymbol{b}$ 的全部解.

解 $\boldsymbol{AX}=\boldsymbol{0}$ 的基础解系的向量个数 $t=n-R(\boldsymbol{A})=4-2=2$,

$$\boldsymbol{\eta}_1-\boldsymbol{\eta}_2=\begin{pmatrix}-1\\ -1\\ 0\\ 1\end{pmatrix},\quad \boldsymbol{\eta}_1-\boldsymbol{\eta}_3=\begin{pmatrix}-2\\ -1\\ 1\\ 0\end{pmatrix}$$

是 $\boldsymbol{AX}=\boldsymbol{0}$ 的解且线性无关, 所以它们就是 $\boldsymbol{AX}=\boldsymbol{0}$ 的基础解系, $\boldsymbol{AX}=\boldsymbol{b}$ 的通解为

$$\boldsymbol{X}=k_1\begin{pmatrix}-1\\ -1\\ 0\\ 1\end{pmatrix}+k_2\begin{pmatrix}-2\\ -1\\ 1\\ 0\end{pmatrix}+\begin{pmatrix}1\\ 0\\ 2\\ 1\end{pmatrix},$$

k_1k_2 为任意常数.

例 3.6.4　设四阶方阵 $\boldsymbol{A}=(\boldsymbol{\alpha}_1,\boldsymbol{\alpha}_2,\boldsymbol{\alpha}_3,\boldsymbol{\alpha}_4)$, 其中 $\boldsymbol{\alpha}_2,\boldsymbol{\alpha}_3,\boldsymbol{\alpha}_4$ 线性无关, $\boldsymbol{\alpha}_1=2\boldsymbol{\alpha}_2-4\boldsymbol{\alpha}_4$, 如果 $\boldsymbol{\beta}=\boldsymbol{\alpha}_1+2\boldsymbol{\alpha}_2+3\boldsymbol{\alpha}_3+4\boldsymbol{\alpha}_4$, 求非齐次线性方程组 $\boldsymbol{AX}=\boldsymbol{\beta}$ 的通解.

解　由 $\boldsymbol{\alpha}_2,\boldsymbol{\alpha}_3,\boldsymbol{\alpha}_4$ 线性无关, $\boldsymbol{\alpha}_1$ 可由 $\boldsymbol{\alpha}_2,\boldsymbol{\alpha}_3,\boldsymbol{\alpha}_4$ 线性表示, 知 $R(\boldsymbol{A})=3$, 所以齐次线性方程组 $\boldsymbol{AX}=\boldsymbol{0}$ 的基础解系只含一个向量, 由于 $\boldsymbol{\alpha}_1=2\boldsymbol{\alpha}_2-4\boldsymbol{\alpha}_4$, 即 $\boldsymbol{\alpha}_1-2\boldsymbol{\alpha}_2+0\boldsymbol{\alpha}_3+4\boldsymbol{\alpha}_4=\boldsymbol{0}$, 知 $\boldsymbol{\xi}=\begin{pmatrix}1\\-2\\0\\4\end{pmatrix}$ 是 $\boldsymbol{AX}=\boldsymbol{0}$ 的一个非零解, 也就是 $\boldsymbol{AX}=\boldsymbol{0}$ 的基础解系, 由 $\boldsymbol{\beta}=\boldsymbol{\alpha}_1+2\boldsymbol{\alpha}_2+3\boldsymbol{\alpha}_3+4\boldsymbol{\alpha}_4$ 知 $\boldsymbol{\eta}_0=\begin{pmatrix}1\\2\\3\\4\end{pmatrix}$ 是非齐次线性方程组 $\boldsymbol{AX}=\boldsymbol{\beta}$ 的一个解, 所以 $\boldsymbol{AX}=\boldsymbol{\beta}$ 的通解为

$$\boldsymbol{X}=k\begin{pmatrix}1\\-2\\0\\4\end{pmatrix}+\begin{pmatrix}1\\2\\3\\4\end{pmatrix}\ (k\text{ 为任意常数}).$$

3.6.3　应用举例

1. 问题提出

随着大规模集成电路的飞速发展, 仅在一个平面上提高集成度的方法, 已经不能适应科技的发展需要, 特别是受化工、材料的限制, 因此科学家把目标转向立体结构, 即努力把集成电路做成立体结构, 以达到提高集成度, 实现高速、小体积、低功耗的目的.

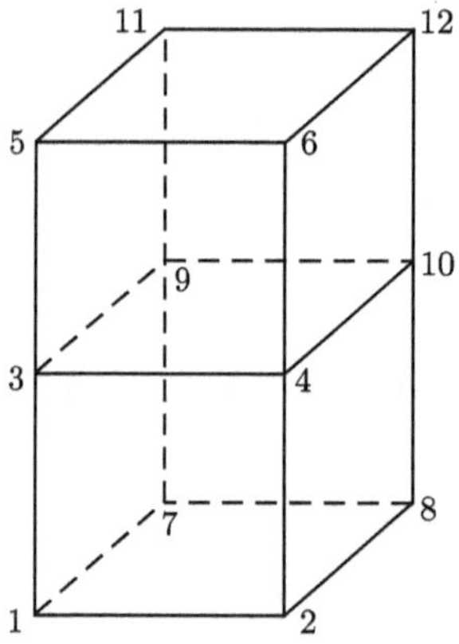

图 3.6.1

下面以简单的纯电阻立体结构电路为例进行研究:

如图 3.6.1 所示, 假设: ①每一线段表示一纯电阻, 用 ω_{ij} 表示两节点 i 与 j 之间的电阻, 当节点 i 与 j 不直接相连时, 其值为 ∞; ②节点 1 接零线, 节点 8 接电源正极; ③ 电源电压为 E; 要求计算各节点的电位.

2. **建立线性方程组的数学模型**

设各节点的电位为 $v_i(i=1,2,\cdots,12)$, 显然 $v_1=0$, $v_{12}=E$.

建立关于 $\boldsymbol{V}=(v_2,v_3,\cdots,v_{11})^{\mathrm{T}}$ 的线性方程组.

根据电路分析中的节点法, 得线性方程组:

$$\boldsymbol{AV}=\boldsymbol{b},$$

其中 $\boldsymbol{A}=\begin{pmatrix} a_{22} & \cdots & a_{2,11} \\ \vdots & & \vdots \\ a_{11,2} & \cdots & a_{11,11} \end{pmatrix}$, $\boldsymbol{b}=\begin{pmatrix} b_2 \\ b_3 \\ \vdots \\ b_{11} \end{pmatrix}$, b_i 为节点电流, $b_i=\dfrac{E}{\omega_{i8}}$ $(i=2,\cdots,11)$, $a_{ii}=\sum\limits_j \dfrac{1}{\omega_{ij}}$ (j 为与节点 i 直接相连的节点) $(i=2,\cdots,11)$, $a_{ij}=-\dfrac{1}{\omega_{ij}}$ (节点 i,j 不直接相连时为零).

3. **求解计算**

设每个线段的电阻值为 1; 电源电压 E 为 10 V, 则 $b_6=b_{10}=b_{11}=10$, 其余为零.

$$a_{ii}=3\ (i=2,5,6,7,8,11),\quad a_{ii}=4\ (i=3,4,9,10),$$

$$a_{ij}=-\frac{1}{\omega_{ij}}=\begin{cases} -1, & \text{节点 } i,j \text{ 直接相连}, \\ 0, & \text{节点 } i,j \text{ 不直接相连}, \end{cases}\quad i,j=2,\cdots,11, \text{且} i\neq j.$$

这样线性方程组为

$$\begin{pmatrix} 3 & 0 & -1 & 0 & 0 & 0 & -1 & 0 & 0 & 0 \\ 0 & 4 & -1 & -1 & 0 & 0 & 0 & -1 & 0 & 0 \\ -1 & -1 & 4 & 0 & -1 & 0 & 0 & 0 & -1 & 0 \\ 0 & -1 & 0 & 3 & -1 & 0 & 0 & 0 & 0 & -1 \\ 0 & 0 & -1 & -1 & 3 & 0 & 0 & 0 & 0 & 0 \\ 0 & 0 & 0 & 0 & 0 & 3 & -1 & -1 & 0 & 0 \\ -1 & 0 & 0 & 0 & 0 & -1 & 3 & 0 & -1 & 0 \\ 0 & -1 & 0 & 0 & 0 & -1 & 0 & 4 & -1 & -1 \\ 0 & 0 & -1 & 0 & 0 & 0 & -1 & -1 & 4 & 0 \\ 0 & 0 & 0 & -1 & 0 & 0 & 0 & -1 & 0 & 3 \end{pmatrix}\begin{pmatrix} v_2 \\ v_3 \\ \vdots \\ v_{11} \end{pmatrix}=\begin{pmatrix} 0 \\ 0 \\ 0 \\ 0 \\ 10 \\ 0 \\ 0 \\ 0 \\ 10 \\ 10 \end{pmatrix},$$

解得

$$\begin{pmatrix} v_2 \\ v_3 \\ v_4 \\ v_5 \\ v_6 \\ v_7 \\ v_8 \\ v_9 \\ v_{10} \\ v_{11} \end{pmatrix} = \begin{bmatrix} 3 \\ 4 \\ 5 \\ 6 \\ 7 \\ 3 \\ 4 \\ 5 \\ 6 \\ 7 \end{bmatrix}.$$

注意 手工计算此线性方程组的解是非常复杂的, 工程中应用到的线性方程组往往涉及很多未知数, 计算量非常庞大, 这就需要借助计算机完成线性方程组的求解问题.

3.7 向量空间

3.7.1 向量空间

定义 3.7.1 设 V 是 n 维向量的集合, 对任意的 $\boldsymbol{\alpha}, \boldsymbol{\beta} \in V$, 都有 $k_1\boldsymbol{\alpha}+k_2\boldsymbol{\beta} \in V$, 即 V 对于向量的线性运算封闭, 则称 V 是向量空间.

例 3.7.1 全体三维向量构成向量空间, 记为 $\mathbf{R}^3$; 全体 n 维向量构成向量空间, 记为 $\mathbf{R}^n$.

例 3.7.2 设两个线性无关的三维向量 $\boldsymbol{\alpha}_1, \boldsymbol{\alpha}_2$, $V = \{\boldsymbol{\beta} = \lambda_1\boldsymbol{\alpha}_1 + \lambda_2\boldsymbol{\alpha}_2 | \lambda_1, \lambda_2 \in \mathbf{R}\}$, 显然 V 是向量空间. 这个向量空间称为由向量 $\boldsymbol{\alpha}_1, \boldsymbol{\alpha}_2$ 生成的向量空间.

几何上这个向量空间是 $\boldsymbol{\alpha}_1, \boldsymbol{\alpha}_2$ 所在平面上的所有向量构成的.

例 3.7.3 齐次线性方程组 $\boldsymbol{AX} = \mathbf{0}$ 的全部解向量是向量空间. 这可由齐次线性方程组解的性质易知, 这个空间称为齐次线性方程组的解空间, 这个解空间是由基础解系生成的.

例 3.7.4 非齐次线性方程组 $\boldsymbol{AX} = \boldsymbol{b}$ 的全部解向量不构成向量空间.

因为当 $\boldsymbol{AX} = \boldsymbol{b}$ 无解时, 解为空集, 不构成向量空间; 当有解时, 由非齐次线性方程组解的性质: $\boldsymbol{AX} = \boldsymbol{b}$ 解的线性组合不再是 $\boldsymbol{AX} = \boldsymbol{b}$ 的解, 所以 $\boldsymbol{AX} = \boldsymbol{b}$ 的全部解不是向量空间.

定理 3.7.1 设向量组 $\boldsymbol{\alpha}_1, \boldsymbol{\alpha}_2, \cdots, \boldsymbol{\alpha}_s$ 与向量组 $\boldsymbol{\beta}_1, \boldsymbol{\beta}_2, \cdots, \boldsymbol{\beta}_t$ 等价,

$$V_1 = \{x = k_1\boldsymbol{\alpha}_1 + k_2\boldsymbol{\alpha}_2 + \cdots + k_s\boldsymbol{\alpha}_s | k_1, \cdots, k_s \in \mathbf{R}\},$$

$$V_2=\{x=l_1\boldsymbol{\beta}_1+l_2\boldsymbol{\beta}_2+\cdots+l_t\boldsymbol{\beta}_t|l_1,\cdots,l_t\in\mathbf{R}\},$$

则 $V_1=V_2$.

证明　设 $x\in V_1$, 即 x 可由 $\boldsymbol{\alpha}_1,\boldsymbol{\alpha}_2,\cdots,\boldsymbol{\alpha}_s$ 线性表示, 因为向量组 $\boldsymbol{\alpha}_1,\boldsymbol{\alpha}_2,\cdots,\boldsymbol{\alpha}_s$ 与向量组 $\boldsymbol{\beta}_1,\boldsymbol{\beta}_2,\cdots,\boldsymbol{\beta}_t$ 等价, $\boldsymbol{\alpha}_1,\boldsymbol{\alpha}_2,\cdots,\boldsymbol{\alpha}_s$ 都可由 $\boldsymbol{\beta}_1,\boldsymbol{\beta}_2,\cdots,\boldsymbol{\beta}_t$ 线性表示, 所以 x 也可由 $\boldsymbol{\beta}_1,\boldsymbol{\beta}_2,\cdots,\boldsymbol{\beta}_t$ 线性表示, 即 $x\in V_2$, 所以 $V_1\subseteq V_2$.

同理可得 $V_2\subseteq V_1$, 所以有 $V_1=V_2$.

3.7.2　向量空间的基

定义 3.7.2　设 V 是向量空间, 如果 V 中的 r 个向量 $\boldsymbol{\alpha}_1,\boldsymbol{\alpha}_2,\cdots,\boldsymbol{\alpha}_r$ 满足:

(1) $\boldsymbol{\alpha}_1,\boldsymbol{\alpha}_2,\cdots,\boldsymbol{\alpha}_r$ 线性无关;

(2) V 中任意向量都可由 $\boldsymbol{\alpha}_1,\boldsymbol{\alpha}_2,\cdots,\boldsymbol{\alpha}_r$ 线性表示,

那么, $\boldsymbol{\alpha}_1,\boldsymbol{\alpha}_2,\cdots,\boldsymbol{\alpha}_r$ 称为向量空间 V 的一个基, r 称为向量空间 V 的维数, 并称 V 为 r 维向量空间.

显然: V 的一个基就是 V 的一个最大无关组; V 的维数就是 V 的秩.

例 3.7.2 的向量空间的维数是 2, 注意区分向量的维数和向量空间的维数!

齐次线性方程组 $\boldsymbol{AX}=\mathbf{0}$ 的全部解向量构成的向量空间的基就是这个方程组的基础解系.

若 $\boldsymbol{\alpha}_1,\boldsymbol{\alpha}_2,\cdots,\boldsymbol{\alpha}_r$ 为向量空间 V 的一个基, 则向量空间 V 可表示为

$$V=\{x=k_1\boldsymbol{\alpha}_1+k_2\boldsymbol{\alpha}_2+\cdots+k_r\boldsymbol{\alpha}_r|k_1,\cdots,k_r\in\mathbf{R}\}.$$

单位坐标向量: $\boldsymbol{\varepsilon}_1,\boldsymbol{\varepsilon}_2,\cdots,\boldsymbol{\varepsilon}_n$ 是 n 维向量空间 $\mathbf{R}^n$ 一个基.

例 3.7.5　验证 $\boldsymbol{\alpha}_1=(1,1,0)^{\mathrm{T}}$, $\boldsymbol{\alpha}_2=(0,1,1)^{\mathrm{T}}$, $\boldsymbol{\alpha}_3=(1,0,1)^{\mathrm{T}}$ 是三维向量空间 $\mathbf{R}^3$ 一个基.

解　要证 $\boldsymbol{\alpha}_1=(1,1,0)^{\mathrm{T}}$, $\boldsymbol{\alpha}_2=(0,1,1)^{\mathrm{T}}$, $\boldsymbol{\alpha}_3=(1,0,1)^{\mathrm{T}}$ 是三维向量空间 $\mathbf{R}^3$ 一个基, 只需证 $\boldsymbol{\alpha}_1,\boldsymbol{\alpha}_2,\boldsymbol{\alpha}_3$ 线性无关, 即 $(\boldsymbol{\alpha}_1,\boldsymbol{\alpha}_2,\boldsymbol{\alpha}_3)$ 与 $\boldsymbol{E}$ 等价:

因为 $|\boldsymbol{\alpha}_1,\boldsymbol{\alpha}_2,\boldsymbol{\alpha}_3|=\begin{vmatrix}1&0&1\\1&1&0\\0&1&1\end{vmatrix}=2\neq0$, 所以 $\boldsymbol{\alpha}_1,\boldsymbol{\alpha}_2,\boldsymbol{\alpha}_3$ 线性无关.

习　题　3

1. 设在非齐次线性方程组 $\boldsymbol{AX}=\boldsymbol{b}$ 中, 系数矩阵 $\boldsymbol{A}$ 是 $m\times n$ 矩阵, 且 $R(\boldsymbol{A})=r$, 则 (　　).

(A) $r=m$ 时, 非齐次线性方程组 $\boldsymbol{AX}=\boldsymbol{b}$ 有解

(B) $r=n$ 时, 非齐次线性方程组 $\boldsymbol{AX}=\boldsymbol{b}$ 有唯一解

(C) $m=n$ 时, 非齐次线性方程组 $\boldsymbol{AX}=\boldsymbol{b}$ 有唯一解

(D) $r<n$ 时, 非齐次线性方程组 $\boldsymbol{AX}=\boldsymbol{b}$ 有无穷多解

2. 设非齐次线性方程组 $\boldsymbol{AX}=\boldsymbol{b}$ 中, 系数矩阵 $\boldsymbol{A}$ 是 $m\times n$ 矩阵, 对应的齐次线性方程组为 $\boldsymbol{AX}=\boldsymbol{0}$, 则正确的是 (　　).

(A) 若 $\boldsymbol{AX}=\boldsymbol{0}$ 只有零解, 则 $\boldsymbol{AX}=\boldsymbol{b}$ 有唯一解

(B) 若 $\boldsymbol{AX}=\boldsymbol{0}$ 有非零解, 则 $\boldsymbol{AX}=\boldsymbol{b}$ 有无穷解

(C) 若 $\boldsymbol{AX}=\boldsymbol{b}$ 有无穷解, 则 $\boldsymbol{AX}=\boldsymbol{0}$ 只有零解

(D) 若 $\boldsymbol{AX}=\boldsymbol{b}$ 有无穷解, 则 $\boldsymbol{AX}=\boldsymbol{0}$ 有非零解

3. 用消元法解下列线性方程组.

(1) $\begin{cases} 5x_1-x_2+2x_3+x_4=7, \\ 2x_1+x_2+4x_3-2x_4=1, \\ x_1-3x_2-6x_3+5x_4=0; \end{cases}$　　(2) $\begin{cases} x_1+2x_2-x_4=-1, \\ -x_1-3x_2+x_3+2x_4=3, \\ x_1-x_2+3x_3+x_4=1, \\ 2x_1-3x_2+7x_3+3x_4=4; \end{cases}$

(3) $\begin{cases} 2x_1-4x_2+5x_3+3x_4=0, \\ 3x_1-6x_2+4x_3+2x_4=0, \\ 4x_1-8x_2+17x_3+11x_4=0; \end{cases}$　　(4) $\begin{cases} x_1+x_2+x_3+x_4+x_5=0, \\ 3x_1+2x_2+x_3+x_4-3x_5=0, \\ x_2+2x_3+2x_4+6x_5=0, \\ 5x_1+4x_2+2x_3+3x_4-x_5=0. \end{cases}$

4. 问 λ 取何值时, 非齐次线性方程组

$$\begin{cases} \lambda x_1+x_2+x_3=1, \\ x_1+\lambda x_2+x_3=\lambda, \\ x_1+x_2+\lambda x_3=\lambda^2 \end{cases}$$

(1) 有唯一解, (2) 无解, (3) 有无穷多个解? 有无穷解时, 求出通解.

5. 问 k 取何值时, 齐次线性方程组

$$\begin{cases} (1-k)x_1-2x_2-x_3=0, \\ 2x_1+(3-k)x_2-2x_3=0, \\ x_1+3x_2+(k-1)x_3=0 \end{cases}$$

有非零解?

6. 已知齐次线性方程组

$$\begin{cases} \lambda x_1+x_2+x_3=0, \\ x_1+\mu x_2+x_3=0, \\ x_1+2\mu x_2+x_3=0 \end{cases}$$

有非零解, 试确定 λ,μ 的取值.

7. 已知向量 $\boldsymbol{\alpha}_1=(1,2,2)^{\mathrm{T}}$, $\boldsymbol{\alpha}_2=(1,0,-3)^{\mathrm{T}}$, 求 (1) $2\boldsymbol{\alpha}_1-\boldsymbol{\alpha}_2$; (2)$\boldsymbol{\alpha}_1$ 对应的单位向量.

8. 已知向量 $\boldsymbol{\alpha}_1=(-1,4)^{\mathrm{T}}$, $\boldsymbol{\alpha}_2=(1,2)^{\mathrm{T}}$, $\boldsymbol{\alpha}_3=(4,11)^{\mathrm{T}}$, 求 a,b, 使 $\boldsymbol{\alpha}_3=a\boldsymbol{\alpha}_1+b\boldsymbol{\alpha}_2$.

9. 判断下列各组中的向量 $\boldsymbol{\beta}$ 是否能由其余向量线性表示, 若可以求出表示式.

(1) $\boldsymbol{\beta}=(4,5,6)^{\mathrm{T}}$, $\boldsymbol{\alpha}_1=(1,2,-1)^{\mathrm{T}}$, $\boldsymbol{\alpha}_2=(-2,1,2)^{\mathrm{T}}$, $\boldsymbol{\alpha}_3=(3,-3,2)^{\mathrm{T}}$;

(2) $\boldsymbol{\beta}=(-1,1,3,1)^{\mathrm{T}}$, $\boldsymbol{\alpha}_1=(1,2,1,1)^{\mathrm{T}}$, $\boldsymbol{\alpha}_2=(1,1,1,2)^{\mathrm{T}}$, $\boldsymbol{\alpha}_3=(-3,-2,1,-3)^{\mathrm{T}}$;

(3) $\boldsymbol{\beta}=\left(1,0,-\dfrac{1}{2}\right)^{\mathrm{T}}$, $\boldsymbol{\alpha}_1=(1,1,1)^{\mathrm{T}}$, $\boldsymbol{\alpha}_2=(1,-1,-2)^{\mathrm{T}}$, $\boldsymbol{\alpha}_3=(-1,1,2)^{\mathrm{T}}$.

10. 设向量组 $\boldsymbol{\alpha}_1=(-1,1,4)^{\mathrm{T}},\boldsymbol{\alpha}_2=(-2,1,5)^{\mathrm{T}},\boldsymbol{\alpha}_3=(a,2,10)^{\mathrm{T}},\boldsymbol{\beta}=(1,b,c)^{\mathrm{T}}$. 试问：$a,b,c$ 满足什么条件时,

(1) $\boldsymbol{\beta}$ 可由 $\boldsymbol{\alpha}_1,\boldsymbol{\alpha}_2,\boldsymbol{\alpha}_3$ 线性表示, 且表示法唯一;

(2) $\boldsymbol{\beta}$ 不能由 $\boldsymbol{\alpha}_1,\boldsymbol{\alpha}_2,\boldsymbol{\alpha}_3$ 线性表示;

(3) $\boldsymbol{\beta}$ 可由 $\boldsymbol{\alpha}_1,\boldsymbol{\alpha}_2,\boldsymbol{\alpha}_3$ 线性表示, 但表示法不唯一.

11. 设向量 $\boldsymbol{\beta}$ 可由向量组 $\boldsymbol{\alpha}_1,\boldsymbol{\alpha}_2,\cdots,\boldsymbol{\alpha}_s$ 线性表示, 但不能由 $\boldsymbol{\alpha}_1,\boldsymbol{\alpha}_2,\cdots,\boldsymbol{\alpha}_{s-1}$ 线性表示, 试证明：向量组 $\boldsymbol{\alpha}_1,\boldsymbol{\alpha}_2,\cdots,\boldsymbol{\alpha}_{s-1},\boldsymbol{\beta}$ 与向量组 $\boldsymbol{\alpha}_1,\boldsymbol{\alpha}_2,\cdots,\boldsymbol{\alpha}_s$ 等价.

12. 向量组 $\boldsymbol{\alpha}_1,\boldsymbol{\alpha}_2,\cdots,\boldsymbol{\alpha}_s(s\geqslant 2)$ 线性相关的充要条件是 (　　).

(A) $\boldsymbol{\alpha}_1,\boldsymbol{\alpha}_2,\cdots,\boldsymbol{\alpha}_s$ 中至少有一个零向量

(B) $\boldsymbol{\alpha}_1,\boldsymbol{\alpha}_2,\cdots,\boldsymbol{\alpha}_s$ 中至少有两个向量成比例

(C) $\boldsymbol{\alpha}_1,\boldsymbol{\alpha}_2,\cdots,\boldsymbol{\alpha}_s$ 中至少有一个向量可由其余向量线性表示

(D) $\boldsymbol{\alpha}_1,\boldsymbol{\alpha}_2,\cdots,\boldsymbol{\alpha}_s$ 中的每一个向量可由其余向量线性表示

13. 向量组 $\boldsymbol{\alpha}_1,\boldsymbol{\alpha}_2,\cdots,\boldsymbol{\alpha}_s(s\geqslant 2)$ 线性无关的充要条件是 (　　).

(A) $\boldsymbol{\alpha}_1,\boldsymbol{\alpha}_2,\cdots,\boldsymbol{\alpha}_s$ 均不是零向量

(B) $\boldsymbol{\alpha}_1,\boldsymbol{\alpha}_2,\cdots,\boldsymbol{\alpha}_s$ 中任意两个向量的分量都不成比例

(C) $\boldsymbol{\alpha}_1,\boldsymbol{\alpha}_2,\cdots,\boldsymbol{\alpha}_s$ 中任意一个向量都不能由其余的 $s-1$ 个向量线性表示

(D) $\boldsymbol{\alpha}_1,\boldsymbol{\alpha}_2,\cdots,\boldsymbol{\alpha}_s$ 中有一个部分组线性无关

14. n 个向量 $\boldsymbol{\alpha}_1,\boldsymbol{\alpha}_2,\cdots,\boldsymbol{\alpha}_n$ 线性无关, 去掉一个向量 $\boldsymbol{\alpha}_n$, 则剩下的 $n-1$ 个向量 (　　).

(A) 线性相关　(B) 线性无关　(C) 和原向量组等价　(D) 无法确定其线性相关性

15. 设 $\boldsymbol{A}$ 为 n 阶方阵, $|\boldsymbol{A}|=0$, 则 (　　).

(A) $\boldsymbol{A}$ 中有两行 (列) 的元素对应成比例

(B) $\boldsymbol{A}$ 中任意一行 (列) 向量是其余各行 (列) 的线性组合

(C) $\boldsymbol{A}$ 中至少有一行元素全为 0

(D) $\boldsymbol{A}$ 中必有一行 (列) 向量是其余各行 (列) 的线性组合

16. 设 n 阶矩阵 $\boldsymbol{A}$ 的秩 $R(\boldsymbol{A})=r<n$, 则 $\boldsymbol{A}$ 的 n 个列向量中 (　　).

(A) 必有 r 个列向量线性无关

(B) 任意 r 个列向量线性无关

(C) 任意 $r-1$ 个列向量线性无关

(D) 任意一个列向量都可由其他 r 个列向量线性表示

17. 判断下列向量组的线性相关性：

(1) $\boldsymbol{\alpha}=(1,2,0)^{\mathrm{T}}$;

(2) $\boldsymbol{\alpha}_1=(1,2,1,2)^{\mathrm{T}},\boldsymbol{\alpha}_2=(0,0,0,0)^{\mathrm{T}},\boldsymbol{\alpha}_3=(1,-1,1,3)^{\mathrm{T}}$;

(3) $\boldsymbol{\alpha}_1=(2,1,3,2)^{\mathrm{T}},\boldsymbol{\alpha}_2=(1,-1,1,3)^{\mathrm{T}}$;

(4) $\boldsymbol{\alpha}_1=(1,1,-1,1)^{\mathrm{T}},\boldsymbol{\alpha}_2=(1,-1,2,-1)^{\mathrm{T}},\boldsymbol{\alpha}_3=(3,1,0,1)^{\mathrm{T}}$;

(5) $\boldsymbol{\alpha}_1=(2,1,3)^{\mathrm{T}},\boldsymbol{\alpha}_2=(-3,1,1)^{\mathrm{T}},\boldsymbol{\alpha}_3=(1,1,-2)^{\mathrm{T}}$.

18. 已知向量组 $\boldsymbol{\alpha}_1=(k,2,1)^{\mathrm{T}},\boldsymbol{\alpha}_2=(2,k,0)^{\mathrm{T}},\boldsymbol{\alpha}_3=(1,-1,1)^{\mathrm{T}}$. 试求 k 为何值时, 向量组 $\boldsymbol{\alpha}_1,\boldsymbol{\alpha}_2,\boldsymbol{\alpha}_3$ 线性相关? 线性无关?

19. 已知向量组 $\boldsymbol{\alpha}_1,\boldsymbol{\alpha}_2,\boldsymbol{\alpha}_3$ 线性无关, $\boldsymbol{\beta}_1=\boldsymbol{\alpha}_2+\boldsymbol{\alpha}_3$, $\boldsymbol{\beta}_2=\boldsymbol{\alpha}_1+\boldsymbol{\alpha}_3$, $\boldsymbol{\beta}_3=\boldsymbol{\alpha}_1+\boldsymbol{\alpha}_2-\boldsymbol{\alpha}_3$, 证明: $\boldsymbol{\beta}_1,\boldsymbol{\beta}_2,\boldsymbol{\beta}_3$ 线性无关.

20. 已知向量组 $\boldsymbol{\alpha}_1,\boldsymbol{\alpha}_2,\boldsymbol{\alpha}_3,\boldsymbol{\alpha}_4$ 线性无关, 若向量组 $\boldsymbol{\alpha}_1+k\boldsymbol{\alpha}_2,\boldsymbol{\alpha}_2+\boldsymbol{\alpha}_3,\boldsymbol{\alpha}_3+\boldsymbol{\alpha}_4,\boldsymbol{\alpha}_4+\boldsymbol{\alpha}_1$ 线性相关, 求 k 值.

21. 如果向量组 $\boldsymbol{\alpha}_1,\boldsymbol{\alpha}_2,\cdots,\boldsymbol{\alpha}_s$ 线性无关, 证明: 向量组 $\boldsymbol{\alpha}_1,\boldsymbol{\alpha}_1+\boldsymbol{\alpha}_2,\boldsymbol{\alpha}_1+\boldsymbol{\alpha}_2+\boldsymbol{\alpha}_3,\cdots,\boldsymbol{\alpha}_1+\boldsymbol{\alpha}_2+\cdots+\boldsymbol{\alpha}_s$ 线性无关.

22. 证明: 如果 n 维单位坐标向量组 $\boldsymbol{\varepsilon}_1,\boldsymbol{\varepsilon}_2,\cdots,\boldsymbol{\varepsilon}_n$ 可由向量组 $\boldsymbol{\alpha}_1,\boldsymbol{\alpha}_2,\cdots,\boldsymbol{\alpha}_n$ 线性表示, 则向量组 $\boldsymbol{\alpha}_1,\boldsymbol{\alpha}_2,\cdots,\boldsymbol{\alpha}_n$ 线性无关.

23. 证明: n 维向量组 $\boldsymbol{\alpha}_1,\boldsymbol{\alpha}_2,\cdots,\boldsymbol{\alpha}_n$ 线性无关的充要条件是任意 n 维向量都可由向量组 $\boldsymbol{\alpha}_1,\boldsymbol{\alpha}_2,\cdots,\boldsymbol{\alpha}_n$ 线性表示.

24. 若向量组 $\boldsymbol{\alpha}_1,\boldsymbol{\alpha}_2,\cdots,\boldsymbol{\alpha}_s$ 的秩为 r, 则 (　　).

(A) 必有 $r<s$

(B) 向量组中任意少于 r 个向量的部分组线性无关

(C) 向量组中任意 r 个向量线性无关

(D) 向量组中任意 $r+1$ 个向量线性相关

25. 若两个 n 维向量组: $\boldsymbol{\alpha}_1,\boldsymbol{\alpha}_2,\cdots,\boldsymbol{\alpha}_s$ 与 $\boldsymbol{\beta}_1,\boldsymbol{\beta}_2,\cdots,\boldsymbol{\beta}_t$ 的秩相同, 都为 r, 则 (　　).

(A) 两个向量组等价

(B) 向量组 $\boldsymbol{\alpha}_1,\boldsymbol{\alpha}_2,\cdots,\boldsymbol{\alpha}_s,\boldsymbol{\beta}_1,\boldsymbol{\beta}_2,\cdots,\boldsymbol{\beta}_t$ 的秩也为 r

(C) 当向量组 $\boldsymbol{\alpha}_1,\boldsymbol{\alpha}_2,\cdots,\boldsymbol{\alpha}_s$ 能由 $\boldsymbol{\beta}_1,\boldsymbol{\beta}_2,\cdots,\boldsymbol{\beta}_t$ 线性表示时, 向量组 $\boldsymbol{\beta}_1,\boldsymbol{\beta}_2,\cdots,\boldsymbol{\beta}_t$ 也能由 $\boldsymbol{\alpha}_1,\boldsymbol{\alpha}_2,\cdots,\boldsymbol{\alpha}_s$ 线性表示

(D) $s=t$ 时两个向量组等价

26. 求下列向量组的秩及其一个最大无关组, 并将不属于最大无关组的向量 (若有) 用极大线性无关组线性表示.

(1) $\boldsymbol{\alpha}_1=(0,-1,3,)^{\mathrm{T}}$, $\boldsymbol{\alpha}_2=(2,4,5)^{\mathrm{T}}$;

(2) $\boldsymbol{\alpha}_1=(3,-1,1,)^{\mathrm{T}}$, $\boldsymbol{\alpha}_2=(3,-4,5)^{\mathrm{T}},\boldsymbol{\alpha}_3=(0,3,6)^{\mathrm{T}}$, $\boldsymbol{\alpha}_4=(-2,0,-2)^{\mathrm{T}}$;

(3) $\boldsymbol{\alpha}_1=(1,-1,2,4)^{\mathrm{T}},\boldsymbol{\alpha}_2=(0,3,1,2)^{\mathrm{T}},\boldsymbol{\alpha}_3=(3,0,7,14)^{\mathrm{T}},\boldsymbol{\alpha}_4=(1,-1,2,0)^{\mathrm{T}}$, $\boldsymbol{\alpha}_5=(2,1,5,6)^{\mathrm{T}}$.

27. 已知向量组 $\boldsymbol{\alpha}_1=(1,1,t,)^{\mathrm{T}}$, $\boldsymbol{\alpha}_2=(1,t,1)^{\mathrm{T}},\boldsymbol{\alpha}_3=(t,1,1)^{\mathrm{T}}$ 的秩是 2, 求 t 的值.

28. 已知两组向量组 $A:\boldsymbol{\alpha}_1=(1,-3,2,)^{\mathrm{T}}$, $\boldsymbol{\alpha}_2=(3,1,0)^{\mathrm{T}},\boldsymbol{\alpha}_3=(9,-7,6)^{\mathrm{T}}$; $B:\boldsymbol{\beta}_1=(0,-1,1,)^{\mathrm{T}}$, $\boldsymbol{\beta}_2=(a,1,2)^{\mathrm{T}},\boldsymbol{\beta}_3=(b,0,1)^{\mathrm{T}}$ 的秩相同, 且 $\boldsymbol{\beta}_3$ 可由向量组 A 线性表示, 求 a,b 的值.

29. 设 $\boldsymbol{A}$ 为 $m\times n$ 矩阵, 齐次线性方程组 $\boldsymbol{AX}=\boldsymbol{0}$ 仅有零解的充分条件是 (　　).

(A) $\boldsymbol{A}$ 的列向量线性无关　　(B) $\boldsymbol{A}$ 的列向量线性相关

(C) $\boldsymbol{A}$ 的行向量线性无关　　(D) $\boldsymbol{A}$ 的行向量线性相关

30. 设 $\boldsymbol{\xi}_1,\boldsymbol{\xi}_2,\boldsymbol{\xi}_3$ 是齐次线性方程组 $\boldsymbol{AX}=\boldsymbol{0}$ 的一个基础解系, 该方程组的基础解系还可以表示为 (　　).

(A) 与 $\boldsymbol{\xi}_1,\boldsymbol{\xi}_2,\boldsymbol{\xi}_3$ 等价的一个向量组　　(B) 与 $\boldsymbol{\xi}_1,\boldsymbol{\xi}_2,\boldsymbol{\xi}_3$ 等秩的一个向量组

(C) $\boldsymbol{\xi}_1,\boldsymbol{\xi}_1+\boldsymbol{\xi}_2,\boldsymbol{\xi}_1+\boldsymbol{\xi}_2+\boldsymbol{\xi}_3$　　(D) $\boldsymbol{\xi}_1-\boldsymbol{\xi}_2,\boldsymbol{\xi}_2-\boldsymbol{\xi}_3,\boldsymbol{\xi}_3-\boldsymbol{\xi}_1$

31. 求下列齐次线性方程组的一个基础解系及通解.

(1) $\begin{cases} x_1-8x_2+10x_3+2x_4=0, \\ 2x_1+4x_2+5x_3-x_4=0, \\ 3x_1+8x_2+6x_3-2x_4=0; \end{cases}$　　(2) $\begin{cases} x_1+x_2+2x_3+3x_4=0, \\ 2x_1+2x_2+5x_3+8x_4=0, \\ x_1+x_2+2x_3+2x_4=0. \end{cases}$

32. 设齐次线性方程组 I 的通解为 $\boldsymbol{X}=k_1(-1,1,0,1)^{\mathrm{T}}+k_2(0,0,1,0)^{\mathrm{T}}$; 齐次线性方程组 II 的通解为 $\boldsymbol{X}=k_1(0,1,1,0)^{\mathrm{T}}+k_2(-1,2,2,1)^{\mathrm{T}}$, 判断线性方程组 I 和 II 是否有公共解? 若有, 求出所有公共解.

33.(1) 设 $\boldsymbol{A}$ 为 n 阶非零方阵, 求证: 存在 n 阶非零方阵 $\boldsymbol{B}$ 使 $\boldsymbol{AB}=\boldsymbol{O}$ 的充要条件是 $|\boldsymbol{A}|=0$.

(2) 设 $\boldsymbol{A}=\begin{pmatrix} 1 & 2 & -1 \\ 2 & -1 & a \\ 3 & 1 & 1 \end{pmatrix}$, $\boldsymbol{B}$ 为 3×4 非零方阵, 且 $\boldsymbol{AB}=\boldsymbol{O}$, 求 a 的值和 $\boldsymbol{B}$ 的秩.

34. 设 n 阶方阵 $\boldsymbol{A}$ 的各行元素之和为零, 且 $R(\boldsymbol{A})=n-1$, 求齐次线性方程组 $\boldsymbol{AX}=\boldsymbol{0}$ 的通解.

35. 求下列非齐次线性方程组的通解, 并用其导出组的基础解系表示:

(1) $\begin{cases} x_1+x_2=5, \\ 2x_1+x_2+x_3+2x_4=1, \\ 5x_1+3x_2+2x_3+2x_4=3; \end{cases}$　　(2) $\begin{cases} x_1+2x_2+3x_3-x_4=1, \\ 2x_1+4x_2+7x_3=3. \end{cases}$

36. 设四元非齐次线性方程组的系数矩阵的秩为 3, $\boldsymbol{\eta}_1,\boldsymbol{\eta}_2,\boldsymbol{\eta}_3$ 是它的三个解向量, 且

$$\boldsymbol{\eta}_1=\begin{pmatrix} 2 \\ 3 \\ 4 \\ 5 \end{pmatrix},\quad \boldsymbol{\eta}_2+\boldsymbol{\eta}_3=\begin{pmatrix} 1 \\ 2 \\ 3 \\ 4 \end{pmatrix}.$$

求该方程组的通解.

37. 矩阵 $\boldsymbol{A}=(\boldsymbol{\alpha}_1,\boldsymbol{\alpha}_2,\boldsymbol{\alpha}_3,\boldsymbol{\alpha}_4)$, 已知 $\boldsymbol{\alpha}_1,\boldsymbol{\alpha}_2,\boldsymbol{\alpha}_3$ 线性无关, $\boldsymbol{\alpha}_4=\boldsymbol{\alpha}_1+\boldsymbol{\alpha}_2-\boldsymbol{\alpha}_3$, $\boldsymbol{\beta}=\boldsymbol{\alpha}_1+2\boldsymbol{\alpha}_2-\boldsymbol{\alpha}_3+\boldsymbol{\alpha}_4$, 求非齐次线性方程组 $\boldsymbol{AX}=\boldsymbol{\beta}$ 的通解.

38. 已知 $\boldsymbol{\xi}_1,\boldsymbol{\xi}_2$ 是齐次线性方程组 $\boldsymbol{AX}=\boldsymbol{0}$ 的两个线性无关的解, $\boldsymbol{\eta}$ 为非齐次线性方程组 $\boldsymbol{AX}=\boldsymbol{b}$ 的解, 求证: $\boldsymbol{\eta},\boldsymbol{\xi}_1+\boldsymbol{\eta},\boldsymbol{\xi}_2+\boldsymbol{\eta}$ 线性无关.

39. 计算如下图所示立体电路各节点的点位, 其中节点 1 连接电源零线, 节点 8 连接电源正极, 电源电压为 5 V, 每段电阻都为 1.

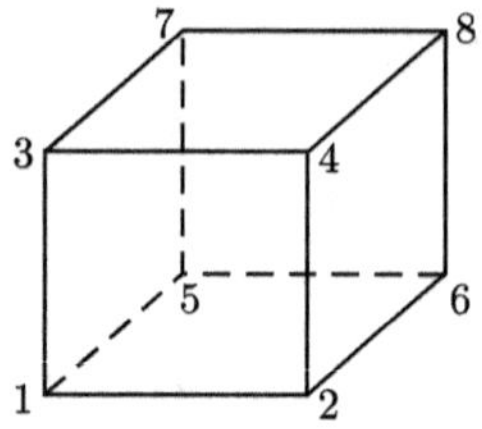

40. 证明: $\boldsymbol{\alpha}_1=(1,1,1)^{\mathrm{T}}, \boldsymbol{\alpha}_2=(0,1,2), \boldsymbol{\alpha}_3=(1,2,1)$ 是 $\mathbf{R}^3$ 的一个基.

41. 由 $\boldsymbol{\alpha}_1=(1,1,0)^{\mathrm{T}}, \boldsymbol{\alpha}_2=(0,1,1)$ 生成的向量空间记为 V_1, 由 $\boldsymbol{\beta}_1=(1,3,2)^{\mathrm{T}}, \boldsymbol{\alpha}_2=(2,3,1)$ 生成的向量空间记为 V_2, 证明: $V_1=V_2$.

第 4 章　特征值和特征向量

本章的主要内容是方阵的特征值和特征向量，以及方阵的相似对角化，它是线性代数的重要组成部分，广泛应用于数量分析理论中.

4.1　向量的内积

4.1.1　向量的内积、长度

n 维实向量是解析几何中向量概念的推广，但推广后的 n 维向量缺少几何中诸如向量的长度、夹角等度量性质，我们首先参考解析几何中向量的数量积，在 n 维实向量组中定义向量内积的概念，并由此合理地定义向量的模和夹角.

定义 4.1.1　设有 n 维列向量

$$\boldsymbol{\alpha}=\begin{pmatrix} x_1 \\ x_2 \\ \vdots \\ x_n \end{pmatrix}, \quad \boldsymbol{\beta}=\begin{pmatrix} y_1 \\ y_2 \\ \vdots \\ y_n \end{pmatrix},$$

令 $[\boldsymbol{\alpha},\boldsymbol{\beta}]=x_1y_1+x_2y_2+\cdots+x_ny_n$，称实数 $[\boldsymbol{\alpha},\boldsymbol{\beta}]$ 为向量 $\boldsymbol{\alpha}$ 与 $\boldsymbol{\beta}$ 的内积，可以表示为 $[\boldsymbol{\alpha},\boldsymbol{\beta}]=\boldsymbol{\alpha}^{\mathrm{T}}\boldsymbol{\beta}$.

内积具有以下性质 (其中 $\boldsymbol{\alpha}$, $\boldsymbol{\beta}$, $\boldsymbol{\gamma}$ 为 n 维列向量，λ 为实数)：

(1) $[\boldsymbol{\alpha},\ \boldsymbol{\beta}]=[\boldsymbol{\beta},\ \boldsymbol{\alpha}]$；

(2) $[\lambda\boldsymbol{\alpha},\ \boldsymbol{\beta}]=[\boldsymbol{\alpha},\ \lambda\boldsymbol{\beta}]=\lambda[\boldsymbol{\alpha},\ \boldsymbol{\beta}]$；

(3) $[\boldsymbol{\alpha}+\boldsymbol{\beta},\boldsymbol{\gamma}]=[\boldsymbol{\alpha},\boldsymbol{\gamma}]+[\boldsymbol{\beta},\boldsymbol{\gamma}]$；

(4) 当 $\boldsymbol{\alpha}=\mathbf{0}$ 时，$[\boldsymbol{\alpha},\boldsymbol{\alpha}]=0$；当 $\boldsymbol{\alpha}\neq 0$ 时，$[\boldsymbol{\alpha},\boldsymbol{\alpha}]>0$；

(5) 施瓦茨 (Schwarz) 不等式：$[\boldsymbol{\alpha},\ \boldsymbol{\beta}]^2\leqslant[\boldsymbol{\alpha},\boldsymbol{\alpha}][\boldsymbol{\beta},\boldsymbol{\beta}]$.

利用向量的内积可以定义向量 $\boldsymbol{\alpha}$ 的模 (或称范数)$\|\boldsymbol{\alpha}\|$ 为

$$\|\boldsymbol{\alpha}\|=\sqrt{[\boldsymbol{\alpha},\boldsymbol{\alpha}]}=\sqrt{x_1^2+x_2^2+\cdots+x_n^2}=\sqrt{\boldsymbol{\alpha}^{\mathrm{T}}\boldsymbol{\alpha}}.$$

对于二、三维向量，模也就是长度.

对于任意向量 $\boldsymbol{\alpha}$, $\boldsymbol{\beta}$ 及实数 λ，向量的模具有以下性质：

(1) 非负性：当 $\boldsymbol{\alpha}\neq 0$ 时，$\|\boldsymbol{\alpha}\|>0$；当 $\boldsymbol{\alpha}=\mathbf{0}$ 时 $\|\boldsymbol{\alpha}\|=0$；

(2) 齐次性: $\|\lambda\boldsymbol{\alpha}\| = |\lambda|\,\|\boldsymbol{\alpha}\|$;

(3) 三角不等式: $\|\boldsymbol{\alpha}+\boldsymbol{\beta}\| \leqslant \|\boldsymbol{\alpha}\| + \|\boldsymbol{\beta}\|$.

证明　(1) 和 (2) 由定义直接可得, 对于 (3), 由

$$\|\boldsymbol{\alpha}+\boldsymbol{\beta}\|^2 = [\boldsymbol{\alpha}+\boldsymbol{\beta}, \boldsymbol{\alpha}+\boldsymbol{\beta}] = [\boldsymbol{\alpha},\boldsymbol{\alpha}] + 2\,[\boldsymbol{\alpha},\boldsymbol{\beta}] + [\boldsymbol{\beta},\boldsymbol{\beta}].$$

根据施瓦茨不等式 $[\boldsymbol{\alpha},\ \boldsymbol{\beta}]^2 \leqslant [\boldsymbol{\alpha},\boldsymbol{\alpha}]\,[\boldsymbol{\beta},\boldsymbol{\beta}]$, 有

$$\begin{aligned}\|\boldsymbol{\alpha}+\boldsymbol{\beta}\|^2 &\leqslant [\boldsymbol{\alpha},\boldsymbol{\alpha}] + 2\sqrt{[\boldsymbol{\alpha},\boldsymbol{\alpha}]\,[\boldsymbol{\beta},\boldsymbol{\beta}]} + [\boldsymbol{\beta},\boldsymbol{\beta}] \\ &= \|\boldsymbol{\alpha}\|^2 + 2\,\|\boldsymbol{\alpha}\|\,\|\boldsymbol{\beta}\| + \|\boldsymbol{\beta}\|^2 = (\|\boldsymbol{\alpha}\| + \|\boldsymbol{\beta}\|)^2,\end{aligned}$$

即 $\|\boldsymbol{\alpha}+\boldsymbol{\beta}\| \leqslant \|\boldsymbol{\alpha}\| + \|\boldsymbol{\beta}\|$.

相应地, 可以有以下定义.

(1) n 维向量 $\boldsymbol{\alpha}$ 与 $\boldsymbol{\beta}$ 的距离:

$$d = \|\boldsymbol{\alpha}-\boldsymbol{\beta}\| = \sqrt{(x_1-y_1)^2+(x_2-y_2)^2+\cdots+(x_n-y_n)^2};$$

(2) n 维非零向量 $\boldsymbol{\alpha}$ 与 $\boldsymbol{\beta}$ 的夹角: $\theta = \arccos\dfrac{[\boldsymbol{\alpha},\boldsymbol{\beta}]}{\|\boldsymbol{\alpha}\|\,\|\boldsymbol{\beta}\|}$;

(3) 对于向量 $\boldsymbol{\alpha}$, 若 $\|\boldsymbol{\alpha}\| = 1$, 则称向量 $\boldsymbol{\alpha}$ 为单位向量, 那么对于任意的非零向量 $\boldsymbol{\alpha}$, $\boldsymbol{\alpha}_0 = \dfrac{\boldsymbol{\alpha}}{\|\boldsymbol{\alpha}\|}$ 称为向量 $\boldsymbol{\alpha}$ 对应的单位向量.

4.1.2　正交向量组、正交矩阵

定义 4.1.2　设 n 维向量 $\boldsymbol{\alpha}$ 与 $\boldsymbol{\beta}$, 满足 $[\boldsymbol{\alpha},\boldsymbol{\beta}] = 0$, 则称向量 $\boldsymbol{\alpha}$ 与 $\boldsymbol{\beta}$ 正交, 记为 $\boldsymbol{\alpha}\perp\boldsymbol{\beta}$.

显然, 零向量与任何向量都正交.

在由非零向量组成的向量组中, 如果其中的向量两两正交, 则称该向量组为**正交向量组**. 仅由一个非零向量组成的向量组也是正交向量组. 若正交向量组中的每个向量均为单位向量, 则称该向量组为**单位正交向量组**, 如

$$\boldsymbol{p}_1 = \begin{pmatrix} \dfrac{1}{\sqrt{2}} \\ \dfrac{1}{\sqrt{2}} \\ 0 \\ 0 \end{pmatrix},\quad \boldsymbol{p}_2 = \begin{pmatrix} \dfrac{1}{\sqrt{2}} \\ -\dfrac{1}{\sqrt{2}} \\ 0 \\ 0 \end{pmatrix},\quad \boldsymbol{p}_3 = \begin{pmatrix} 0 \\ 0 \\ \dfrac{1}{\sqrt{2}} \\ \dfrac{1}{\sqrt{2}} \end{pmatrix},\quad \boldsymbol{p}_4 = \begin{pmatrix} 0 \\ 0 \\ \dfrac{1}{\sqrt{2}} \\ -\dfrac{1}{\sqrt{2}} \end{pmatrix}$$

是一个单位正交向量组.

定理 4.1.1　正交向量组一定是线性无关的.

证明 设 $\boldsymbol{\alpha}_1, \boldsymbol{\alpha}_2, \cdots, \boldsymbol{\alpha}_r$ 是正交向量组, 若存在 $l_1, l_2, \cdots, l_r$, 使

$$l_1\boldsymbol{\alpha}_1 + l_2\boldsymbol{\alpha}_2 + \cdots + l_r\boldsymbol{\alpha}_r = \mathbf{0},$$

以 $\boldsymbol{\alpha}_i{}^{\mathrm{T}}(1 \leqslant i \leqslant r)$ 左乘上式两端, 由 $[\boldsymbol{\alpha}_i, \boldsymbol{\alpha}_j] = 0\ (i \neq j)$, 得 $l_i\boldsymbol{\alpha}_i{}^{\mathrm{T}}\boldsymbol{\alpha}_i = 0$, 因 $\boldsymbol{\alpha}_i \neq \mathbf{0}$, 故 $\boldsymbol{\alpha}_i{}^{\mathrm{T}}\boldsymbol{\alpha}_i = \|\boldsymbol{\alpha}_i\|^2 \neq 0$, 从而必有 $l_i = 0$, 其中 $i = 1, 2, \cdots, r$. 于是向量组 $\boldsymbol{\alpha}_1, \boldsymbol{\alpha}_2, \cdots, \boldsymbol{\alpha}_r$ 线性无关.

例 4.1.1 已知两正交向量 $\boldsymbol{\alpha}_1 = \begin{pmatrix} 1 \\ 1 \\ 1 \end{pmatrix}, \boldsymbol{\alpha}_2 = \begin{pmatrix} 1 \\ -2 \\ 1 \end{pmatrix}$, 试求一个非零向量 $\boldsymbol{\alpha}_3$, 使 $\boldsymbol{\alpha}_1, \boldsymbol{\alpha}_2, \boldsymbol{\alpha}_3$ 两两正交.

解 设 $\boldsymbol{\alpha}_3 = \begin{pmatrix} x_1 \\ x_2 \\ x_3 \end{pmatrix}$, 因为 $\boldsymbol{\alpha}_1$ 与 $\boldsymbol{\alpha}_3$ 正交, 即有 $x_1 + x_2 + x_3 = 0$, 又因为 $\boldsymbol{\alpha}_2$ 与 $\boldsymbol{\alpha}_3$ 正交, 即有 $x_1 - 2x_2 + x_3 = 0$, 得齐次线性方程组 $\boldsymbol{A}\boldsymbol{x} = \mathbf{0}$, 即 $\begin{pmatrix} 1 & 1 & 1 \\ 1 & -2 & 1 \end{pmatrix}\begin{pmatrix} x_1 \\ x_2 \\ x_3 \end{pmatrix} = \begin{pmatrix} 0 \\ 0 \end{pmatrix}$, 其中 $\boldsymbol{A} = \begin{pmatrix} 1 & 1 & 1 \\ 1 & -2 & 1 \end{pmatrix}$. 由 $\boldsymbol{A} \overset{r}{\sim} \begin{pmatrix} 1 & 1 & 1 \\ 0 & -3 & 0 \end{pmatrix} \overset{r}{\sim} \begin{pmatrix} 1 & 0 & 1 \\ 0 & 1 & 0 \end{pmatrix}$, 得 $\begin{cases} x_1 = -x_3, \\ x_2 = 0, \end{cases}$ 得基础解系 $\begin{pmatrix} -1 \\ 0 \\ 1 \end{pmatrix}$, 取 $\boldsymbol{\alpha}_3 = \begin{pmatrix} -1 \\ 0 \\ 1 \end{pmatrix}$ 即为所求.

对于本例中的三维向量, 应用高等数学的向量积 (叉乘) 的方法也可求出 $\boldsymbol{\alpha}_3$:

$$\boldsymbol{\alpha}_3 = \boldsymbol{\alpha}_1 \times \boldsymbol{\alpha}_2 = \begin{vmatrix} \boldsymbol{i} & \boldsymbol{j} & \boldsymbol{k} \\ 1 & 1 & 1 \\ 1 & -2 & 1 \end{vmatrix} = (3,\ 0,\ -3)^{\mathrm{T}}.$$

对于一个线性无关的向量组可以通过以下方法构造出一个与之等价的正交向量组.

定理 4.1.2 设 $\boldsymbol{\alpha}_1, \boldsymbol{\alpha}_2, \cdots, \boldsymbol{\alpha}_r$ 是一组线性无关的 n 维向量, 令

$$\begin{aligned} &\boldsymbol{\eta}_1 = \boldsymbol{\alpha}_1, \\ &\boldsymbol{\eta}_2 = \boldsymbol{\alpha}_2 - \frac{[\boldsymbol{\eta}_1, \boldsymbol{\alpha}_2]}{[\boldsymbol{\eta}_1, \boldsymbol{\eta}_1]}\boldsymbol{\eta}_1, \\ &\cdots\cdots \\ &\boldsymbol{\eta}_r = \boldsymbol{\alpha}_r - \frac{[\boldsymbol{\eta}_1, \boldsymbol{\alpha}_r]}{[\boldsymbol{\eta}_1, \boldsymbol{\eta}_1]}\boldsymbol{\eta}_1 - \frac{[\boldsymbol{\eta}_2, \boldsymbol{\alpha}_r]}{[\boldsymbol{\eta}_2, \boldsymbol{\eta}_2]}\boldsymbol{\eta}_2 - \cdots - \frac{[\boldsymbol{\eta}_{r-1}, \boldsymbol{\alpha}_r]}{[\boldsymbol{\eta}_{r-1}, \boldsymbol{\eta}_{r-1}]}\boldsymbol{\eta}_{r-1}, \end{aligned}$$

则 $\boldsymbol{\eta}_1,\boldsymbol{\eta}_2,\cdots,\boldsymbol{\eta}_r$ 是一个正交向量组, 且 $\boldsymbol{\eta}_1,\boldsymbol{\eta}_2,\cdots,\boldsymbol{\eta}_r$ 与 $\boldsymbol{\alpha}_1,\boldsymbol{\alpha}_2,\cdots,\boldsymbol{\alpha}_r$ 等价.

证明 (读者可通过待定系数法自行证明).

定理 4.1.2 给出了由一个线性无关的向量组 $\boldsymbol{\alpha}_1,\boldsymbol{\alpha}_2,\cdots,\boldsymbol{\alpha}_r$, 构造出一个与 $\boldsymbol{\alpha}_1,\boldsymbol{\alpha}_2,\cdots,\boldsymbol{\alpha}_r$ 等价的正交向量组 $\boldsymbol{\eta}_1,\boldsymbol{\eta}_2,\cdots,\boldsymbol{\eta}_r$ 的方法, 这种方法称为**施密特**(Schmidt) **正交化方法**. 如果再将 $\boldsymbol{\eta}_1,\boldsymbol{\eta}_2,\cdots,\boldsymbol{\eta}_r$ 中的每一个向量单位化: $\boldsymbol{p}_i=\dfrac{1}{\|\boldsymbol{\eta}_i\|}\boldsymbol{\eta}_i,\quad i=1,2,\cdots,r$, 便可得到一个与 $\boldsymbol{\alpha}_1,\boldsymbol{\alpha}_2,\cdots,\boldsymbol{\alpha}_r$ 等价的单位正交向量组 $\boldsymbol{p}_1,\boldsymbol{p}_2,\cdots,\boldsymbol{p}_r$.

以上单位正交化过程包含了正交化、单位化两个步骤.

例 4.1.2　将向量组 $\boldsymbol{\alpha}_1=\begin{pmatrix}1\\2\\-1\end{pmatrix},\boldsymbol{\alpha}_2=\begin{pmatrix}-1\\3\\1\end{pmatrix},\boldsymbol{\alpha}_3=\begin{pmatrix}4\\-1\\0\end{pmatrix}$ 化为单位正交向量组.

解　取

$$\begin{aligned}
\boldsymbol{\eta}_1&=\boldsymbol{\alpha}_1,\\
\boldsymbol{\eta}_2&=\boldsymbol{\alpha}_2-\frac{[\boldsymbol{\alpha}_2,\boldsymbol{\eta}_1]}{\|\boldsymbol{\eta}_1\|^2}\boldsymbol{\eta}_1=\begin{pmatrix}-1\\3\\1\end{pmatrix}-\frac{4}{6}\begin{pmatrix}1\\2\\-1\end{pmatrix}=\frac{5}{3}\begin{pmatrix}-1\\1\\1\end{pmatrix},\\
\boldsymbol{\eta}_3&=\boldsymbol{\alpha}_3-\frac{[\boldsymbol{\alpha}_3,\boldsymbol{\eta}_1]}{\|\boldsymbol{\eta}_1\|^2}\boldsymbol{\eta}_1-\frac{[\boldsymbol{\alpha}_3,\boldsymbol{\eta}_2]}{\|\boldsymbol{\eta}_2\|^2}\boldsymbol{\eta}_2\\
&=\begin{pmatrix}4\\-1\\0\end{pmatrix}-\frac{1}{3}\begin{pmatrix}1\\2\\-1\end{pmatrix}+\frac{5}{3}\begin{pmatrix}-1\\1\\1\end{pmatrix}=2\begin{pmatrix}1\\0\\1\end{pmatrix}.
\end{aligned}$$

将所得正交向量组 $\boldsymbol{\eta}_1,\boldsymbol{\eta}_2,\boldsymbol{\eta}_3$ 单位化, 得

$$\boldsymbol{p}_1=\frac{\boldsymbol{\eta}_1}{\|\boldsymbol{\eta}_1\|}=\frac{1}{\sqrt{6}}\begin{pmatrix}1\\2\\-1\end{pmatrix},$$

$$\boldsymbol{p}_2=\frac{\boldsymbol{\eta}_2}{\|\boldsymbol{\eta}_2\|}=\frac{1}{\sqrt{3}}\begin{pmatrix}-1\\1\\1\end{pmatrix},$$

$$\boldsymbol{p}_3=\frac{\boldsymbol{\eta}_3}{\|\boldsymbol{\eta}_3\|}=\frac{1}{\sqrt{2}}\begin{pmatrix}1\\0\\1\end{pmatrix},$$

则 $\boldsymbol{p}_1,\boldsymbol{p}_2,\boldsymbol{p}_3$ 即为所求.

由于施密特正交化公式的证明是用待定系数法递推的, 所以在具体题目中可直接用待定系数法计算, 如此例: 取 $\boldsymbol{\eta}_1 = \boldsymbol{\alpha}_1$; 令 $\boldsymbol{\eta}_2 = \boldsymbol{\alpha}_2 + k\boldsymbol{\alpha}_1 = \begin{pmatrix} -1+k \\ 3+2k \\ 1-k \end{pmatrix}$, 它与 $\boldsymbol{\eta}_1$ 正交, 得 $k = -\dfrac{2}{3}$, 有 $\boldsymbol{\eta}_2 = \dfrac{5}{3}\begin{pmatrix} -1 \\ 1 \\ 1 \end{pmatrix}$.

本例中的 $\boldsymbol{\eta}_3$ 也可用向量积求出.

定义 4.1.3 若实方阵 $\boldsymbol{A}$, 满足 $\boldsymbol{A}^{\mathrm{T}}\boldsymbol{A} = \boldsymbol{E}$(即 $\boldsymbol{A}^{-1} = \boldsymbol{A}^{\mathrm{T}}$), 那么称 $\boldsymbol{A}$ 为正交矩阵, 简称正交阵.

设 n 阶方阵 $\boldsymbol{A}=(\boldsymbol{\alpha}_1, \boldsymbol{\alpha}_2, \cdots, \boldsymbol{\alpha}_n)$, 由 $\boldsymbol{A}^{\mathrm{T}}\boldsymbol{A}=\boldsymbol{E}$, 即 $\begin{pmatrix} {\boldsymbol{\alpha}_1}^{\mathrm{T}} \\ {\boldsymbol{\alpha}_2}^{\mathrm{T}} \\ \vdots \\ {\boldsymbol{\alpha}_n}^{\mathrm{T}} \end{pmatrix}(\boldsymbol{\alpha}_1, \boldsymbol{\alpha}_2, \cdots, \boldsymbol{\alpha}_n)=\boldsymbol{E}$, 也即 ${\boldsymbol{\alpha}_i}^{\mathrm{T}}\boldsymbol{\alpha}_j = \delta_{ij}$, $\delta_{ij} = \begin{cases} 1, & i = j, \\ 0, & i \neq j, \end{cases}$ $i, j = 1, 2, \cdots, n$.

从而又有以下结论.

(1) 方阵 $\boldsymbol{A}$ 为正交矩阵的充分必要条件是 $\boldsymbol{A}$ 的列向量组是单位正交向量组, 类似可得, 方阵 $\boldsymbol{A}$ 为正交矩阵的充分必要条件是 $\boldsymbol{A}$ 的行向量组是单位正交向量组.

(2) 实方阵 $\boldsymbol{A}$ 为正交矩阵 $\Leftrightarrow \boldsymbol{A}^{\mathrm{T}}\boldsymbol{A} = \boldsymbol{E} \Leftrightarrow \boldsymbol{A}$ 可逆, 且 $\boldsymbol{A}^{-1} = \boldsymbol{A}^{\mathrm{T}}$.

例 4.1.3 判断方阵 $\boldsymbol{A} = \begin{pmatrix} 0 & 1 \\ -1 & 0 \end{pmatrix}$ 是否为正交矩阵.

解 由 $\boldsymbol{A}\boldsymbol{A}^{\mathrm{T}} = \begin{pmatrix} 0 & 1 \\ -1 & 0 \end{pmatrix}\begin{pmatrix} 0 & -1 \\ 1 & 0 \end{pmatrix} = \begin{pmatrix} 1 & 0 \\ 0 & 1 \end{pmatrix}$, 得方阵 $\boldsymbol{A}$ 为正交矩阵.

由正交矩阵的定义直接可得正交矩阵的性质.

(1) 若 $\boldsymbol{A}$ 为正交矩阵, 则 $|\boldsymbol{A}| = 1$或(-1);

(2) 若 $\boldsymbol{A}$ 和 $\boldsymbol{B}$ 都是正交矩阵, 则 $\boldsymbol{AB}$ 也是正交矩阵;

(3) 若 $\boldsymbol{A}$ 为正交矩阵, 则 $\boldsymbol{A}^{-1} = \boldsymbol{A}^{\mathrm{T}}$ 也是正交矩阵.

例 4.1.4 设 $\boldsymbol{P}$ 为正交矩阵, 且 $|\boldsymbol{P}| < 0$, 计算 $|\boldsymbol{P} + \boldsymbol{E}|$.

解 由 $|\boldsymbol{P} + \boldsymbol{E}| = |\boldsymbol{P} + \boldsymbol{P}^{\mathrm{T}}\boldsymbol{P}| = |(\boldsymbol{E} + \boldsymbol{P})^{\mathrm{T}}\boldsymbol{P}| = |(\boldsymbol{E} + \boldsymbol{P})^{\mathrm{T}}|\,|\boldsymbol{P}| = |\boldsymbol{P} + \boldsymbol{E}|\,|\boldsymbol{P}|$, 又 $|\boldsymbol{P}| < 0$, 故取 $|\boldsymbol{P}| = -1$, 于是, 有 $|\boldsymbol{P} + \boldsymbol{E}| = -|\boldsymbol{P} + \boldsymbol{E}|$, 所以 $|\boldsymbol{P} + \boldsymbol{E}| = 0$.

4.1.3 正交变换

定义 4.1.4 若 $\boldsymbol{P}$ 为正交矩阵, 则称线性变换 $\boldsymbol{y}=\boldsymbol{P}\boldsymbol{x}$ 为正交变换.

正交变换有下列性质 (其中 $\boldsymbol{A}$ 为正交矩阵).

(1) 保模性: 若 $\boldsymbol{y}=\boldsymbol{A}\boldsymbol{x}$, 则 $\|\boldsymbol{y}\|=\|\boldsymbol{x}\|$.

(2) 保角性: 若 $\boldsymbol{y}_1=\boldsymbol{A}\boldsymbol{x}_1$, $\boldsymbol{y}_2=\boldsymbol{A}\boldsymbol{x}_2$, 则向量 $\boldsymbol{x}_1,\boldsymbol{x}_2$ 之间的夹角与 $\boldsymbol{y}_1,\boldsymbol{y}_2$ 之间的夹角相等.

证明 (1) 由 $\|\boldsymbol{y}\|=\sqrt{[\boldsymbol{y},\boldsymbol{y}]}=\sqrt{\boldsymbol{x}^{\mathrm{T}}\boldsymbol{A}^{\mathrm{T}}\boldsymbol{A}\boldsymbol{x}}=\sqrt{\boldsymbol{x}^{\mathrm{T}}\boldsymbol{x}}=\|\boldsymbol{x}\|$ 可得.

(2) 因为 $[\boldsymbol{y}_1,\boldsymbol{y}_2]={\boldsymbol{y}_1}^{\mathrm{T}}\boldsymbol{y}_2={\boldsymbol{x}_1}^{\mathrm{T}}\boldsymbol{A}^{\mathrm{T}}\boldsymbol{A}\boldsymbol{x}_2={\boldsymbol{x}_1}^{\mathrm{T}}\boldsymbol{x}_2=[\boldsymbol{x}_1,\boldsymbol{x}_2]$, 即正交变换是保内积的, 而向量 $\boldsymbol{\alpha}$ 与 $\boldsymbol{\beta}$ 的夹角 θ 的计算公式是 $\theta=\arccos\dfrac{[\boldsymbol{\alpha},\boldsymbol{\beta}]}{\|\boldsymbol{\alpha}\|\,\|\boldsymbol{\beta}\|}$, 所以正交变换具有保角性.

从以上两条性质还可以得到, 正交变换可使向量的长度及向量间的夹角保持不变, 这些都是正交变换的重要特性, 如在解析几何中, 正交变换即为向量的旋转变换或平面反射.

4.2 特征值和特征向量

方阵的特征值与特征向量在许多领域有着广泛的应用, 深刻理解特征值与特征向量的概念并熟练掌握它们的计算, 是建立特征值和特征向量的一般理论并应用其解决有关问题的基础.

4.2.1 特征值与特征向量的概念

定义 4.2.1 设 $\boldsymbol{A}$ 是 n 阶方阵, 若存在数 λ 及 n 维非零列向量 $\boldsymbol{\alpha}$, 使得

$$\boldsymbol{A}\boldsymbol{\alpha}=\lambda\boldsymbol{\alpha}$$

成立, 则称数 λ 为方阵 $\boldsymbol{A}$ 的特征值, 非零列向量 $\boldsymbol{\alpha}$ 称为 $\boldsymbol{A}$ 的属于 (或对应于) 特征值 λ 的一个特征向量.

显然, 如果 $\boldsymbol{\alpha}$ 是 $\boldsymbol{A}$ 的属于特征值 λ 的一个特征向量, 则对于任意的数 k $(k\neq 0)$, 由

$$\boldsymbol{A}(k\boldsymbol{\alpha})=k(\boldsymbol{A}\boldsymbol{\alpha})=k(\lambda\boldsymbol{\alpha})=\lambda(k\boldsymbol{\alpha})$$

得 $k\boldsymbol{\alpha}$ 也是 $\boldsymbol{A}$ 的属于特征值 λ 的特征向量.

如果 $\boldsymbol{\alpha}_1,\boldsymbol{\alpha}_2$ 均为 $\boldsymbol{A}$ 的属于特征值 λ 的特征向量, 则由

$$\boldsymbol{A}(\boldsymbol{\alpha}_1+\boldsymbol{\alpha}_2)=\boldsymbol{A}\boldsymbol{\alpha}_1+\boldsymbol{A}\boldsymbol{\alpha}_2=\lambda\boldsymbol{\alpha}_1+\lambda\boldsymbol{\alpha}_2=\lambda(\boldsymbol{\alpha}_1+\boldsymbol{\alpha}_2)$$

得 $\boldsymbol{\alpha}_1+\boldsymbol{\alpha}_2$ 也是 $\boldsymbol{A}$ 的属于特征值 λ 的特征向量, 故属于特征值 λ 的特征向量 $\boldsymbol{\alpha}_1,\boldsymbol{\alpha}_2,\cdots,\boldsymbol{\alpha}_r$ 的线性组合 $k_1\boldsymbol{\alpha}_1+k_2\boldsymbol{\alpha}_2+\cdots+k_r\boldsymbol{\alpha}_r$ 仍为属于特征值 λ 的特征向量.

例 4.2.1 已知向量 $\boldsymbol{\alpha}=(1,k,1)^{\mathrm{T}}$ 是矩阵 $\boldsymbol{A}=\begin{pmatrix}2&1&1\\1&2&1\\1&1&2\end{pmatrix}$ 的特征向量. 求 $\boldsymbol{\alpha}$ 对应的特征值及常数 k 的值.

解 因设 $\boldsymbol{\alpha}$ 是 $\boldsymbol{A}$ 的属于特征值 λ 的一个特征向量, 则 $\boldsymbol{A\alpha}=\lambda\boldsymbol{\alpha}$, 即

$$\begin{pmatrix}2&1&1\\1&2&1\\1&1&2\end{pmatrix}\begin{pmatrix}1\\k\\1\end{pmatrix}=\begin{pmatrix}3+k\\2+2k\\3+k\end{pmatrix}=\lambda\begin{pmatrix}1\\k\\1\end{pmatrix},$$

可得 $\begin{cases}3+k=\lambda,\\2+2k=k\lambda,\end{cases}$ 解方程组可得

$$\begin{cases}k=1,\\\lambda=4,\end{cases}\text{或}\begin{cases}k=-2,\\\lambda=1,\end{cases}$$

即 $k=1$ 时, $\boldsymbol{\alpha}$ 是 $\boldsymbol{A}$ 的属于特征值 $\lambda=4$ 的特征向量, 当 $k=-2$ 时, $\boldsymbol{\alpha}$ 是 A 的属于特征值 $\lambda=1$ 的特征向量.

4.2.2 特征值和特征向量的计算

一般地, 为了求得 $\boldsymbol{A}$ 的特征值和特征向量, 由定义 4.2.1, λ 为 n 阶方阵 $\boldsymbol{A}$ 的特征值, 非零列向量 $\boldsymbol{\alpha}$ 为 $\boldsymbol{A}$ 的属于特征值 λ 的一个特征向量, 即 $\boldsymbol{A\alpha}=\lambda\boldsymbol{\alpha}$, $\boldsymbol{\alpha}\neq 0\Leftrightarrow(\boldsymbol{A}-\lambda\boldsymbol{E})\boldsymbol{\alpha}=\boldsymbol{0}\Leftrightarrow\boldsymbol{\alpha}$ 是 n 元齐次线性方程组 $(\boldsymbol{A}-\lambda\boldsymbol{E})x=\boldsymbol{0}$ 的非零解 $\Leftrightarrow|\boldsymbol{A}-\lambda\boldsymbol{E}|=0$.

$|\boldsymbol{A}-\lambda\boldsymbol{E}|$ 是关于特征值 λ 的一个 n 次多项式, 称为 $\boldsymbol{A}$ 的**特征多项式**, $|\boldsymbol{A}-\lambda\boldsymbol{E}|=0$ 是关于特征值 λ 的一元 n 次方程, 称为 $\boldsymbol{A}$ 的**特征方程**, 解之可得在复数范围内的 n 个根, 即为 $\boldsymbol{A}$ 的 n 个特征值 $\lambda_1,\lambda_2,\cdots,\lambda_n$.

对于每个特征值 $\lambda_i\ (i=1,2,\cdots,n)$, 由于 $(\boldsymbol{A}-\lambda_i\boldsymbol{E})\boldsymbol{x}=\boldsymbol{0}$ 必有非零解, 为 $\boldsymbol{A}$ 的属于特征值 λ_i 的特征向量, 那么, 如果 $\boldsymbol{\alpha}_1,\boldsymbol{\alpha}_2,\cdots,\boldsymbol{\alpha}_r$ 为 $(\boldsymbol{A}-\lambda_i\boldsymbol{E})\boldsymbol{x}=\boldsymbol{0}$ 的一个基础解系, 则 $\boldsymbol{A}$ 的属于特征值 λ_i 的任一特征向量可表示为 $k_1\boldsymbol{\alpha}_1+k_2\boldsymbol{\alpha}_2+\cdots+k_r\boldsymbol{\alpha}_r$(其中 k_i 不全为零, $i=1,2,\cdots,r$).

例 4.2.2 求矩阵 $\boldsymbol{A}=\begin{pmatrix}-1&1&0\\-4&3&0\\1&0&2\end{pmatrix}$ 的特征值和特征向量.

解　由 $\boldsymbol{A}$ 的特征方程

$$|\boldsymbol{A}-\lambda\boldsymbol{E}|=\begin{vmatrix}-1-\lambda & 1 & 0\\ -4 & 3-\lambda & 0\\ 1 & 0 & 2-\lambda\end{vmatrix}=(2-\lambda)(1-\lambda)^2=0$$

得 $\boldsymbol{A}$ 的特征值为 $\lambda_1=2,\ \lambda_2=\lambda_3=1$.

当 $\lambda_1=2$ 时, 解方程 $(\boldsymbol{A}-2\boldsymbol{E})\boldsymbol{x}=\mathbf{0}$. 由

$$\boldsymbol{A}-2\boldsymbol{E}=\begin{pmatrix}-3 & 1 & 0\\ -4 & 1 & 0\\ 1 & 0 & 0\end{pmatrix}\overset{r}{\sim}\begin{pmatrix}1 & 0 & 0\\ 0 & 1 & 0\\ 0 & 0 & 0\end{pmatrix}$$

得基础解系

$$\boldsymbol{\alpha}_1=\begin{pmatrix}0\\ 0\\ 1\end{pmatrix},$$

所以 $k\boldsymbol{\alpha}_1\,(k\neq 0)$ 是对应于 $\lambda_1=2$ 的全部特征向量.

当 $\lambda_2=\lambda_3=1$ 时, 解方程 $(\boldsymbol{A}-\boldsymbol{E})\boldsymbol{x}=0$. 由

$$\boldsymbol{A}-\boldsymbol{E}=\begin{pmatrix}-2 & 1 & 0\\ -4 & 2 & 0\\ 1 & 0 & 1\end{pmatrix}\overset{r}{\sim}\begin{pmatrix}1 & 0 & 1\\ 0 & 1 & 2\\ 0 & 0 & 0\end{pmatrix}$$

得基础解系

$$\boldsymbol{\alpha}_2=\begin{pmatrix}-1\\ -2\\ 1\end{pmatrix},$$

所以 $k\boldsymbol{\alpha}_2\,(k\neq 0)$ 是对应于 $\lambda_2=\lambda_3=1$ 的全部特征向量.

例 4.2.3　求矩阵 $\boldsymbol{A}=\begin{pmatrix}-2 & 1 & 1\\ 0 & 2 & 0\\ -4 & 1 & 3\end{pmatrix}$ 的特征值和特征向量.

解　由 $\boldsymbol{A}$ 的特征方程

$$|\boldsymbol{A}-\lambda\boldsymbol{E}|=\begin{vmatrix}-2-\lambda & 1 & 1\\ 0 & 2-\lambda & 0\\ -4 & 1 & 3\end{vmatrix}=(2-\lambda)\begin{vmatrix}-2-\lambda & 1\\ -4 & 3-\lambda\end{vmatrix}$$

$$=(2-\lambda)\left(\lambda^2-\lambda-2\right)=-(\lambda+1)(\lambda-2)^2=0$$

得 $\boldsymbol{A}$ 的特征值为 $\lambda_1=-1,\lambda_2=\lambda_3=2$.

当 $\lambda_1=-1$ 时, 解方程 $(\boldsymbol{A}+\boldsymbol{E})\boldsymbol{x}=\boldsymbol{0}$, 由

$$\boldsymbol{A}+\boldsymbol{E}=\begin{pmatrix}-1&1&1\\0&3&0\\-4&1&4\end{pmatrix}\overset{r}{\sim}\begin{pmatrix}1&0&-1\\0&1&0\\0&0&0\end{pmatrix}$$

得基础解系

$$\alpha_1=\begin{pmatrix}1\\0\\1\end{pmatrix},$$

所以对应于 $\lambda_1=-1$ 的全部特征向量为 $k\boldsymbol{\alpha}_1\,(k\neq 0)$.

当 $\lambda_2=\lambda_3=2$ 时, 解方程 $(\boldsymbol{A}-2\boldsymbol{E})\boldsymbol{x}=\boldsymbol{0}$, 由

$$\boldsymbol{A}-2\boldsymbol{E}=\begin{pmatrix}-4&1&1\\0&0&0\\-4&1&1\end{pmatrix}\overset{r}{\sim}\begin{pmatrix}-4&1&1\\0&0&0\\0&0&0\end{pmatrix}$$

得基础解系

$$\boldsymbol{\alpha}_2=\begin{pmatrix}0\\1\\-1\end{pmatrix},\quad \boldsymbol{\alpha}_3=\begin{pmatrix}1\\0\\4\end{pmatrix},$$

所以对应于 $\lambda_2=\lambda_3=2$ 的全部特征向量为 $k_2\boldsymbol{\alpha}_2+k_3\boldsymbol{\alpha}_3$ (k_2,k_3 不同时为零).

4.2.3 特征值和特征向量的性质

设 n 阶矩阵 $\boldsymbol{A}=(a_{ij})$ 的特征值为 $\lambda_1,\lambda_2,\cdots,\lambda_n$, 令 $\varphi(\lambda)=|\boldsymbol{A}-\lambda\boldsymbol{E}|$, 则 $\varphi(\lambda)$ 是 $\boldsymbol{A}$ 的特征多项式, 在复数范围内, 有

$$\varphi(\lambda)=(\lambda_1-\lambda)(\lambda_2-\lambda)\cdots(\lambda_n-\lambda)=\begin{vmatrix}a_{11}-\lambda&a_{12}&\cdots&a_{1n}\\a_{21}&a_{22}-\lambda&\cdots&a_{2n}\\\vdots&\vdots&&\vdots\\a_{n1}&a_{n2}&\cdots&a_{nn}-\lambda\end{vmatrix}.$$

对比等式两端, 不难得到以下结论:

(1) $\lambda_1+\lambda_2+\cdots+\lambda_n=a_{11}+a_{22}+\cdots+a_{nn}$, 记 $\mathrm{tr}\boldsymbol{A}=a_{11}+a_{22}+\cdots+a_{nn}$ 称为矩阵 $\boldsymbol{A}$ 的迹.

(2) $\lambda_1\lambda_2\cdots\lambda_n=|\boldsymbol{A}|$.

此外, 特征值还具有以下性质.

设 λ 是方阵 $\boldsymbol{A}$ 的一个特征值, 则

(1) λ^k 是 $\boldsymbol{A}^k$ 的特征值 (k 为正整数);

(2) $\varphi(\lambda)$ 是多项式 $\varphi(\boldsymbol{A})$ 的特征值.

其中 $\varphi(\boldsymbol{A})=a_0\boldsymbol{E}+a_1\boldsymbol{A}+\cdots+a_n\boldsymbol{A}^n$, $\varphi(\lambda)=a_0+a_1\lambda+\cdots+a_n\lambda^n$.

(3) 当 $\boldsymbol{A}$ 可逆时, $\dfrac{1}{\lambda}$ 是 $\boldsymbol{A}^{-1}$ 的特征值; $\dfrac{|\boldsymbol{A}|}{\lambda}$ 是 $\boldsymbol{A}^*$ 的特征值.

证明 (1) 由 λ 是方阵 $\boldsymbol{A}$ 的一个特征值, 设 λ 对应的特征向量为 $\boldsymbol{\alpha}$, 得

$$\begin{aligned}\boldsymbol{A}^k\boldsymbol{\alpha}&=\boldsymbol{A}^{k-1}(\boldsymbol{A}\boldsymbol{\alpha})=\boldsymbol{A}^{k-1}\lambda\boldsymbol{\alpha}=\lambda\boldsymbol{A}^{k-1}\boldsymbol{\alpha}\\&=\lambda\boldsymbol{A}^{k-2}(\boldsymbol{A}\boldsymbol{\alpha})=\lambda^2\boldsymbol{A}^{k-2}\boldsymbol{\alpha}=\cdots=\lambda^k\boldsymbol{\alpha},\end{aligned}$$

故 λ^k 是 $\boldsymbol{A}^k$ 的特征值.

(2) 由 $(a_0\boldsymbol{E}+a_1\boldsymbol{A}+\cdots+a_n\boldsymbol{A}^n)\boldsymbol{\alpha}=a_0\boldsymbol{\alpha}+a_1\boldsymbol{A}\boldsymbol{\alpha}+\cdots+a_n\boldsymbol{A}^n\boldsymbol{\alpha}$

$$=a_0\boldsymbol{\alpha}+a_1\lambda\boldsymbol{\alpha}+\cdots+a_n\lambda^n\boldsymbol{\alpha}=(a_0+a_1\lambda+\cdots+a_n\lambda^n)\boldsymbol{\alpha}=\varphi(\lambda)\boldsymbol{\alpha},$$

故 $\varphi(\lambda)$ 是多项式 $\varphi(\boldsymbol{A})$ 的特征值.

(3) 由 $\boldsymbol{A}\boldsymbol{\alpha}=\lambda\boldsymbol{\alpha}$, 因 $\boldsymbol{\alpha}\neq\boldsymbol{0}$, 知 $\lambda\neq 0$, 又 $\boldsymbol{A}$ 可逆, 有 $\boldsymbol{A}^{-1}\boldsymbol{A}\boldsymbol{\alpha}=\lambda\boldsymbol{A}^{-1}\boldsymbol{\alpha}$, 即 $\boldsymbol{A}^{-1}\boldsymbol{\alpha}=\dfrac{1}{\lambda}\boldsymbol{\alpha}$, 故 $\dfrac{1}{\lambda}$ 是 $\boldsymbol{A}^{-1}$ 的特征值. 又由 $\boldsymbol{A}^*=|\boldsymbol{A}|\,\boldsymbol{A}^{-1}$, 有

$$\boldsymbol{A}^*\boldsymbol{\alpha}=|\boldsymbol{A}|\,\boldsymbol{A}^{-1}\boldsymbol{\alpha}=\frac{|\boldsymbol{A}|}{\lambda}\boldsymbol{\alpha},$$

故 $\dfrac{|\boldsymbol{A}|}{\lambda}$ 是 $\boldsymbol{A}^*$ 的特征值.

由以上证明可以看出: 若方阵 $\boldsymbol{A}$ 的属于特征值 λ 的特征向量为 $\boldsymbol{\alpha}$, 则 $\boldsymbol{A}^{-1}$ 的属于特征值 $\dfrac{1}{\lambda}$ 的特征向量为 $\boldsymbol{\alpha}$, $\boldsymbol{A}^*$ 的属于特征值 $\dfrac{|\boldsymbol{A}|}{\lambda}$ 的特征向量也为 $\boldsymbol{\alpha}$.

例 4.2.4 设三阶矩阵 $\boldsymbol{A}$ 的特征值为 1, −1, 2, 求 $|\boldsymbol{A}^*+3\boldsymbol{A}-2\boldsymbol{E}|$.

解 由 $|\boldsymbol{A}|=\lambda_1\lambda_2\lambda_3=-2\neq 0$, 知 $\boldsymbol{A}$ 可逆, 又 $(\boldsymbol{A}^*+3\boldsymbol{A}-2\boldsymbol{E})\boldsymbol{\alpha}=\left(\dfrac{|\boldsymbol{A}|}{\lambda}+3\lambda-2\right)\boldsymbol{\alpha}$, 则 $\varphi(\lambda)=-\dfrac{2}{\lambda}+3\lambda-2$ 为 $\varphi(\boldsymbol{A})=\boldsymbol{A}^*+3\boldsymbol{A}-2\boldsymbol{E}$ 的特征值, 分别为 $\varphi(1)=-1, \varphi(-1)=-3, \varphi(2)=3$, 有

$$|\boldsymbol{A}^*+3\boldsymbol{A}-2\boldsymbol{E}|=(-1)\cdot(-3)\cdot 3=9.$$

定理 4.2.1 设 λ_1,λ_2 是方阵 $\boldsymbol{A}$ 的两个不同的特征值, 对应的线性无关的特征向量分别为 $\boldsymbol{\alpha}_1,\boldsymbol{\alpha}_2,\cdots,\boldsymbol{\alpha}_r$ 和 $\boldsymbol{\beta}_1,\boldsymbol{\beta}_2,\cdots,\boldsymbol{\beta}_s$, 则向量组 $\boldsymbol{\alpha}_1,\boldsymbol{\alpha}_2,\cdots,\boldsymbol{\alpha}_r,\boldsymbol{\beta}_1,\boldsymbol{\beta}_2,\cdots,\boldsymbol{\beta}_s$ 线性无关.

证明 设存在数 $k_1, k_2, \cdots, k_r$ 及 $l_1, l_2, \cdots, l_s$ 使

$$k_1\boldsymbol{\alpha}_1 + k_2\boldsymbol{\alpha}_2 + \cdots + k_r\boldsymbol{\alpha}_r + l_1\boldsymbol{\beta}_1 + l_2\boldsymbol{\beta}_2 + \cdots + l_s\boldsymbol{\beta}_s = \mathbf{0}, \tag{4.2.1}$$

以 $\boldsymbol{A}$ 左乘 (4.2.1) 式两端, 得

$$k_1\boldsymbol{A}\boldsymbol{\alpha}_1 + k_2\boldsymbol{A}\boldsymbol{\alpha}_2 + \cdots + k_r\boldsymbol{A}\boldsymbol{\alpha}_r + l_1\boldsymbol{A}\boldsymbol{\beta}_1 + l_2\boldsymbol{A}\beta_2 + \cdots + l_s\boldsymbol{A}\boldsymbol{\beta}_s = \mathbf{0},$$

即

$$k_1\lambda_1\boldsymbol{\alpha}_1 + k_2\lambda_1\boldsymbol{\alpha}_2 + \cdots + k_r\lambda_1\boldsymbol{\alpha}_r + l_1\lambda_2\boldsymbol{\beta}_1 + l_2\lambda_2\boldsymbol{\beta}_2 + \cdots + l_s\lambda_2\boldsymbol{\beta}_s = \mathbf{0}. \tag{4.2.2}$$

(4.2.1) 式两边乘以 λ_2, 得

$$k_1\lambda_2\boldsymbol{\alpha}_1 + k_2\lambda_2\boldsymbol{\alpha}_2 + \cdots + k_r\lambda_2\boldsymbol{\alpha}_r + l_1\lambda_2\boldsymbol{\beta}_1 + l_2\lambda_2\boldsymbol{\beta}_2 + \cdots + l_s\lambda_2\boldsymbol{\beta}_s = \mathbf{0}. \tag{4.2.3}$$

(4.2.2) 式减去 (4.2.3) 式, 得

$$k_1(\lambda_1 - \lambda_2)\boldsymbol{\alpha}_1 + k_2(\lambda_1 - \lambda_2)\boldsymbol{\alpha}_2 + \cdots + k_r(\lambda_1 - \lambda_2)\boldsymbol{\alpha}_r = \mathbf{0},$$

由 $\lambda_1 \neq \lambda_2$, 且 $\boldsymbol{\alpha}_1, \boldsymbol{\alpha}_2, \cdots, \boldsymbol{\alpha}_r$ 线性无关, 得 $k_1 = k_2 = \cdots = k_r = 0$, 代入 (4.2.1) 式, 并注意到 $\boldsymbol{\beta}_1, \boldsymbol{\beta}_2, \cdots, \boldsymbol{\beta}_s$ 线性无关, 又有 $l_1 = l_2 = \cdots = l_s = 0$, 从而向量组 $\boldsymbol{\alpha}_1, \boldsymbol{\alpha}_2, \cdots, \boldsymbol{\alpha}_r, \boldsymbol{\beta}_1, \boldsymbol{\beta}_2, \cdots, \boldsymbol{\beta}_s$ 线性无关.

对方阵 $\boldsymbol{A}$ 的不同的特征值数目作数学归纳法, 可得以下结论.

推论 4.2.1 设 $\lambda_1, \lambda_2, \cdots, \lambda_m$ 是 n 阶方阵 $\boldsymbol{A}$ 的 m 个不同的特征值, $\boldsymbol{\alpha}_{j1}, \boldsymbol{\alpha}_{j2}, \cdots, \boldsymbol{\alpha}_{jr_j}$ 是 $\boldsymbol{A}$ 的属于 λ_j 的线性无关的特征向量, $j = 1, 2, \cdots, m$, 则向量组

$$\boldsymbol{\alpha}_{11}, \boldsymbol{\alpha}_{12}, \cdots, \boldsymbol{\alpha}_{1r_1}, \boldsymbol{\alpha}_{21}, \boldsymbol{\alpha}_{22}, \cdots, \boldsymbol{\alpha}_{2r_2}, \cdots, \boldsymbol{\alpha}_{m1}, \boldsymbol{\alpha}_{m2}, \cdots, \boldsymbol{\alpha}_{mr_m}$$

是线性无关的.

推论 4.2.2 方阵 $\boldsymbol{A}$ 的属于不同的特征值的特征向量线性无关.

例 4.2.5 设 λ_1 和 λ_2 是矩阵 $\boldsymbol{A}$ 的两个不同的特征值, 对应的特征向量依次为 $\boldsymbol{\alpha}_1$ 和 $\boldsymbol{\alpha}_2$, 证明: $\boldsymbol{\alpha}_1 + \boldsymbol{\alpha}_2$ 不是 $\boldsymbol{A}$ 的特征向量.

证明 按题设, 有 $\boldsymbol{A}\boldsymbol{\alpha}_1 = \lambda_1\boldsymbol{\alpha}_1, \boldsymbol{A}\boldsymbol{\alpha}_2 = \lambda_2\boldsymbol{\alpha}_2$, 故 $\boldsymbol{A}(\boldsymbol{\alpha}_1 + \boldsymbol{\alpha}_2) = \lambda_1\boldsymbol{\alpha}_1 + \lambda_2\boldsymbol{\alpha}_2$. 用反证法, 假设 $\boldsymbol{\alpha}_1 + \boldsymbol{\alpha}_2$ 是 $\boldsymbol{A}$ 的特征向量, 则应存在数 λ, 使 $\boldsymbol{A}(\boldsymbol{\alpha}_1 + \boldsymbol{\alpha}_2) = \lambda(\boldsymbol{\alpha}_1 + \boldsymbol{\alpha}_2)$, 于是 $\lambda(\boldsymbol{\alpha}_1 + \boldsymbol{\alpha}_2) = \lambda_1\boldsymbol{\alpha}_1 + \lambda_2\boldsymbol{\alpha}_2$, 即 $(\lambda_1 - \lambda)\boldsymbol{\alpha}_1 + (\lambda_2 - \lambda)\boldsymbol{\alpha}_2 = 0$. 因 $\lambda_1 \neq \lambda_2$, 由定理 4.2.1 知 $\boldsymbol{\alpha}_1, \boldsymbol{\alpha}_2$ 线性无关, 故由上式得 $\lambda_1 - \lambda = \lambda_2 - \lambda = 0$, 即 $\lambda_1 = \lambda_2$, 与题设矛盾. 因此 $\boldsymbol{\alpha}_1 + \boldsymbol{\alpha}_2$ 不是 $\boldsymbol{A}$ 的特征向量.

4.3 相似矩阵

相似变换是同阶方阵之间的一种重要关系, 相似矩阵具有很多共同的性质, 因此在一类相似矩阵中, 我们希望能够找到一个有代表性的而且最简单的矩阵, 通过研究它的性质而获得这一类矩阵的共同性质. 对角矩阵是最简单的矩阵, 并且方阵的相似对角化具有许多重要的应用, 因此方阵能否相似于一个对角矩阵, 是我们考虑的一个重要问题.

4.3.1 相似矩阵的概念和性质

定义 4.3.1 对于同阶方阵 $\boldsymbol{A}$ 和 $\boldsymbol{B}$, 若存在同阶可逆阵 $\boldsymbol{P}$, 使得

$$\boldsymbol{P}^{-1}\boldsymbol{A}\boldsymbol{P}=\boldsymbol{B},$$

则称 $\boldsymbol{A}$ 与 $\boldsymbol{B}$ 相似, 或 $\boldsymbol{A}$ 相似于 $\boldsymbol{B}$, 记 $\boldsymbol{A}\sim\boldsymbol{B}$, 并称变换 $\boldsymbol{A}\to\boldsymbol{P}^{-1}\boldsymbol{A}\boldsymbol{P}$ 为相似变换, 可逆阵 $\boldsymbol{P}$ 称为相似变换矩阵.

相似关系具有以下等价性质.

(1) 自反性: $\boldsymbol{A}\sim\boldsymbol{A}$;

(2) 对称性: 若 $\boldsymbol{A}\sim\boldsymbol{B}$, 则 $\boldsymbol{B}\sim\boldsymbol{A}$;

(3) 传递性: 若 $\boldsymbol{A}\sim\boldsymbol{B}$, $\boldsymbol{B}\sim\boldsymbol{C}$, 则 $\boldsymbol{A}\sim\boldsymbol{C}$.

性质 4.3.1 ($\boldsymbol{A}$ 与 $\boldsymbol{B}$ 相似的必要条件) 若方阵 $\boldsymbol{A}$ 与 $\boldsymbol{B}$ 相似, 则

(1) $|\boldsymbol{A}-\lambda\boldsymbol{E}|=|\boldsymbol{B}-\lambda\boldsymbol{E}|$, 即 $\boldsymbol{A}$ 与 $\boldsymbol{B}$ 具有相同的特征多项式, 因而 $\boldsymbol{A}$ 与 $\boldsymbol{B}$ 具有相同的特征值;

(2) $R(\boldsymbol{A})=R(\boldsymbol{B})$;

(3) $|\boldsymbol{A}|=|\boldsymbol{B}|$;

(4) 方阵 $\boldsymbol{A}$ 与 $\boldsymbol{B}$ 等价;

(5) 若 $\boldsymbol{A}\sim\boldsymbol{B}$ 且 $\boldsymbol{A}$ 可逆, 则 $\boldsymbol{B}$ 可逆, 且 $\boldsymbol{A}^{-1}\sim\boldsymbol{B}^{-1}$;

(6) $\boldsymbol{A}^m\sim\boldsymbol{B}^m$($m$ 为正整数).

证明 只证明 (1), 其余性质的证明可作为课后练习.

由 $\boldsymbol{A}$ 与 $\boldsymbol{B}$ 相似, 即存在同阶可逆阵 $\boldsymbol{P}$, 使得 $\boldsymbol{P}^{-1}\boldsymbol{A}\boldsymbol{P}=\boldsymbol{B}$, 故

$$\begin{aligned}|\boldsymbol{B}-\lambda\boldsymbol{E}|&=\left|\boldsymbol{P}^{-1}\boldsymbol{A}\boldsymbol{P}-\boldsymbol{P}^{-1}\lambda\boldsymbol{E}\boldsymbol{P}\right|=\left|\boldsymbol{P}^{-1}(\boldsymbol{A}-\lambda\boldsymbol{E})\boldsymbol{P}\right|\\&=\left|\boldsymbol{P}^{-1}\right||\boldsymbol{A}-\lambda\boldsymbol{E}|\,|\boldsymbol{P}|=|\boldsymbol{A}-\lambda\boldsymbol{E}|.\end{aligned}$$

容易得出以下结论.

推论 4.3.1 若 n 阶矩阵 $\boldsymbol{A}$ 与对角阵 $\boldsymbol{\Lambda}=\begin{pmatrix}\lambda_1 & & & \\ & \lambda_2 & & \\ & & \ddots & \\ & & & \lambda_n\end{pmatrix}$ 相似, 则 $\lambda_1,\lambda_2,\cdots,\lambda_n$ 即为 $\boldsymbol{A}$ 的 n 个特征值.

4.3.2 方阵的相似对角化

定义 4.3.2 设 n 阶矩阵 $\boldsymbol{A}$, 若存在可逆矩阵 $\boldsymbol{P}$, 使 $\boldsymbol{P}^{-1}\boldsymbol{A}\boldsymbol{P}=\boldsymbol{\Lambda}$, 其中 $\boldsymbol{\Lambda}$ 为对角阵, 即 $\boldsymbol{A}$ 与对角阵 $\boldsymbol{\Lambda}$ 相似, 则称方阵 $\boldsymbol{A}$ 可相似对角化.

若 $\boldsymbol{A}$ 与对角阵 $\boldsymbol{\Lambda}$ 相似, 由于对角阵 $\boldsymbol{\Lambda}=\begin{pmatrix}\lambda_1 & & & \\ & \lambda_2 & & \\ & & \ddots & \\ & & & \lambda_n\end{pmatrix}$, 有

$$\boldsymbol{\Lambda}^k=\begin{pmatrix}\lambda_1^k & & & \\ & \lambda_2^k & & \\ & & \ddots & \\ & & & \lambda_n^k\end{pmatrix},\quad k\text{为正整数},\quad \varphi(\boldsymbol{\Lambda})=\begin{pmatrix}\varphi(\lambda_1) & & & \\ & \varphi(\lambda_2) & & \\ & & \ddots & \\ & & & \varphi(\lambda_n)\end{pmatrix},$$

则利用 $\boldsymbol{A}^k=\boldsymbol{P}\boldsymbol{\Lambda}^k\boldsymbol{P}^{-1}$, 且 $\varphi(\boldsymbol{A})=\boldsymbol{P}\varphi(\boldsymbol{\Lambda})\boldsymbol{P}^{-1}$, 可以达到简化方阵幂运算的目的.

下面讨论方阵 $\boldsymbol{A}$ 可对角化的条件.

定理 4.3.1 n 阶方阵 $\boldsymbol{A}$ 可对角化的充分必要条件是 $\boldsymbol{A}$ 有 n 个线性无关的特征向量.

证明 必要性. 假设 $\boldsymbol{A}$ 可对角化, 即存在可逆阵 $\boldsymbol{P}$, 使 $\boldsymbol{P}^{-1}\boldsymbol{A}\boldsymbol{P}=\boldsymbol{\Lambda}$, 有 $\boldsymbol{A}\boldsymbol{P}=\boldsymbol{P}\boldsymbol{\Lambda}$, 令

$$\boldsymbol{P}=(\boldsymbol{\alpha}_1,\boldsymbol{\alpha}_2,\cdots,\boldsymbol{\alpha}_n),$$

则由

$$\boldsymbol{A}(\boldsymbol{\alpha}_1,\boldsymbol{\alpha}_2,\cdots,\boldsymbol{\alpha}_n)=(\boldsymbol{\alpha}_1,\boldsymbol{\alpha}_2,\cdots,\boldsymbol{\alpha}_n)\boldsymbol{\Lambda},$$

可得

$$(\boldsymbol{A}\boldsymbol{\alpha}_1,\boldsymbol{A}\boldsymbol{\alpha}_2,\cdots,\boldsymbol{A}\boldsymbol{\alpha}_n)=(\lambda_1\boldsymbol{\alpha}_1,\lambda_2\boldsymbol{\alpha}_2,\cdots,\lambda_n\boldsymbol{\alpha}_n),$$

即 $\boldsymbol{A}\boldsymbol{\alpha}_i=\lambda_i\boldsymbol{\alpha}_i,\quad i=1,2,\cdots,n$. $\boldsymbol{\alpha}_i$ 是属于 λ_i 的特征向量. 又 $\boldsymbol{P}$ 可逆, 故 $\boldsymbol{\alpha}_1,\boldsymbol{\alpha}_2,\cdots,\boldsymbol{\alpha}_n$ 线性无关, 即 $\boldsymbol{A}$ 有 n 个线性无关的特征向量.

充分性. 若 $\boldsymbol{A}$ 有 n 个线性无关的特征向量 $\boldsymbol{\alpha}_1,\boldsymbol{\alpha}_2,\cdots,\boldsymbol{\alpha}_n$, 分别属于 $\lambda_1,\lambda_2,\cdots,\lambda_n$, 设 $\boldsymbol{P}=(\boldsymbol{\alpha}_1,\boldsymbol{\alpha}_2,\cdots,\boldsymbol{\alpha}_n)$, 由 $\boldsymbol{\alpha}_1,\boldsymbol{\alpha}_2,\cdots,\boldsymbol{\alpha}_n$ 线性无关, 得 $\boldsymbol{P}$ 可逆, 又 $\boldsymbol{A}\boldsymbol{\alpha}_i=$

$\lambda_i\boldsymbol{\alpha}_i,\quad i=1,2,\cdots,n$. 故

$$(\boldsymbol{A}\boldsymbol{\alpha}_1,\boldsymbol{A}\boldsymbol{\alpha}_2,\cdots,\boldsymbol{A}\boldsymbol{\alpha}_n)=(\lambda_1\boldsymbol{\alpha}_1,\lambda_2\boldsymbol{\alpha}_2,\cdots,\lambda_n\boldsymbol{\alpha}_n),$$

有 $\boldsymbol{AP}=\boldsymbol{P\Lambda}$, 即 $\boldsymbol{P}^{-1}\boldsymbol{AP}=\boldsymbol{\Lambda}$, 所以 $\boldsymbol{A}$ 可对角化.

推论 4.3.2　(1) n 阶方阵 $\boldsymbol{A}$ 可对角化的充分必要条件是 $\boldsymbol{A}$ 的 k 重特征值 λ 有 k 个线性无关的特征向量.

(2) n 阶方阵 $\boldsymbol{A}$ 可对角化的充分必要条件是对 $\boldsymbol{A}$ 的 k 重特征值 λ, 有

$$R(\boldsymbol{A}-\lambda\boldsymbol{E})=n-k.$$

由此可判定例 4.2.2 中的方阵 $\boldsymbol{A}$ 不能对角化, 例 4.2.3 中的方阵 $\boldsymbol{A}$ 可对角化.

联系推论 4.2.2, 进一步可得以下推论.

推论 4.3.3　如果 n 阶方阵 $\boldsymbol{A}$ 有 n 个互不相同的特征值, 则 $\boldsymbol{A}$ 可对角化.

通过上面讨论, 由于 $\boldsymbol{A}$ 的 n 个线性无关的特征向量并不是唯一的一组, 因此, 使 $\boldsymbol{P}^{-1}\boldsymbol{AP}=\boldsymbol{\Lambda}$ 成立的可逆阵 $\boldsymbol{P}$ 也不是唯一的.

例 4.3.1　设 $\boldsymbol{A}=\begin{pmatrix}0&0&1\\1&1&x\\1&0&0\end{pmatrix}$, 问 x 为何值时, 矩阵 $\boldsymbol{A}$ 能对角化?

解　由

$$|\boldsymbol{A}-\lambda\boldsymbol{E}|=\begin{vmatrix}-\lambda&0&1\\1&1-\lambda&x\\1&0&-\lambda\end{vmatrix}=(1-\lambda)\begin{vmatrix}-\lambda&1\\1&-\lambda\end{vmatrix}=-(\lambda-1)^2(\lambda+1),$$

得 $\boldsymbol{A}$ 的特征值为 $\lambda_1=-1,\lambda_2=\lambda_3=1$.

对应单根 $\lambda_1=-1$, 可求得线性无关的特征向量恰有 1 个, 故矩阵可对角化的充要条件是对应二重根 $\lambda_2=\lambda_3=1$ 有两个线性无关的特征向量, 即方程 $(\boldsymbol{A}-\boldsymbol{E})\boldsymbol{x}=\boldsymbol{0}$ 有两个线性无关的解, 亦即系数矩阵 $\boldsymbol{A}-\boldsymbol{E}$ 的秩 $R(\boldsymbol{A}-\boldsymbol{E})=1$.

由

$$\boldsymbol{A}-\boldsymbol{E}=\begin{pmatrix}-1&0&1\\1&0&x\\1&0&-1\end{pmatrix}\overset{r}{\sim}\begin{pmatrix}1&0&-1\\0&0&x+1\\0&0&0\end{pmatrix},$$

令 $R(\boldsymbol{A}-\boldsymbol{E})=1$, 得 $x+1=0$, 即 $x=-1$. 因此, 当 $x=-1$ 时, 矩阵 $\boldsymbol{A}$ 能对角化.

例 4.3.2　设

$$\boldsymbol{A}=\begin{pmatrix}1&1&-1\\-2&4&-2\\-2&2&0\end{pmatrix},$$

试问 $\boldsymbol{A}$ 是否可以对角化, 并求 $\boldsymbol{A}^2$.

解 由

$$|\boldsymbol{A}-\lambda\boldsymbol{E}|=\begin{vmatrix}1-\lambda & 1 & -1\\ -2 & 4-\lambda & -2\\ -2 & 2 & -\lambda\end{vmatrix}=(\lambda-1)(2-\lambda)^2$$

得 $\boldsymbol{A}$ 的特征值为 $\lambda_1=1,\lambda_2=\lambda_3=2$.

对于 $\lambda_1=1$, 解方程组 $(\boldsymbol{A}-\boldsymbol{E})\boldsymbol{x}=\boldsymbol{0}$, 可得基础解系为

$$\boldsymbol{\alpha}_1=(1,2,2)^{\mathrm{T}};$$

对于 $\lambda_2=\lambda_3=2$, 解方程组 $(\boldsymbol{A}-2\boldsymbol{E})\boldsymbol{x}=\boldsymbol{0}$, 可得基础解系为

$$\boldsymbol{\alpha}_2=(1,1,0)^{\mathrm{T}},\quad \boldsymbol{\alpha}_3=(-1,0,1)^{\mathrm{T}}.$$

由于 $\boldsymbol{A}$ 有 3 个线性无关的特征向量, 故 $\boldsymbol{A}$ 能对角化.

令

$$\boldsymbol{P}=(\boldsymbol{\alpha}_1,\boldsymbol{\alpha}_2,\boldsymbol{\alpha}_3)=\begin{pmatrix}1 & 1 & -1\\ 2 & 1 & 0\\ 2 & 0 & 1\end{pmatrix},$$

可得

$$\boldsymbol{P}^{-1}=\begin{pmatrix}1 & -1 & 1\\ -2 & 3 & -2\\ -2 & 2 & -1\end{pmatrix},$$

有 $\boldsymbol{P}^{-1}\boldsymbol{A}\boldsymbol{P}=\operatorname{diag}(1,2,2)=\boldsymbol{\Lambda}$, 从而 $\boldsymbol{A}=\boldsymbol{P}\boldsymbol{\Lambda}\boldsymbol{P}^{-1}$, 故

$$\begin{aligned}\boldsymbol{A}^2=\boldsymbol{P}\boldsymbol{\Lambda}^2\boldsymbol{P}^{-1}&=\begin{pmatrix}1 & 1 & -1\\ 2 & 1 & 0\\ 2 & 0 & 1\end{pmatrix}\begin{pmatrix}1 & & \\ & 2^2 & \\ & & 2^2\end{pmatrix}\begin{pmatrix}1 & -1 & 1\\ -2 & 3 & -2\\ -2 & 2 & -1\end{pmatrix}\\&=\begin{pmatrix}1 & 3 & -3\\ -6 & 10 & -6\\ -6 & 6 & -2\end{pmatrix}.\end{aligned}$$

例 4.3.3 设三阶方阵 $\boldsymbol{A}$ 的特征值为 $\lambda_1=2,\lambda_2=-2,\lambda_3=1$, 对应的特征向量依次为 $\boldsymbol{\alpha}_1=(0,1,1)^{\mathrm{T}},\boldsymbol{\alpha}_2=(1,1,1)^{\mathrm{T}},\boldsymbol{\alpha}_3=(1,1,0)^{\mathrm{T}}$, 求 $\boldsymbol{A}$.

解　由推论 4.3.3 知, 方阵 $\boldsymbol{A}$ 可对角化. 令 $\boldsymbol{P}=(\boldsymbol{\alpha}_1,\boldsymbol{\alpha}_2,\boldsymbol{\alpha}_3)$, 则 $\boldsymbol{P}^{-1}\boldsymbol{AP}=\operatorname{diag}(2,-2,1)=\boldsymbol{\Lambda}$, 有 $\boldsymbol{A}=\boldsymbol{P\Lambda P}^{-1}$, 由

$$\boldsymbol{P}^{-1}=\begin{pmatrix}0&1&1\\1&1&1\\1&1&0\end{pmatrix}^{-1}=\begin{pmatrix}-1&1&0\\1&-1&1\\0&1&-1\end{pmatrix},$$

可得

$$\begin{aligned}\boldsymbol{A}=\boldsymbol{P\Lambda P}^{-1}&=\begin{pmatrix}0&1&1\\1&1&1\\1&1&0\end{pmatrix}\begin{pmatrix}2&0&0\\0&-2&0\\0&0&1\end{pmatrix}\begin{pmatrix}-1&1&0\\1&-1&1\\0&1&-1\end{pmatrix}\\&=\begin{pmatrix}-1&3&-3\\-4&5&-3\\-4&4&-2\end{pmatrix}.\end{aligned}$$

4.4　实对称矩阵的相似对角化

通过 4.3 节的讨论, 可知并不是所有的矩阵都能够相似于一个对角矩阵, 给出方阵可对角化的条件, 实际上是一个比较复杂的问题, 本节针对实对称矩阵进行讨论.

4.4.1　实对称矩阵的特征值与特征向量

定理 4.4.1　实对称矩阵在复数域中的每个特征值都为实数.

证明　设 λ 是实对称矩阵 $\boldsymbol{A}$ 的特征值, $\boldsymbol{\alpha}$ 为 λ 对应的特征向量, 即 $\boldsymbol{A\alpha}=\lambda\boldsymbol{\alpha}$, 又由 $\boldsymbol{A}\bar{\boldsymbol{\alpha}}=\bar{\boldsymbol{A}}\bar{\boldsymbol{\alpha}}=\bar{\lambda}\bar{\boldsymbol{\alpha}}$, 于是有

$$\bar{\boldsymbol{\alpha}}^{\mathrm{T}}\boldsymbol{A\alpha}=\bar{\boldsymbol{\alpha}}^{\mathrm{T}}(\boldsymbol{A\alpha})=\lambda\bar{\boldsymbol{\alpha}}^{\mathrm{T}}\boldsymbol{\alpha},$$

及

$$\bar{\boldsymbol{\alpha}}^{\mathrm{T}}\boldsymbol{A\alpha}=\left(\bar{\boldsymbol{\alpha}}^{\mathrm{T}}\boldsymbol{A}^{\mathrm{T}}\right)\boldsymbol{\alpha}=(\boldsymbol{A}\bar{\boldsymbol{\alpha}})^{\mathrm{T}}\boldsymbol{\alpha}=\bar{\lambda}\bar{\boldsymbol{\alpha}}^{\mathrm{T}}\boldsymbol{\alpha},$$

两式相减, 得

$$(\lambda-\overline{\lambda})\bar{\boldsymbol{\alpha}}^{\mathrm{T}}\boldsymbol{\alpha}=\boldsymbol{0},$$

因为 $\boldsymbol{\alpha}\neq\boldsymbol{0}$ 所以 $\bar{\boldsymbol{\alpha}}^{\mathrm{T}}\boldsymbol{\alpha}\neq\boldsymbol{0}$, 故 $\lambda=\overline{\lambda}$, 即 λ 是实数.

定理 4.4.2　设 λ_1,λ_2 是实对称矩阵 $\boldsymbol{A}$ 的两个特征值, $\boldsymbol{\alpha}_1,\boldsymbol{\alpha}_2$ 依次是它们对应的特征向量, 若 $\lambda_1\neq\lambda_2$, 则 $\boldsymbol{\alpha}_1$ 与 $\boldsymbol{\alpha}_2$ 正交.

证明 由已知有

$$\boldsymbol{A}\boldsymbol{\alpha}_1 = \lambda_1\boldsymbol{\alpha}_1, \tag{4.4.1}$$

$$\boldsymbol{A}\boldsymbol{\alpha}_2 = \lambda_2\boldsymbol{\alpha}_2, \tag{4.4.2}$$

以 $\boldsymbol{\alpha}_1{}^{\mathrm{T}}$ 左乘 (4.4.2) 式的两端得 $\boldsymbol{\alpha}_1{}^{\mathrm{T}}(\boldsymbol{A}\boldsymbol{\alpha}_2) = \lambda_2\boldsymbol{\alpha}_1{}^{\mathrm{T}}\boldsymbol{\alpha}_2$.

因为 $\boldsymbol{A}$ 是实对称矩阵, 所以

$$\boldsymbol{\alpha}_1{}^{\mathrm{T}}(\boldsymbol{A}\boldsymbol{\alpha}_2) = (\boldsymbol{A}\boldsymbol{\alpha}_1)^{\mathrm{T}}\boldsymbol{\alpha}_2 = (\lambda_1\boldsymbol{\alpha}_1)^{\mathrm{T}}\boldsymbol{\alpha}_2 = \lambda_1\boldsymbol{\alpha}_1{}^{\mathrm{T}}\boldsymbol{\alpha}_2.$$

于是 $(\lambda_1 - \lambda_2)\,\boldsymbol{\alpha}_1{}^{\mathrm{T}}\boldsymbol{\alpha}_2 = 0$, 因为 $\lambda_1 \neq \lambda_2$, 故 $\boldsymbol{\alpha}_1{}^{\mathrm{T}}\boldsymbol{\alpha}_2 = 0$, 即 $\boldsymbol{\alpha}_1$ 与 $\boldsymbol{\alpha}_2$ 正交. 即实对称矩阵的属于不同特征值的特征向量正交.

例 4.4.1 设实对称矩阵 $\boldsymbol{A}_{3\times 3}$ 的特征值 $\lambda_1 = 1, \lambda_2 = 3, \lambda_3 = -3$, 属于 λ_1, λ_2 的特征向量依次为 $\boldsymbol{\alpha}_1 = \begin{pmatrix} 1 \\ -1 \\ 0 \end{pmatrix}, \boldsymbol{\alpha}_2 = \begin{pmatrix} 1 \\ 1 \\ 1 \end{pmatrix}$, 求 $\boldsymbol{A}$.

解 设 $\boldsymbol{\alpha}_3 = \begin{pmatrix} x_1 \\ x_2 \\ x_3 \end{pmatrix}$ 是属于特征值 $\lambda_3 = -3$ 的特征向量, 由 $\boldsymbol{\alpha}_3$ 与 $\boldsymbol{\alpha}_1, \boldsymbol{\alpha}_2$ 正交, 可得 $\begin{cases} x_1 - x_2 = 0, \\ x_1 + x_2 + x_3 = 0, \end{cases}$ 该齐次方程组的一个非零解为 $\boldsymbol{\alpha}_3 = \begin{pmatrix} 1 \\ 1 \\ -2 \end{pmatrix}$.

令

$$\boldsymbol{P} = (\boldsymbol{\alpha}_1, \boldsymbol{\alpha}_2, \boldsymbol{\alpha}_3) = \begin{pmatrix} 1 & 1 & 1 \\ -1 & 1 & 1 \\ 0 & 1 & -2 \end{pmatrix}, \quad \boldsymbol{\Lambda} = \begin{pmatrix} 1 & & \\ & 3 & \\ & & -3 \end{pmatrix},$$

则有

$$\boldsymbol{P}^{-1}\boldsymbol{A}\boldsymbol{P} = \boldsymbol{\Lambda} \Rightarrow \boldsymbol{A} = \boldsymbol{P}\boldsymbol{\Lambda}\boldsymbol{P}^{-1} = \begin{pmatrix} 1 & 0 & 2 \\ 0 & 1 & 2 \\ 2 & 2 & -1 \end{pmatrix}.$$

4.4.2 实对称矩阵正交相似对角化

实对称矩阵自身的特殊性, 使得它一定能够相似对角化, 而且可以正交相似对角化, 即有以下定理.

定理 4.4.3 设 $\boldsymbol{A}$ 为 n 阶实对称矩阵, 则必有正交矩阵 $\boldsymbol{P}$, 使 $\boldsymbol{P}^{-1}\boldsymbol{A}\boldsymbol{P} = \boldsymbol{\Lambda}$, 其中 $\boldsymbol{\Lambda}$ 是以 $\boldsymbol{A}$ 的 n 个特征值为对角元素的对角矩阵.

证明 对 n 作数学归纳法.

当 $n=1$ 时, (a) 已是对角矩阵, 则有 $\boldsymbol{E}^{-1}(a)\boldsymbol{E}=(a)$.

假设任意一个 $n-1$ 阶实对称矩阵能够正交相似于对角矩阵, 则对于 n 阶实对称矩阵 $\boldsymbol{A}$, 取 $\boldsymbol{A}$ 的一个特征值 λ_1 及 λ_1 对应的一个特征向量 $\boldsymbol{\eta}_1$, 令 $\|\boldsymbol{\eta}_1\|=1$. 由 $\boldsymbol{\eta}_1$ 扩充可得正交向量组 $\boldsymbol{\eta}_1,\boldsymbol{\eta}_2,\cdots,\boldsymbol{\eta}_n$, 单位化得单位正交向量组 $\boldsymbol{p}_1,\boldsymbol{p}_2,\cdots,\boldsymbol{p}_n$.

令 $\boldsymbol{T}_1=(\boldsymbol{p}_1,\boldsymbol{p}_2,\cdots,\boldsymbol{p}_n)$, 则 $\boldsymbol{T}_1$ 为正交矩阵, 有

$$\begin{aligned}\boldsymbol{T}_1^{-1}\boldsymbol{A}\boldsymbol{T}_1 &=\boldsymbol{T}_1^{-1}(\boldsymbol{A}\boldsymbol{p}_1,\boldsymbol{A}\boldsymbol{p}_2,\cdots,\boldsymbol{A}\boldsymbol{p}_n)\\ &=(\boldsymbol{T}_1^{-1}\lambda_1\boldsymbol{p}_1,\boldsymbol{T}_1^{-1}\boldsymbol{A}\boldsymbol{p}_2,\cdots,\boldsymbol{T}_1^{-1}\boldsymbol{A}\boldsymbol{p}_n).\end{aligned} \tag{4.4.3}$$

因 $\boldsymbol{T}_1^{-1}\boldsymbol{T}_1=\boldsymbol{E}$, 故 $\boldsymbol{T}_1^{-1}(\boldsymbol{p}_1,\boldsymbol{p}_2,\cdots,\boldsymbol{p}_n)=(\boldsymbol{\varepsilon}_1,\boldsymbol{\varepsilon}_2,\cdots,\boldsymbol{\varepsilon}_n)$. 由 (4.4.3) 式, 可设

$$\boldsymbol{T}_1^{-1}\boldsymbol{A}\boldsymbol{T}_1=\begin{pmatrix}\lambda_1 & \boldsymbol{\delta}\\ \boldsymbol{0} & \boldsymbol{B}\end{pmatrix}.$$

由于 $\boldsymbol{T}_1$ 为正交矩阵, $\boldsymbol{A}$ 为实对称矩阵, 故 $\boldsymbol{T}_1^{-1}\boldsymbol{A}\boldsymbol{T}_1$ 也是实对称矩阵, 因此 $\boldsymbol{\delta}=\boldsymbol{0}$, 且 $\boldsymbol{B}$ 是 $n-1$ 阶实对称矩阵, 由归纳假设, 存在 $n-1$ 阶正交矩阵 $\boldsymbol{T}_2$, 使得 $\boldsymbol{T}_2^{-1}\boldsymbol{B}\boldsymbol{T}_2=\operatorname{diag}(\lambda_2,\cdots,\lambda_n)$. 令 $\boldsymbol{T}=\boldsymbol{T}_1\begin{pmatrix}1 & \boldsymbol{0}\\ \boldsymbol{0} & \boldsymbol{T}_2\end{pmatrix}$, 因上式右端是 n 阶正交矩阵的乘积, 故 $\boldsymbol{T}$ 是 n 阶正交矩阵, 且

$$\begin{aligned}\boldsymbol{T}^{-1}\boldsymbol{A}\boldsymbol{T}&=\begin{pmatrix}1 & \boldsymbol{0}\\ \boldsymbol{0} & \boldsymbol{T}_2\end{pmatrix}^{-1}\boldsymbol{T}_1^{-1}\boldsymbol{A}\boldsymbol{T}_1\begin{pmatrix}1 & \boldsymbol{0}\\ \boldsymbol{0} & \boldsymbol{T}_2\end{pmatrix}\\ &=\begin{pmatrix}1 & \boldsymbol{0}\\ \boldsymbol{0} & \boldsymbol{T}_2^{-1}\end{pmatrix}\begin{pmatrix}\lambda_1 & \boldsymbol{\delta}\\ \boldsymbol{0} & \boldsymbol{B}\end{pmatrix}\begin{pmatrix}1 & \boldsymbol{0}\\ \boldsymbol{0} & \boldsymbol{T}_2\end{pmatrix}=\begin{pmatrix}\lambda_1 & \boldsymbol{0}\\ \boldsymbol{0} & \boldsymbol{T}_2^{-1}\boldsymbol{B}\boldsymbol{T}_2\end{pmatrix}\\ &=\operatorname{diag}(\lambda_1,\lambda_2,\cdots,\lambda_n).\end{aligned}$$

根据数学归纳法原理, 对任意正整数 n, n 阶实对称矩阵正交相似于对角矩阵.

推论 4.4.1 设 $\boldsymbol{A}$ 为 n 阶实对称矩阵, λ 是 $\boldsymbol{A}$ 的特征方程的 r 重根, 则矩阵 $\boldsymbol{A}-\lambda\boldsymbol{E}$ 的秩 $R(\boldsymbol{A}-\lambda\boldsymbol{E})=n-r$, 从而对应特征值 λ 恰有 r 个线性无关的特征向量.

证明 由定理 4.4.3, $\boldsymbol{A}$ 正交相似于对角矩阵 $\boldsymbol{\Lambda}=\operatorname{diag}(\lambda_1,\lambda_2,\cdots,\lambda_n)$, 从而 $\boldsymbol{A}-\lambda\boldsymbol{E}$ 与 $\boldsymbol{\Lambda}-\lambda\boldsymbol{E},=\operatorname{diag}(\lambda_1-\lambda,\lambda_2-\lambda,\cdots,\lambda_n-\lambda)$ 相似, 若 λ 是 $\boldsymbol{A}$ 的特征方程的 r 重根, 即 $\lambda_1,\lambda_2,\cdots,\lambda_n$ 中有 r 个等于 λ, 于是 $\lambda_1-\lambda,\lambda_2-\lambda,\cdots,\lambda_n-\lambda$ 中有 r 个为 0, 故

$$R(\boldsymbol{A}-\lambda\boldsymbol{E})=R(\boldsymbol{\Lambda}-\lambda\boldsymbol{E})=n-r.$$

故方程 $(\boldsymbol{A}-\lambda\boldsymbol{E})\boldsymbol{x}=\boldsymbol{0}$ 的基础解系所含向量个数为 $n-(n-r)=r$, 从而对应特征值 λ 恰有 r 个线性无关的特征向量.

由定理 4.4.3 及推论 4.4.1, 可得将实对称矩阵 $\boldsymbol{A}$ 正交相似于对角化的步骤.

(1) 求出 $\boldsymbol{A}$ 的全部互不相同的特征值 $\lambda_1,\lambda_2,\cdots,\lambda_s$, 重数依次为 $r_1,r_2,\cdots,r_s$.

(2) 对于特征值 λ_i, 由方程 $(\boldsymbol{A}-\lambda_i\boldsymbol{E})\boldsymbol{x}=\mathbf{0}$, 求出基础解系, 即得 r_i 个线性无关的特征向量. 将它们正交化、单位化, 得 r_i 个两两正交的单位特征向量, 这样, 共得到 n 个两两正交的单位特征向量.

(3) 将 n 个两两正交的单位特征向量构成正交矩阵 $\boldsymbol{P}$, 便有 $\boldsymbol{P}^{-1}\boldsymbol{A}\boldsymbol{P}=\boldsymbol{\Lambda}$, $\boldsymbol{\Lambda}$ 为对角矩阵.

(4) 注意 $\boldsymbol{P}$ 中列向量的排列次序与 $\boldsymbol{\Lambda}$ 中对角元的排列次序应互相对应.

例 4.4.2　已知 $\boldsymbol{A}=\begin{pmatrix}5&0&0\\0&2&1\\0&1&2\end{pmatrix}$, 求一个正交矩阵 $\boldsymbol{P}$, 使 $\boldsymbol{P}^{-1}\boldsymbol{A}\boldsymbol{P}=\boldsymbol{\Lambda}$, $\boldsymbol{\Lambda}$ 为对角矩阵.

解　由 $\boldsymbol{A}$ 的特征方程

$$|\boldsymbol{A}-\lambda\boldsymbol{E}|=\begin{vmatrix}5-\lambda&0&0\\0&2-\lambda&1\\0&1&2-\lambda\end{vmatrix}=(1-\lambda)(3-\lambda)(5-\lambda)=0,$$

可得 $\boldsymbol{A}$ 的特征值: $\lambda_1=1,\lambda_2=3,\lambda_3=5$.

当 $\lambda_1=1$ 时, 由 $\begin{pmatrix}4&0&0\\0&1&1\\0&1&1\end{pmatrix}\begin{pmatrix}x_1\\x_2\\x_3\end{pmatrix}=\begin{pmatrix}0\\0\\0\end{pmatrix}$ 得基础解系

$$\boldsymbol{\alpha}_1=\begin{pmatrix}0\\-1\\1\end{pmatrix},$$

单位化得

$$\boldsymbol{p}_1=\begin{pmatrix}0\\-\dfrac{1}{\sqrt{2}}\\\dfrac{1}{\sqrt{2}}\end{pmatrix}.$$

当 $\lambda_2 = 3$ 时, 由 $\begin{pmatrix} 2 & 0 & 0 \\ 0 & -1 & 1 \\ 0 & 1 & -1 \end{pmatrix}\begin{pmatrix} x_1 \\ x_2 \\ x_3 \end{pmatrix} = \begin{pmatrix} 0 \\ 0 \\ 0 \end{pmatrix}$ 得基础解系

$$\boldsymbol{\alpha}_2 = \begin{pmatrix} 0 \\ 1 \\ 1 \end{pmatrix},$$

单位化得

$$\boldsymbol{p}_2 = \begin{pmatrix} 0 \\ \dfrac{1}{\sqrt{2}} \\ \dfrac{1}{\sqrt{2}} \end{pmatrix}.$$

当 $\lambda_3 = 5$ 时, 由 $\begin{pmatrix} 0 & 0 & 0 \\ 0 & -3 & 1 \\ 0 & 1 & -3 \end{pmatrix}\begin{pmatrix} x_1 \\ x_2 \\ x_3 \end{pmatrix} = \begin{pmatrix} 0 \\ 0 \\ 0 \end{pmatrix}$ 得基础解系

$$\boldsymbol{\alpha}_3 = \begin{pmatrix} 1 \\ 0 \\ 0 \end{pmatrix},$$

单位化得

$$\boldsymbol{p}_3 = \begin{pmatrix} 1 \\ 0 \\ 0 \end{pmatrix}.$$

于是得正交矩阵

$$\boldsymbol{P} = (\boldsymbol{p}_1, \boldsymbol{p}_2, \boldsymbol{p}_3) = \begin{pmatrix} 0 & 0 & 1 \\ -\dfrac{1}{\sqrt{2}} & \dfrac{1}{\sqrt{2}} & 0 \\ \dfrac{1}{\sqrt{2}} & \dfrac{1}{\sqrt{2}} & 0 \end{pmatrix},$$

使得

$$\boldsymbol{P}^{-1}\boldsymbol{A}\boldsymbol{P} = \begin{pmatrix} 1 & & \\ & 3 & \\ & & 5 \end{pmatrix}.$$

例 4.4.3 已知 $\boldsymbol{A}=\begin{pmatrix}1&1&1\\1&1&1\\1&1&1\end{pmatrix}$, 求一个正交矩阵 $\boldsymbol{P}$, 使 $\boldsymbol{P}^{-1}\boldsymbol{AP}$ 为对角矩阵.

解 由 $\boldsymbol{A}$ 的特征方程

$$|\boldsymbol{A}-\lambda\boldsymbol{E}|=\begin{vmatrix}1-\lambda&1&1\\1&1-\lambda&1\\1&1&1-\lambda\end{vmatrix}=(3-\lambda)\lambda^2=0$$

可得特征值 $\lambda_1=\lambda_2=0,\quad \lambda_3=3$.

当 $\lambda_1=\lambda_2=0$ 时, 解齐次线性方程组 $(\boldsymbol{A}-0\boldsymbol{E})\boldsymbol{x}=\boldsymbol{0}$, 得基础解系 $\boldsymbol{\alpha}_1=\begin{pmatrix}-1\\1\\0\end{pmatrix},\boldsymbol{\alpha}_2=\begin{pmatrix}-1\\0\\1\end{pmatrix}$, 将其规范正交化: 取

$$\boldsymbol{\eta}_1=\boldsymbol{\alpha}_1=\begin{pmatrix}-1\\1\\0\end{pmatrix},$$

$$\boldsymbol{\eta}_2=\boldsymbol{\alpha}_2-\frac{[\boldsymbol{\alpha}_1,\boldsymbol{\alpha}_2]}{[\boldsymbol{\alpha}_1,\boldsymbol{\alpha}_1]}\boldsymbol{\alpha}_1=\boldsymbol{\alpha}_2-\frac{\boldsymbol{\alpha}_1{}^{\mathrm{T}}\boldsymbol{\alpha}_2}{\boldsymbol{\alpha}_1{}^{\mathrm{T}}\boldsymbol{\alpha}_1}\boldsymbol{\alpha}_1=\begin{pmatrix}-1\\0\\1\end{pmatrix}-\frac{1}{2}\begin{pmatrix}-1\\1\\0\end{pmatrix}=\begin{pmatrix}-\frac{1}{2}\\-\frac{1}{2}\\1\end{pmatrix},$$

再单位化, 得

$$\boldsymbol{p}_1=\begin{pmatrix}-\frac{1}{\sqrt{2}}\\\frac{1}{\sqrt{2}}\\0\end{pmatrix},\quad \boldsymbol{p}_2=\begin{pmatrix}-\frac{1}{\sqrt{6}}\\-\frac{1}{\sqrt{6}}\\\frac{2}{\sqrt{6}}\end{pmatrix}.$$

当 $\lambda_3=3$ 时, 解齐次线性方程组 $(\boldsymbol{A}-3\boldsymbol{E})\boldsymbol{x}=\boldsymbol{0}$, 得基础解系

$$\boldsymbol{\alpha}_3=\begin{pmatrix}1\\1\\1\end{pmatrix},$$

单位化得

$$\boldsymbol{p}_3 = \begin{pmatrix} \frac{1}{\sqrt{3}} \\ \frac{1}{\sqrt{3}} \\ \frac{1}{\sqrt{3}} \end{pmatrix}.$$

于是得正交矩阵 $\boldsymbol{P} = (\boldsymbol{p}_1, \boldsymbol{p}_2, \boldsymbol{p}_3) = \begin{pmatrix} -\frac{1}{\sqrt{2}} & -\frac{1}{\sqrt{6}} & \frac{1}{\sqrt{3}} \\ \frac{1}{\sqrt{2}} & -\frac{1}{\sqrt{6}} & \frac{1}{\sqrt{3}} \\ 0 & \frac{2}{\sqrt{6}} & \frac{1}{\sqrt{3}} \end{pmatrix}$, 使

$$\boldsymbol{P}^{-1}\boldsymbol{A}\boldsymbol{P} = \boldsymbol{P}^{\mathrm{T}}\boldsymbol{A}\boldsymbol{P} = \begin{pmatrix} 0 & & \\ & 0 & \\ & & 3 \end{pmatrix}.$$

4.4.3 应用举例

在现实生活中, 许多实际问题都可以归结为用微分方程或差分方程的数学模型加以描述, 对这些模型进行分析、研究, 往往需要用到矩阵的特征值和特征向量的理论. 例如, 为了定量分析污染与工业发展水平的关系, 有人提出了以下工业增长模型.

污染与工业发展的工业增长模型.

设 x_0 是某地区目前的污染水平 (以空气和河湖水质污染指数为测量单位), y_0 是目前的工业发展水平 (以某种工业发展指数为测量单位). 将这一年作为起点 (也称基年), 记作 $t=0$, 若干年后 (如 5 年后) 的污染水平和工业发展水平分别为 x_1 和 y_1, 它们之间关系:

$$\begin{cases} x_1 = 3x_0 + y_0, \\ y_1 = 2x_0 + 2y_0, \end{cases}$$

写成矩阵形式, 即

$$\begin{pmatrix} x_1 \\ y_1 \end{pmatrix} = \begin{pmatrix} 3 & 1 \\ 2 & 2 \end{pmatrix} \begin{pmatrix} x_0 \\ y_0 \end{pmatrix},$$

记为 $\boldsymbol{\alpha}_1 = \boldsymbol{A}\boldsymbol{\alpha}_0$.

一般地, 如果以若干年 (如 5 年) 作为一个期间, 第 t 个期间的污染水平和工业

发展水平分别为 x_t 和 y_t, 则有

$$\begin{cases} x_t = 3x_{t-1} + y_{t-1}, \\ y_t = 2x_{t-1} + 2y_{t-1}, \end{cases} \quad t = 1, 2, \cdots, k,$$

记 $\boldsymbol{A} = \begin{pmatrix} 3 & 1 \\ 2 & 2 \end{pmatrix}$, $\boldsymbol{\alpha}_t = \begin{pmatrix} x_t \\ y_t \end{pmatrix}$, 则可表示为

$$\boldsymbol{\alpha}_t = \boldsymbol{A}\boldsymbol{\alpha}_{t-1}, \quad t = 1, 2, \cdots, k. \tag{4.4.4}$$

如果已知该地区基年的水平 $\boldsymbol{\alpha}_0 = \begin{pmatrix} x_0 \\ y_0 \end{pmatrix}$, 利用 (4.4.4) 式就可以预测第 k 个期间 (如 $k = 10$) 时该地区的污染水平和工业发展水平. 由 (4.4.5) 式可得

$$\boldsymbol{\alpha}_1 = \boldsymbol{A}\boldsymbol{\alpha}_0, \quad \boldsymbol{\alpha}_2 = \boldsymbol{A}\boldsymbol{\alpha}_1 = \boldsymbol{A}^2\boldsymbol{\alpha}_0, \quad \cdots, \quad \boldsymbol{\alpha}_k = \boldsymbol{A}^k\boldsymbol{\alpha}_0. \tag{4.4.5}$$

直接计算 $\boldsymbol{A}^k$ 十分烦琐, 利用矩阵的特征值和特征向量的性质, 可以简化运算, 而且使模型的结构和性质更加清晰.

先计算 $\boldsymbol{A}$ 的特征值, 由 $\boldsymbol{A}$ 的特征多项式

$$\det(\boldsymbol{A} - \lambda\boldsymbol{E}) = \begin{vmatrix} 3-\lambda & 1 \\ 2 & 2-\lambda \end{vmatrix} = (\lambda - 1)(\lambda - 4)$$

得 $\boldsymbol{A}$ 的特征值为 $\lambda_1 = 1, \lambda_2 = 4$.

对 $\lambda_1 = 1$, 对应的特征向量 $\boldsymbol{\eta}_1 = \begin{pmatrix} 1 \\ -2 \end{pmatrix}$;

对 $\lambda_2 = 4$, 对应的特征向量 $\boldsymbol{\eta}_2 = \begin{pmatrix} 1 \\ 1 \end{pmatrix}$, 且 $\boldsymbol{\eta}_1, \boldsymbol{\eta}_2$ 线性无关.

如果基年 $(t = 0)$ 时的水平 $\boldsymbol{\alpha}_0 = \boldsymbol{\eta}_2 = \begin{pmatrix} 1 \\ 1 \end{pmatrix}$, 则 $t = k$ 时,

$$\boldsymbol{\alpha}_k = \boldsymbol{A}^k\boldsymbol{\alpha}_0 = \boldsymbol{A}^k\boldsymbol{\eta}_2.$$

由于 $\boldsymbol{A}^k$ 必有特征值 4^k, 对应的特征向量仍为 $\boldsymbol{\alpha}_0 = \boldsymbol{\eta}_2 = \begin{pmatrix} 1 \\ 1 \end{pmatrix}$, 于是

$$\boldsymbol{\alpha}_k = \boldsymbol{A}^k\boldsymbol{\alpha}_0 = \boldsymbol{A}^k\boldsymbol{\eta}_2 = \lambda^k\boldsymbol{\eta}_2 = 4^k\begin{pmatrix} 1 \\ 1 \end{pmatrix}.$$

特别地, 当 $k = 10$ 时, 可得 $\boldsymbol{\alpha}_{10} = \begin{pmatrix} 4^{10} \\ 4^{10} \end{pmatrix}$. 这表明, 尽管工业发展水平可以

达到相当高的程度, 但照此发展下去, 环境的污染也将直接威胁人类的生存.

如果基年 ($t = 0$) 时的水平 $\boldsymbol{\alpha}_0 \neq \boldsymbol{\eta}_2$(或 $\boldsymbol{\alpha}_0 \neq \boldsymbol{\eta}_1$), 则不能直接应用上述方法进行分析, 然而由 $\boldsymbol{\eta}_1, \boldsymbol{\eta}_2$ 线性无关, $\boldsymbol{\alpha}_0$ 必可由 $\boldsymbol{\eta}_1, \boldsymbol{\eta}_2$ 唯一地线性表示为 $\boldsymbol{\alpha}_0 = b_1\boldsymbol{\eta}_1 + b_2\boldsymbol{\eta}_2$, 此时

$$\boldsymbol{\alpha}_k = \boldsymbol{A}^k\boldsymbol{\alpha}_0 = \boldsymbol{A}^k(b_1\boldsymbol{\eta}_1 + b_2\boldsymbol{\eta}_2),$$

同样可得 $\boldsymbol{\alpha}_k$. 从而对任意具有实际意义的向量 $\boldsymbol{\alpha}_0$, 均可应用上述方法进行分析.

习　题　4

1. 试用施密特法把下列向量组正交化.

(1) $(\boldsymbol{\alpha}_1, \boldsymbol{\alpha}_2, \boldsymbol{\alpha}_3) = \begin{pmatrix} 1 & 1 & 1 \\ 1 & 2 & 4 \\ 1 & 3 & 9 \end{pmatrix}$;　(2) $(\boldsymbol{\alpha}_1, \boldsymbol{\alpha}_2, \boldsymbol{\alpha}_3) = \begin{pmatrix} 1 & 1 & -1 \\ 0 & -1 & 1 \\ -1 & 0 & 1 \\ 1 & 1 & 0 \end{pmatrix}$.

2. 判断下列矩阵是否为正交阵.

(1) $\begin{pmatrix} 1 & -\frac{1}{2} & \frac{1}{3} \\ -\frac{1}{2} & 1 & \frac{1}{2} \\ \frac{1}{3} & \frac{1}{2} & -1 \end{pmatrix}$;　(2) $\begin{pmatrix} \frac{1}{9} & -\frac{8}{9} & -\frac{4}{9} \\ -\frac{8}{9} & \frac{1}{9} & -\frac{4}{9} \\ -\frac{4}{9} & -\frac{4}{9} & \frac{7}{9} \end{pmatrix}$.

3. 已知 $\boldsymbol{\alpha}_1 = \begin{pmatrix} 1 \\ 1 \\ 1 \end{pmatrix}$, 求一组非零向量 $\boldsymbol{\alpha}_2, \boldsymbol{\alpha}_3$, 使 $\boldsymbol{\alpha}_1, \boldsymbol{\alpha}_2, \boldsymbol{\alpha}_3$ 两两正交.

4. 设 $\boldsymbol{A}$ 与 $\boldsymbol{B}$ 都是 n 阶正交阵, 证明: $\boldsymbol{AB}$ 也是正交阵.

5. 设 $\lambda = 2$ 是可逆矩阵 $\boldsymbol{A}$ 的特征值, 则矩阵 $\left(\frac{1}{3}\boldsymbol{A}^2\right)^{-1}$ 有一特征值为 (　　).

(A) $\frac{4}{3}$　　(B) $\frac{3}{4}$　　(C) $\frac{1}{2}$　　(D) $\frac{1}{4}$

6. 设 $\boldsymbol{A}$ 为 n 阶可逆矩阵, λ 是 $\boldsymbol{A}$ 的一个特征值, 则 (　　) 是 $\boldsymbol{A}^*$ 的一个特征值.

(A) $\lambda^{-1}|\boldsymbol{A}|^n$　　(B) $\lambda^{-1}|\boldsymbol{A}|$　　(C) $\lambda|\boldsymbol{A}|$　　(D) $\lambda|\boldsymbol{A}|^n$

7. 求下列矩阵的特征值和特征向量.

(1) $\begin{pmatrix} 2 & -1 & 2 \\ 5 & -3 & 3 \\ -1 & 0 & -2 \end{pmatrix}$;　(2) $\begin{pmatrix} 1 & 2 & 3 \\ 2 & 1 & 3 \\ 3 & 3 & 6 \end{pmatrix}$;　(3) $\begin{pmatrix} 0 & 0 & 0 & 1 \\ 0 & 0 & 1 & 0 \\ 0 & 1 & 0 & 0 \\ 1 & 0 & 0 & 0 \end{pmatrix}$.

8. 设 $\boldsymbol{A}$ 为 n 阶矩阵, 证明: $\boldsymbol{A}^{\mathrm{T}}$ 与 $\boldsymbol{A}$ 的特征值相同.

9. 设 $\boldsymbol{A}^2 - 3\boldsymbol{A} + 2\boldsymbol{E} = 0$, 证明: $\boldsymbol{A}$ 的特征值只能取 1 或 2.

10. 设 $\lambda \neq 0$ 是 m 阶矩阵 $\boldsymbol{A}_{m\times n}\boldsymbol{B}_{n\times m}$ 的特征值, 证明:λ 也是 n 阶矩阵 $\boldsymbol{BA}$ 的特征值.

11. 已知三阶矩阵 $\boldsymbol{A}$ 的特征值为 1, 2, 3, 求 $\left|\boldsymbol{A}^3 - 5\boldsymbol{A}^2 + 7\boldsymbol{A}\right|$.

12. 设三阶对称阵 $\boldsymbol{A}$ 的特征值为 $\lambda_1 = 1, \lambda_2 = -1, \lambda_3 = 0$; λ_1, λ_2 对应的特征向量依次为 $\boldsymbol{\alpha}_1 = (1,\ 2,\ 2)^{\mathrm{T}}$, $\boldsymbol{\alpha}_2 = (2,\ 1,\ -2)^{\mathrm{T}}$, 求 $\boldsymbol{A}$.

13. n 阶矩阵有 n 个不同的特征值是 $\boldsymbol{A}$ 与对角矩阵相似的 ( ).

(A) 充分必要条件　　(B) 充分而非必要条件

(C) 必要而非充分条件　　(D) 既非充分也非必要条件

14. n 阶矩阵 $\boldsymbol{A}$ 与对角矩阵相似的充分必要条件是 ( ).

(A) $\boldsymbol{A}$ 有 n 个不全相同的特征值　　(B) $\boldsymbol{A}^{\mathrm{T}}$ 有 n 个不全相同的特征值

(C) $\boldsymbol{A}$ 有 n 个不相同的特征向量　　(D) $\boldsymbol{A}$ 有 n 个线性无关的特征向量

15. 设 $\boldsymbol{A}$ 与 $\boldsymbol{B}$ 都是 n 阶矩阵, 且 $\boldsymbol{A}$ 可逆, 证明 $\boldsymbol{AB}$ 与 $\boldsymbol{BA}$ 相似.

16. 设 $\boldsymbol{A} = \begin{pmatrix} 1 & -1 & 1 \\ 2 & 4 & x \\ -3 & -3 & 5 \end{pmatrix}$, 若 $\boldsymbol{A}$ 与 $\boldsymbol{B}$ 相似, 且 $|\boldsymbol{B}| = 24$, 求 x.

17. 设 $\boldsymbol{A} = \begin{pmatrix} 1 & 4 & 2 \\ 0 & -3 & 4 \\ 0 & 4 & 3 \end{pmatrix}$, 求 $\boldsymbol{A}^{100}$.

18. 已知三阶矩阵 $\boldsymbol{A}$ 的特征值为 1, 2, -3, 求 $|\boldsymbol{A}^* + 3\boldsymbol{A} + 2\boldsymbol{E}|$.

19. 已知 $\boldsymbol{A} = \begin{pmatrix} -2 & 0 & 0 \\ 2 & x & 2 \\ 3 & 1 & 1 \end{pmatrix}$ 相似于 $\boldsymbol{\Lambda} = \begin{pmatrix} -1 & & \\ & 2 & \\ & & y \end{pmatrix}$, 求 x 和 y.

20. 设矩阵 $\boldsymbol{A} = \begin{pmatrix} 2 & 0 & 1 \\ 3 & 1 & x \\ 4 & 0 & 5 \end{pmatrix}$ 可相似对角化, 求 x.

21. 已知 $\boldsymbol{\alpha} = (1,\ 1,\ -1)^{\mathrm{T}}$ 是矩阵 $\boldsymbol{A} = \begin{pmatrix} 2 & -1 & 2 \\ 5 & a & 3 \\ -1 & b & -2 \end{pmatrix}$ 的一个特征向量.

(1) 求参数 a, b 及特征向量 $\boldsymbol{\alpha}$ 所对应的特征值;

(2) 问 $\boldsymbol{A}$ 能不能相似对角化, 并说明理由.

22. 试求一个正交的相似变换矩阵, 将下列对称阵化为对角阵.

(1) $\begin{pmatrix} 2 & -2 & 0 \\ -2 & 1 & -2 \\ 0 & -2 & 0 \end{pmatrix}$;　　(2) $\begin{pmatrix} 2 & 2 & -2 \\ 2 & 5 & -4 \\ -2 & -4 & 5 \end{pmatrix}$.

23. 设矩阵$\boldsymbol{A}=\begin{pmatrix}1 & -2 & -4\\ -2 & x & -2\\ -4 & -2 & 1\end{pmatrix}$与 $\boldsymbol{\Lambda}=\begin{pmatrix}5 & & \\ & -4 & \\ & & y\end{pmatrix}$相似, 求 x, y, 并求一个正交矩阵 $\boldsymbol{P}$, 使 $\boldsymbol{P}^{-1}\boldsymbol{A}\boldsymbol{P}=\boldsymbol{\Lambda}$.

24. 设三阶对称矩阵 $\boldsymbol{A}$ 的特征值 $\lambda_1=6,\lambda_2=\lambda_3=3$, 与特征值 $\lambda_1=6$ 对应的特征向量为 $\boldsymbol{\alpha}_1=(1,\ 1,\ 1)^{\mathrm{T}}$.

(1) 求属于 $\lambda_2=\lambda_3=3$ 的正交的单位特征向量;

(2) 求矩阵 $\boldsymbol{A}$.

25. 设 $\boldsymbol{A}=\begin{pmatrix}3 & -2\\ -2 & 3\end{pmatrix}$, 求 $\varphi(\boldsymbol{A})=\boldsymbol{A}^{10}-5\boldsymbol{A}^9$.

第 5 章　二　次　型

本章将应用前面的相似矩阵知识讨论 n 元二次齐次多项式, n 元二次齐次多项式简称为二次型. 二次型理论是线性代数的重要内容之一, 对它的研究起源于解析几何中化二次曲线和二次曲面的方程为标准形式的问题, 这部分内容在数学和物理中有广泛的应用.

二次曲面 S 在直角坐标系中的方程为

$$x_1^2+4y_1^2+z_1^2-4x_1y_1-8x_1z_1-4y_1z_1-1=0,$$

为了判别曲面 S 的形状, 可以利用坐标变换将它的二次项部分化为只含有平方项的二次型, 在其他一些领域, 也常常遇到类似的问题, 本章将针对一般二次型作这样的研究.

5.1　二次型及其矩阵表示

5.1.1　二次型的基本概念

定义 5.1.1　设只含有二次项的 n 元多项式

$$\begin{aligned}f(x_1,x_2\cdots,x_n)=a_{11}x_1^2&+2a_{12}x_1x_2+\cdots+2a_{1n}x_1x_n\\&+a_{22}x_2^2+\cdots\quad\cdots+2a_{2n}x_2x_n\\&\qquad\ddots\qquad\qquad\vdots\\&\qquad\qquad\ddots\qquad+a_{nn}x_n^2,\end{aligned}\tag{5.1.1}$$

其中 $a_{ij}\in P$, P 为数 (实数或复数) 域, 则称 $f(x_1,x_2\cdots,x_n)$ 为数域 P 上的一个 n 元二次型.

若令 $a_{ij}=a_{ji}$, 则 (5.1.1) 式也可以表示为

$$\begin{aligned}f(x_1,x_2,\cdots,x_n)=&\,a_{11}x_1^2+a_{12}x_1x_2+\cdots+a_{1n}x_1x_n\\&+a_{21}x_2x_1+a_{22}x_2^2+\cdots+a_{2n}x_2x_n\\&\qquad\vdots\qquad\qquad\vdots\qquad\qquad\vdots\\&+a_{n1}x_nx_1+a_{n2}x_nx_2+\cdots+a_{nn}x_n^2\end{aligned}$$

$$
= (x_1, x_2 \cdots, x_n) \begin{pmatrix} a_{11} & a_{12} & \cdots & a_{1n} \\ a_{21} & a_{22} & \cdots & a_{2n} \\ \vdots & \vdots & & \vdots \\ a_{n1} & a_{n2} & \cdots & a_{nn} \end{pmatrix} \begin{pmatrix} x_1 \\ x_2 \\ \vdots \\ x_n \end{pmatrix}, \tag{5.1.2}
$$

故对于二次型 (5.1.1), 若记

$$
\boldsymbol{A} = \begin{pmatrix} a_{11} & a_{12} & \cdots & a_{1n} \\ a_{21} & a_{22} & \cdots & a_{2n} \\ \vdots & \vdots & & \vdots \\ a_{n1} & a_{n2} & \cdots & a_{nn} \end{pmatrix}, \quad \boldsymbol{x} = \begin{pmatrix} x_1 \\ x_2 \\ \vdots \\ x_n \end{pmatrix},
$$

则二次型 (5.1.1) 又表示为 $f(x_1, x_2, \cdots, x_n) = \boldsymbol{x}^{\mathrm{T}}\boldsymbol{A}\boldsymbol{x}$. 其中 $\boldsymbol{A}$ 为对称矩阵, 称为二次型 $f(x_1, x_2, \cdots, x_n)$ 的矩阵, 也把 $f(x_1, x_2, \cdots, x_n)$ 称为对称矩阵 $\boldsymbol{A}$ 的二次型, 对称矩阵 $\boldsymbol{A}$ 的秩, 称为二次型 $f(x_1, x_2, \cdots, x_n) = \boldsymbol{x}^{\mathrm{T}}\boldsymbol{A}\boldsymbol{x}$ 的秩.

显然, 二次型的矩阵 $\boldsymbol{A}$ 是唯一的, 且二次型与非零对称矩阵是一一对应的.

例 5.1.1　设二次型 $f = -x_1^2 + 2x_1x_2 - 4x_2x_3 + 2x_3^2$, 求二次型的矩阵 $\boldsymbol{A}$ 及二次型的秩.

解　二次型的矩阵为

$$
\boldsymbol{A} = \begin{pmatrix} -1 & 1 & 0 \\ 1 & 0 & -2 \\ 0 & -2 & 2 \end{pmatrix}.
$$

又由

$$
\boldsymbol{A} = \begin{pmatrix} -1 & 1 & 0 \\ 1 & 0 & -2 \\ 0 & -2 & 2 \end{pmatrix} \overset{r}{\sim} \begin{pmatrix} 1 & -1 & 0 \\ 0 & 1 & -2 \\ 0 & 0 & 1 \end{pmatrix},
$$

得 $R(\boldsymbol{A}) = 3$, 故二次型 f 的秩为 3.

例 5.1.2　设二次型

$$
f = (x_1, x_2, x_3) \begin{pmatrix} 2 & 4 & 3 \\ 2 & -1 & 5 \\ 1 & 3 & 3 \end{pmatrix} \begin{pmatrix} x_1 \\ x_2 \\ x_3 \end{pmatrix},
$$

求二次型的矩阵 $\boldsymbol{A}$.

解　将原二次型化为

$$
f = 2x_1^2 + 6x_1x_2 + 4x_1x_3 - x_2^2 + 8x_2x_3 + 3x_3^2,
$$

可得二次型的矩阵

$$A=\begin{pmatrix}2&3&2\\3&-1&4\\2&4&3\end{pmatrix}.$$

事实上, 因为二次型的矩阵为对称矩阵, 故只需由矩阵 $\begin{pmatrix}2&4&3\\2&-1&5\\1&3&3\end{pmatrix}$, 令 $a_{ij}=a_{ji}=\dfrac{a'_{ij}+a'_{ji}}{2}$, 便可得二次型的矩阵 $\boldsymbol{A}$.

5.1.2 合同变换

对于二次型 $f(x_1,x_2,\cdots,x_n)=\boldsymbol{x}^{\mathrm{T}}\boldsymbol{A}\boldsymbol{x}$, 设 $y=\begin{pmatrix}y_1\\y_2\\\vdots\\y_n\end{pmatrix}$, 若存在可逆线性变换 $\boldsymbol{x}=\boldsymbol{C}\boldsymbol{y}$, 使二次型 $\boldsymbol{x}^{\mathrm{T}}\boldsymbol{A}\boldsymbol{x}$ 化为

$$f(x_1,x_2,\cdots,x_n)=\boldsymbol{x}^{\mathrm{T}}\boldsymbol{A}\boldsymbol{x}=(\boldsymbol{C}\boldsymbol{y})^{\mathrm{T}}\boldsymbol{A}(\boldsymbol{C}\boldsymbol{y})=\boldsymbol{y}^{\mathrm{T}}(\boldsymbol{C}^{\mathrm{T}}\boldsymbol{A}\boldsymbol{C})\boldsymbol{y},\tag{5.1.3}$$

记 $\boldsymbol{B}=\boldsymbol{C}^{\mathrm{T}}\boldsymbol{A}\boldsymbol{C}$, 那么 (5.1.3) 式可写成 $\boldsymbol{y}^{\mathrm{T}}\boldsymbol{B}\boldsymbol{y}$, f 化成了变量 $y_1,y_2,\cdots,y_n$ 的一个二次型.

由 $\boldsymbol{B}^{\mathrm{T}}=(\boldsymbol{C}^{\mathrm{T}}\boldsymbol{A}\boldsymbol{C})^{\mathrm{T}}=\boldsymbol{C}^{\mathrm{T}}\boldsymbol{A}\boldsymbol{C}=\boldsymbol{B}$ 可知 $\boldsymbol{B}$ 仍为对称矩阵, 是二次型 $\boldsymbol{y}^{\mathrm{T}}\boldsymbol{B}\boldsymbol{y}$ 的矩阵. 若原二次型的矩阵为 $\boldsymbol{A}$, 那么线性变换 $\boldsymbol{x}=\boldsymbol{C}\boldsymbol{y}$ 所得二次型的矩阵为 $\boldsymbol{B}=\boldsymbol{C}^{\mathrm{T}}\boldsymbol{A}\boldsymbol{C}$.

定义 5.1.2 对于数域 P 上的两个 n 阶矩阵 $\boldsymbol{A}$ 和 $\boldsymbol{B}$, 如果存在可逆矩阵 $\boldsymbol{C}$ 使得 $\boldsymbol{B}=\boldsymbol{C}^{\mathrm{T}}\boldsymbol{A}\boldsymbol{C}$, 则称 $\boldsymbol{A}$ 和 $\boldsymbol{B}$ 是合同的, 记为 $\boldsymbol{A}\simeq\boldsymbol{B}$. 并称 $\boldsymbol{A}$ 到 $\boldsymbol{C}^{\mathrm{T}}\boldsymbol{A}\boldsymbol{C}=\boldsymbol{B}$ 的变换为合同变换.

合同关系满足:

(1) 自反性: $\boldsymbol{A}\simeq\boldsymbol{A}$;

(2) 对称性: $\boldsymbol{A}\simeq\boldsymbol{B}$ 则 $\boldsymbol{B}\simeq\boldsymbol{A}$;

(3) 传递性: $\boldsymbol{A}\simeq\boldsymbol{B}$ 且 $\boldsymbol{B}\simeq\boldsymbol{C}$ 则 $\boldsymbol{A}\simeq\boldsymbol{C}$.

容易得到: 若 $\boldsymbol{A}$ 和 $\boldsymbol{B}$ 是合同的, 则

(1) $R(\boldsymbol{A})=R(\boldsymbol{B})$.

(2) 若 $\boldsymbol{A}$ 可逆时, 则 $\boldsymbol{B}$ 可逆.

(3) $\boldsymbol{A}^{\mathrm{T}}$ 和 $\boldsymbol{B}^{\mathrm{T}}$ 也合同. 事实上, 若 $\boldsymbol{C}^{\mathrm{T}}\boldsymbol{A}\boldsymbol{C}=\boldsymbol{B}$, 则 $\boldsymbol{C}^{\mathrm{T}}\boldsymbol{A}^{\mathrm{T}}\boldsymbol{C}=\boldsymbol{B}^{\mathrm{T}}$.

例 5.1.3 设方阵

$$\boldsymbol{A}=\begin{pmatrix}1&1\\-1&2\end{pmatrix},\quad \boldsymbol{B}=\begin{pmatrix}1&1\\4&2\end{pmatrix},$$

判断 $\boldsymbol{A}$ 和 $\boldsymbol{B}$ 在实数域上是否合同?

解 若存在可逆矩阵 $\boldsymbol{C}$, 使得 $\boldsymbol{B}=\boldsymbol{C}^{\mathrm{T}}\boldsymbol{A}\boldsymbol{C}$, 则有

$$|\boldsymbol{B}|=|\boldsymbol{C}|^2\,|\boldsymbol{A}|,$$

但 $|\boldsymbol{A}|>0,|\boldsymbol{B}|<0$, 故不存在可逆矩阵 $\boldsymbol{C}$, 使得 $\boldsymbol{B}=\boldsymbol{C}^{\mathrm{T}}\boldsymbol{A}\boldsymbol{C}$ 成立, 因此 $\boldsymbol{A}$ 和 $\boldsymbol{B}$ 不合同.

5.2 二次型的标准形

对于二次型, 我们研究的主要问题是: 通过可逆线性变换, 将原二次型化为只含有平方项的二次型, 即标准二次型, 这里仅讨论实二次型, 所用线性变换也限于实系数范围.

5.2.1 利用正交变换化二次型为标准形

定义 5.2.1 如果对于 n 元二次型 $f(x_1,x_2,\cdots,x_n)=\boldsymbol{x}^{\mathrm{T}}\boldsymbol{A}\boldsymbol{x}$, 存在可逆线性变换 $\boldsymbol{x}=\boldsymbol{C}\boldsymbol{y}$, 将 f 化为只含有变量的平方项而不含变量的交叉乘积项的形式

$$\lambda_1y_1^2+\lambda_2y_2^2+\cdots+\lambda_ny_n^2,$$

则称此二次型为二次型 f 的标准形, 若 $\lambda_1,\ \lambda_2,\cdots,\lambda_n$ 只取 $\{1,\ -1,\ 0\}$ 中的数, 则称此二次型为二次型 f 的规范形.

对于二次型 $f(x_1,x_2,\cdots,x_n)=\boldsymbol{x}^{\mathrm{T}}\boldsymbol{A}\boldsymbol{x}$, 可以经可逆线性变换 $\boldsymbol{x}=\boldsymbol{C}\boldsymbol{y}$ 化为标准形, 即

$$\begin{aligned}f=&\boldsymbol{x}^{\mathrm{T}}\boldsymbol{A}\boldsymbol{x}=(\boldsymbol{C}\boldsymbol{y})^{\mathrm{T}}\boldsymbol{A}(\boldsymbol{C}\boldsymbol{y})=\boldsymbol{y}^{\mathrm{T}}(\boldsymbol{C}^{\mathrm{T}}\boldsymbol{A}\boldsymbol{C})\boldsymbol{y}=\lambda_1y_1^2+\lambda_2y_2^2+\cdots+\lambda_ny_n^2\\=&f(y_1,y_2,\cdots,y_n)\begin{pmatrix}\lambda_1&&&\\&\lambda_2&&\\&&\ddots&\\&&&\lambda_n\end{pmatrix}\begin{pmatrix}y_1\\y_2\\\vdots\\y_n\end{pmatrix}.\end{aligned}$$

对于二次型的矩阵 $\boldsymbol{A}$, 即存在可逆矩阵 $\boldsymbol{C}$, 使

$$C^{\mathrm{T}}AC=\begin{pmatrix}\lambda_1 & & & \\ & \lambda_2 & & \\ & & \ddots & \\ & & & \lambda_n\end{pmatrix}.$$

所以, 寻求可逆线性变换 $\boldsymbol{x}=\boldsymbol{Cy}$ 化 f 为标准形, 从矩阵的角度讲, 就是寻求可逆矩阵 $\boldsymbol{C}$, 使 $\boldsymbol{C}^{\mathrm{T}}\boldsymbol{AC}$ 为对角矩阵. 由于二次型由它的实对称矩阵唯一确定, 而二次型的标准形的矩阵为对角矩阵, 故寻求可逆线性变换 $\boldsymbol{x}=\boldsymbol{Cy}$ 化 f 为标准形, 其实质就是利用合同变换化实对称矩阵为对角矩阵.

显然, f 的标准形中系数非零的平方项的个数等于 f 的秩.

由第 4 章的知识: 对于任何实对称矩阵 $\boldsymbol{A}$, 必存在正交矩阵 $\boldsymbol{P}$, 使得 $\boldsymbol{P}^{-1}\boldsymbol{AP}=\boldsymbol{P}^{\mathrm{T}}\boldsymbol{AP}$ 为对角矩阵, 将此结论应用于二次型, 就有以下结论.

定理 5.2.1 对于任意 n 元二次型 $f(x_1,x_2,\cdots,x_n)=\boldsymbol{x}^{\mathrm{T}}\boldsymbol{Ax}$, 一定存在正交线性变换 $\boldsymbol{x}=\boldsymbol{Py}$(其中 $\boldsymbol{P}$ 为正交矩阵), 化 f 为标准形

$$f=\lambda_1y_1^2+\lambda_2y_2^2+\cdots+\lambda_ny_n^2,$$

其中 $\lambda_1,\lambda_2,\cdots,\lambda_n$ 为 $\boldsymbol{A}$ 的全部特征值.

例 5.2.1 求一个正交变换 $\boldsymbol{x}=\boldsymbol{Py}$ 把二次型 $f=5x_1^2+2x_2^2+2x_2x_3+2x_3^2$ 化为标准形.

解 二次型的矩阵

$$\boldsymbol{A}=\begin{pmatrix}5&0&0\\0&2&1\\0&1&2\end{pmatrix},$$

由特征方程

$$|\boldsymbol{A}-\lambda\boldsymbol{E}|=\begin{vmatrix}5-\lambda&0&0\\0&2-\lambda&1\\0&1&2-\lambda\end{vmatrix}=(1-\lambda)(3-\lambda)(5-\lambda)=0$$

得 $\boldsymbol{A}$ 的特征值 $\lambda_1=1,\lambda_2=3,\lambda_3=5$.

当 $\lambda_1=1$ 时, 解方程组 $(\boldsymbol{A}-\boldsymbol{E})\boldsymbol{x}=\boldsymbol{0}$, 得基础解系

$$\boldsymbol{\alpha}_1=\begin{pmatrix}0\\-1\\1\end{pmatrix},$$

单位化得

$$\boldsymbol{p}_1 = \begin{pmatrix} 0 \\ -\dfrac{1}{\sqrt{2}} \\ \dfrac{1}{\sqrt{2}} \end{pmatrix}.$$

当 $\lambda_2 = 3$ 时, 解方程组 $(\boldsymbol{A} - 3\boldsymbol{E})\boldsymbol{x} = \boldsymbol{0}$, 得基础解系

$$\boldsymbol{\alpha}_2 = \begin{pmatrix} 0 \\ 1 \\ 1 \end{pmatrix},$$

单位化得

$$\boldsymbol{p}_2 = \begin{pmatrix} 0 \\ \dfrac{1}{\sqrt{2}} \\ \dfrac{1}{\sqrt{2}} \end{pmatrix}.$$

当 $\lambda_3 = 5$ 时, 解方程组 $(\boldsymbol{A} - 5\boldsymbol{E})\boldsymbol{x} = \boldsymbol{0}$, 得基础解系

$$\boldsymbol{\alpha}_3 = \begin{pmatrix} 1 \\ 0 \\ 0 \end{pmatrix},$$

单位化得

$$\boldsymbol{p}_3 = \begin{pmatrix} 1 \\ 0 \\ 0 \end{pmatrix}.$$

于是由正交变换

$$\begin{pmatrix} x_1 \\ x_2 \\ x_3 \end{pmatrix} = \begin{pmatrix} 0 & 0 & 1 \\ -\dfrac{1}{\sqrt{2}} & \dfrac{1}{\sqrt{2}} & 0 \\ \dfrac{1}{\sqrt{2}} & \dfrac{1}{\sqrt{2}} & 0 \end{pmatrix} \begin{pmatrix} y_1 \\ y_2 \\ y_3 \end{pmatrix}$$

得二次型 $f = 5x_1^2 + 2x_2^2 + 2x_2x_3 + 2x_3^2$ 的标准形为

$$f = y_1^2 + 3y_2^2 + 5y_3^2.$$

例 5.2.2　求一个正交变换 $\boldsymbol{x} = \boldsymbol{P}\boldsymbol{y}$ 把二次型 $f = -2x_1x_2 + 2x_1x_3 + 2x_2x_3$ 化为标准形.

解 二次型 f 的矩阵为

$$\boldsymbol{A}=\begin{pmatrix}0&-1&1\\-1&0&1\\1&1&0\end{pmatrix}.$$

由特征方程

$$|\boldsymbol{A}-\lambda\boldsymbol{E}|=\begin{vmatrix}-\lambda&-1&1\\-1&-\lambda&1\\1&1&-\lambda\end{vmatrix}=\begin{vmatrix}1-\lambda&0&0\\-1&-1-\lambda&1\\1&2&-\lambda\end{vmatrix}=-(\lambda-1)^2(\lambda+2)=0$$

得 $\boldsymbol{A}$ 的特征值 $\lambda_1=-2,\ \lambda_2=\lambda_3=1$.

当 $\lambda_1=-2$ 时, 解方程组 $(\boldsymbol{A}+2\boldsymbol{E})\boldsymbol{x}=\boldsymbol{0}$, 得基础解系

$$\boldsymbol{\alpha}_1=\begin{pmatrix}-1\\-1\\1\end{pmatrix},$$

单位化得

$$\boldsymbol{p}_1=\frac{1}{\sqrt{3}}\begin{pmatrix}-1\\-1\\1\end{pmatrix}.$$

当 $\lambda_2=\lambda_3=1$ 时, 解方程组 $(\boldsymbol{A}+2\boldsymbol{E})\boldsymbol{x}=\boldsymbol{0}$, 得基础解系

$$\boldsymbol{\alpha}_2=\begin{pmatrix}-1\\1\\0\end{pmatrix},\quad \boldsymbol{\alpha}_3=\begin{pmatrix}1\\0\\1\end{pmatrix},$$

将 $\boldsymbol{\alpha}_2,\boldsymbol{\alpha}_3$ 正交化, 得

$$\begin{aligned}&\boldsymbol{\eta}_2=\boldsymbol{\alpha}_2,\\&\boldsymbol{\eta}_3=\boldsymbol{\alpha}_3-\frac{[\boldsymbol{\eta}_2,\boldsymbol{\alpha}_3]}{\|\boldsymbol{\eta}_2\|^2}\boldsymbol{\eta}_2=\frac{1}{2}\begin{pmatrix}1\\1\\2\end{pmatrix},\end{aligned}$$

再将 $\boldsymbol{\eta}_2,\boldsymbol{\eta}_3$ 单位化得

$$\boldsymbol{p}_2=\frac{1}{\sqrt{2}}\begin{pmatrix}-1\\1\\0\end{pmatrix},\quad \boldsymbol{p}_3=\frac{1}{\sqrt{6}}\begin{pmatrix}1\\1\\2\end{pmatrix}.$$

令

$$P=(\boldsymbol{p}_1,\boldsymbol{p}_2,\boldsymbol{p}_3)=\begin{pmatrix}-\frac{1}{\sqrt{3}} & -\frac{1}{\sqrt{2}} & \frac{1}{\sqrt{6}}\\ -\frac{1}{\sqrt{3}} & \frac{1}{\sqrt{2}} & \frac{1}{\sqrt{6}}\\ \frac{1}{\sqrt{3}} & 0 & \frac{2}{\sqrt{6}}\end{pmatrix}.$$

于是有正交变换

$$\begin{pmatrix}x_1\\x_2\\x_3\end{pmatrix}=\begin{pmatrix}-\frac{1}{\sqrt{3}} & -\frac{1}{\sqrt{2}} & \frac{1}{\sqrt{6}}\\ -\frac{1}{\sqrt{3}} & \frac{1}{\sqrt{2}} & \frac{1}{\sqrt{6}}\\ \frac{1}{\sqrt{3}} & 0 & \frac{2}{\sqrt{6}}\end{pmatrix}\begin{pmatrix}y_1\\y_2\\y_3\end{pmatrix},$$

将二次型 $f=-2x_1x_2+2x_1x_3+2x_2x_3$ 化为标准形

$$f=-2y_1^2+y_2^2+y_3^2.$$

由例 5.2.1 和例 5.2.2 可得用正交变换将二次型化为标准形的一般步骤.

(1) 写出 f 的矩阵 $\boldsymbol{A}$, 并求出 $\boldsymbol{A}$ 的所有相异的特征值 $\lambda_1,\cdots,\lambda_m$, 重数分别为 $s_1,\cdots,s_m$, 其中 $s_1+s_2+\cdots+s_m=n$.

(2) 对于每个 s_i 重特征值 λ_i, 求方程 $(\boldsymbol{A}-\lambda_i\boldsymbol{E})\boldsymbol{x}=\boldsymbol{0}$ 的基础解系, 得 s_i 个线性无关的特征向量, 将它们正交化、单位化, 得 s_i 个两两正交的单位特征向量 $\boldsymbol{p}_{i1},\cdots,\boldsymbol{p}_{is_i}(i=1,2,\cdots,m)$.

(3) 取 $P=(\boldsymbol{p}_{11},\cdots,\boldsymbol{p}_{1s_1},\cdots,\boldsymbol{p}_{m1},\cdots,\boldsymbol{p}_{ms_m})$, 则 $\boldsymbol{P}^{-1}\boldsymbol{A}\boldsymbol{P}=\boldsymbol{\Lambda}$, 由正交变换 $\boldsymbol{x}=\boldsymbol{P}\boldsymbol{y}$ 即可将 f 化为标准形.

5.2.2 利用配方法化二次型为标准形

利用可逆线性变换 $\boldsymbol{x}=\boldsymbol{C}\boldsymbol{y}$ 化二次型 f 为标准形的方法除正交变换法外, 还有其他一些方法, 如无特别要求, 还可以利用以下配方法化二次型为标准形.

情形 I 如果 f 中含有变量的平方项, 直接按照变量配成完全平方.

例 5.2.3 化二次型 $f=x_1^2-4x_1x_2+2x_1x_3+x_2^2+2x_2x_3-2x_3^2$ 为标准形, 并求所用的变换矩阵.

解 二次型

$$\begin{aligned}f=&(x_1^2-4x_1x_2+2x_1x_3)+x_2^2+2x_2x_3-2x_3^2\\=&((x_1-2x_2+x_3)^2-4x_2^2-x_3^2+4x_2x_3)+x_2^2+2x_2x_3-2x_3^2\\=&(x_1-2x_2+x_3)^2-3x_2^2+6x_2x_3-3x_3^2\end{aligned}$$

$$=(x_1-2x_2+x_3)^2-3(x_2-x_3)^2.$$

令

$$\begin{cases} y_1=x_1-2x_2+x_3, \\ y_2=x_2-x_3, \\ y_3=x_3, \end{cases}$$

即

$$\begin{cases} x_1=y_1+2y_2+y_3, \\ x_2=y_2+y_3, \\ x_3=y_3. \end{cases}$$

就把 f 化成标准形:

$$f=y_1^2-3y_2^2.$$

所用线性变换矩阵为

$$\boldsymbol{C}=\begin{pmatrix} 1 & 2 & 1 \\ 0 & 1 & 1 \\ 0 & 0 & 1 \end{pmatrix}, \quad |\boldsymbol{C}|\neq 0.$$

情形 II 如果 f 中不含有变量的平方项, 但含变量的交叉乘积项 x_ix_j, 则先作可逆线性变换

$$\begin{cases} x_i=y_i+y_j, \\ x_j=y_i-y_j, \qquad k\neq i,j, \\ x_k=y_k, \end{cases}$$

使 f 中出现变量的平方项, 再按照情形 I 进行配方.

例 5.2.4 化二次型 $f=x_1x_2+x_1x_3+3x_2x_3$ 为标准形, 并求所用的变换矩阵.

解 令 $\begin{cases} x_1=y_1+y_2, \\ x_2=y_1-y_2 \\ x_3=y_3, \end{cases}$, 代入原二次型, 再配方可得

$$\begin{aligned} f=&y_1^2+3y_1y_3-y_2^2-y_2y_3=\left(y_1+\frac{3}{2}y_3\right)^2-\frac{9}{4}y_3^2-y_2^2-y_2y_3 \\ =&\left(y_1+\frac{3}{2}y_3\right)^2-\left(\left(y_2+\frac{1}{2}y_3\right)^2-\frac{1}{4}y_3^2\right)-\frac{9}{4}y_3^2 \\ =&\left(y_1+\frac{3}{2}y_3\right)^2-\left(y_2+\frac{1}{2}y_3\right)^2-2y_3^2. \end{aligned}$$

令

$$\begin{cases} z_1 = y_1 + \dfrac{3}{2}y_3, \\ z_2 = y_2 + \dfrac{1}{2}y_3, \\ z_3 = y_3, \end{cases}$$

即

$$\begin{cases} y_1 = z_1 - \dfrac{3}{2}z_3, \\ y_2 = z_2 - \dfrac{1}{2}z_3, \\ y_3 = z_3, \end{cases}$$

得二次型标准形为

$$f = z_1^2 - z_2^2 - 2z_3^2.$$

所用变换矩阵为

$$\boldsymbol{C} = \begin{pmatrix} 1 & 1 & 0 \\ 1 & -1 & 0 \\ 0 & 0 & 1 \end{pmatrix} \begin{pmatrix} 1 & 0 & -\dfrac{3}{2} \\ 0 & 1 & -\dfrac{1}{2} \\ 0 & 0 & 1 \end{pmatrix} = \begin{pmatrix} 1 & 1 & -2 \\ 1 & -1 & -1 \\ 0 & 0 & 1 \end{pmatrix}, \quad |\boldsymbol{C}| \neq 0.$$

应该注意, 用配方法化二次型 $f = \boldsymbol{x}^{\mathrm{T}}\boldsymbol{A}\boldsymbol{x}$ 所得的标准形中, 对应的变换必须是可逆的, 而这种变换不能保证是保长度的, 其实际应用价值较低. 而正交变换对应 "坐标" 旋转变换, 是有重要应用价值的.

5.2.3　二次曲面的标准方程

在平面解析几何中, 可以利用旋转变换将二次曲线化为标准方程, 对这一方法进行推广, 借助于二次型理论, 可将此应用于二次曲面的分类问题.

例 5.2.5　二次曲面 S 在直角坐标系中的方程为

$$x^2 + 4y^2 + z^2 - 4xy - 8xz - 4yz - 1 = 0,$$

作直角坐标变换, 将其化为标准方程, 并指出 S 是什么样的二次曲面.

解　方程左边二次项部分

$$f(x, y, z) = x^2 + 4y^2 + z^2 - 4xy - 8xz - 4yz,$$

此二次型 f 的矩阵

$$\boldsymbol{A} = \begin{pmatrix} 1 & -2 & -4 \\ -2 & 4 & -2 \\ -4 & -2 & 1 \end{pmatrix}.$$

由

$$|\boldsymbol{A}-\lambda\boldsymbol{E}|=\begin{vmatrix}1-\lambda & -2 & -4\\ -2 & 4-\lambda & -2\\ -4 & -2 & 1-\lambda\end{vmatrix}=\begin{vmatrix}1-\lambda & -2 & -4\\ -2 & 4-\lambda & -2\\ 0 & 2\lambda-10 & 5-\lambda\end{vmatrix}$$

$$=\begin{vmatrix}1-\lambda & -10 & -4\\ -2 & -\lambda & -2\\ 0 & 0 & 5-\lambda\end{vmatrix}=(5-\lambda)\begin{vmatrix}1-\lambda & -10\\ -2 & -\lambda\end{vmatrix}$$

$$=(5-\lambda)(\lambda^2-\lambda-20)=-(5-\lambda)^2(\lambda+4).$$

令 $|\boldsymbol{A}-\lambda\boldsymbol{E}|=0$, 得 $\boldsymbol{A}$ 的特征值 $\lambda_1=\lambda_2=5, \lambda_3=-4$.

当 $\lambda_1=\lambda_2=5$ 时, 解方程 $(\boldsymbol{A}-5\boldsymbol{E})\boldsymbol{x}=\boldsymbol{0}$,

$$(\boldsymbol{A}-5\boldsymbol{E})=\begin{pmatrix}-4 & -2 & -4\\ -2 & -1 & -2\\ -4 & -2 & -4\end{pmatrix}\overset{r}{\sim}\begin{pmatrix}1 & \frac{1}{2} & 1\\ 0 & 0 & 0\\ 0 & 0 & 0\end{pmatrix}$$

得基础解系: $\boldsymbol{\alpha}_1=\begin{pmatrix}1\\ -4\\ 1\end{pmatrix}$, $\boldsymbol{\alpha}_2=\begin{pmatrix}1\\ 0\\ -1\end{pmatrix}$.

由 $\boldsymbol{\alpha}_1, \boldsymbol{\alpha}_2$ 正交, 直接单位化得

$$\boldsymbol{p}_1=\frac{\sqrt{2}}{6}\begin{pmatrix}1\\ -4\\ 1\end{pmatrix}, \quad \boldsymbol{p}_2=\frac{\sqrt{2}}{2}\begin{pmatrix}1\\ 0\\ -1\end{pmatrix}.$$

当 $\lambda_3=-4$ 时, 解方程 $(\boldsymbol{A}+4\boldsymbol{E})\boldsymbol{x}=\boldsymbol{0}$: 由

$$(\boldsymbol{A}+4\boldsymbol{E})=\begin{pmatrix}5 & -2 & -4\\ -2 & 8 & -2\\ -4 & -2 & 5\end{pmatrix}\sim\begin{pmatrix}1 & -4 & 1\\ 0 & -2 & 1\\ 0 & 0 & 0\end{pmatrix}$$

得基础解系

$$\boldsymbol{\alpha}_1=\begin{pmatrix}2\\ 1\\ 2\end{pmatrix}.$$

单位化得

$$\boldsymbol{p}_3 = \frac{1}{3}\begin{pmatrix} 2 \\ 1 \\ 2 \end{pmatrix}.$$

令

$$\boldsymbol{P} = \begin{pmatrix} \dfrac{\sqrt{2}}{6} & \dfrac{\sqrt{2}}{2} & \dfrac{2}{3} \\ -\dfrac{2\sqrt{2}}{3} & 0 & \dfrac{1}{3} \\ \dfrac{\sqrt{2}}{6} & -\dfrac{\sqrt{2}}{2} & \dfrac{2}{3} \end{pmatrix},$$

则 $\boldsymbol{P}$ 是正交矩阵, 且 $\boldsymbol{P}^{-1}\boldsymbol{A}\boldsymbol{P} = \begin{pmatrix} 5 & 0 & 0 \\ 0 & 5 & 0 \\ 0 & 0 & -4 \end{pmatrix}$. 令

$$\boldsymbol{B} = \begin{pmatrix} 5 & 0 & 0 \\ 0 & 5 & 0 \\ 0 & 0 & -4 \end{pmatrix},$$

由正交变换

$$\begin{pmatrix} x \\ y \\ z \end{pmatrix} = \boldsymbol{B}\begin{pmatrix} x_1 \\ y_1 \\ z_1 \end{pmatrix}$$

得

$$f(x, y, z) = 5x_1^2 + 5y_1^2 - 4z_1^2.$$

因此, 通过直角坐标变换, 二次曲面 S 在直角坐标系中的方程为

$$5x_1^2 + 5y_1^2 - 4z_1^2 = 1.$$

二次曲面 S 为单叶双曲面.

5.3 正定二次型

本节将讨论一类特殊的二次型 —— 正定二次型, 二次型及其对应矩阵的正定性在多元函数的极值问题以及稳定性理论等方面都有广泛的应用.

5.3.1 正定二次型的概念

定义 5.3.1 设 n 元二次型 $f(x) = \boldsymbol{x}^{\mathrm{T}}\boldsymbol{A}\boldsymbol{x}$ $(\boldsymbol{A}^{\mathrm{T}} = \boldsymbol{A})$, 若对于任意实向量 $\boldsymbol{x} \neq \boldsymbol{0}$, 都有

(1) $f(x) > 0$, 则称 f 为正定二次型, 并称实对称矩阵 $\boldsymbol{A}$ 为正定矩阵;

(2) $f(x) < 0$, 则称 f 为负定二次型, 并称实对称矩阵 $\boldsymbol{A}$ 为负定矩阵;

(3) 如果 f 既不正定, 也不负定, 则称 f 为不定二次型, 并称实对称矩阵 $\boldsymbol{A}$ 是不定的.

例如, 二次型 $f = 5x_1^2 + 2x_2^2 + 2x_3^2$, 对任意 $\boldsymbol{x} = (x_1, x_2, x_3)^{\mathrm{T}} \neq 0$, 有 $f(\boldsymbol{x}) > 0$, 为正定二次型; 而二次型 $f = -x_1^2 - 2x_2^2$, 为负定二次型; 又二次型 $f = x_1^2 + x_2^2 - 3x_3^2$ 为不定二次型. 可见, 若已知二次型为标准形, 判断其正定性非常容易, 对于一般以非标准形出现的二次型, 可以根据以下定理, 由其标准形加以判定.

定理 5.3.1 二次型经可逆线性变换后, 其正定性不变.

证明 设 n 元二次型 $f(x) = \boldsymbol{x}^{\mathrm{T}}\boldsymbol{A}\boldsymbol{x}$, 经可逆线性变换 $\boldsymbol{x} = \boldsymbol{C}\boldsymbol{y}$ 后化为

$$f(x) = \boldsymbol{x}^{\mathrm{T}}\boldsymbol{A}\boldsymbol{x} \xlongequal{\boldsymbol{x}=\boldsymbol{C}\boldsymbol{y}} \boldsymbol{y}^{\mathrm{T}}(\boldsymbol{C}^{\mathrm{T}}\boldsymbol{A}\boldsymbol{C})\boldsymbol{y} \xlongequal{\boldsymbol{C}^{\mathrm{T}}\boldsymbol{A}\boldsymbol{C}=\boldsymbol{B}} \boldsymbol{y}^{\mathrm{T}}\boldsymbol{B}\boldsymbol{y},$$

设 $f(\boldsymbol{x}) = \boldsymbol{x}^{\mathrm{T}}\boldsymbol{A}\boldsymbol{x}$ 为正定二次型, 即对任意 $\boldsymbol{x} = (x_1, x_2, \cdots, x_n)^{\mathrm{T}} \neq \boldsymbol{0}$, 有 $f(\boldsymbol{x}) > 0$, 因而对于任意 $\boldsymbol{y}_0 \neq \boldsymbol{0}$, 注意到 $\boldsymbol{x}_0 = \boldsymbol{C}\boldsymbol{y}_0 \neq \boldsymbol{0}$, 故有

$$\boldsymbol{y}_0{}^{\mathrm{T}}\boldsymbol{B}\boldsymbol{y}_0 = \boldsymbol{y}_0{}^{\mathrm{T}}(\boldsymbol{C}^{\mathrm{T}}\boldsymbol{A}\boldsymbol{C})\boldsymbol{y}_0 = (\boldsymbol{C}\boldsymbol{y}_0)^{\mathrm{T}}\boldsymbol{A}(\boldsymbol{C}\boldsymbol{y}_0) = \boldsymbol{x}_0{}^{\mathrm{T}}\boldsymbol{A}\boldsymbol{x}_0 > 0,$$

故二次型 $\boldsymbol{y}^{\mathrm{T}}\boldsymbol{B}\boldsymbol{y}$ 正定. 同理可证, 当 $\boldsymbol{y}^{\mathrm{T}}\boldsymbol{B}\boldsymbol{y}$ 正定时, $f(\boldsymbol{x}) = \boldsymbol{x}^{\mathrm{T}}\boldsymbol{A}\boldsymbol{x}$ 也正定, 因此二次型 $\boldsymbol{x}^{\mathrm{T}}\boldsymbol{A}\boldsymbol{x}$ 与 $\boldsymbol{y}^{\mathrm{T}}\boldsymbol{B}\boldsymbol{y}$ 具有相同的正定性.

定理 5.3.1 也同时证明了二次型的矩阵 $\boldsymbol{A}$ 与 $\boldsymbol{C}^{\mathrm{T}}\boldsymbol{A}\boldsymbol{C}$(其中 $\boldsymbol{C}$ 为可逆矩阵) 有相同的正定性.

由 5.2 节的可知二次型的标准形并不是唯一的, 但标准形中所含的项数是唯一的, 通过进一步讨论可有以下结论.

定理 5.3.2(惯性定理) 设 n 元二次型 $f(\boldsymbol{x}) = \boldsymbol{x}^{\mathrm{T}}\boldsymbol{A}\boldsymbol{x}$, 秩为 r, 若存在可逆变换 $\boldsymbol{x} = \boldsymbol{C}\boldsymbol{y}$ 及 $\boldsymbol{x} = \boldsymbol{P}\boldsymbol{z}$ 使

$$f = k_1 y_1^2 + k_2 y_2^2 + \cdots + k_r y_r^2 \ (k_i \neq 0)$$

及

$$f = \lambda_1 z_1^2 + \lambda_2 z_2^2 + \cdots + \lambda_r z_r^2 \ (\lambda_i \neq 0), \quad i = 1, 2, \cdots, r,$$

则 $k_1, \cdots, k_r$ 与 $\lambda_1, \cdots, \lambda_r$ 中所含正数的个数相同.

这里不予证明.

显然, $k_1, \cdots, k_r$ 与 $\lambda_1, \cdots, \lambda_r$ 中所含负数的个数也是相同的. 定理 5.3.2 中 $k_1, \cdots, k_r$ 与 $\lambda_1, \cdots, \lambda_r$ 中所含正数的个数称为二次型的正惯性指数, $k_1, \cdots, k_r$ 与 $\lambda_1, \cdots, \lambda_r$ 中所含负数的个数称为二次型的负惯性指数.

5.3.2 正定二次型的判定

定理 5.3.3 n 元二次型 $f(\boldsymbol{x}) = \boldsymbol{x}^{\mathrm{T}}\boldsymbol{A}\boldsymbol{x}$ 为正定二次型的充分必要条件是: 它的标准形的 n 个系数全部为正, 即二次型的正惯性指数为 n.

证明 由 n 元二次型 $f(\boldsymbol{x}) = \boldsymbol{x}^{\mathrm{T}}\boldsymbol{A}\boldsymbol{x}$, 存在可逆变换 $\boldsymbol{x} = \boldsymbol{C}\boldsymbol{y}$, 使

$$f(\boldsymbol{x}) = f(\boldsymbol{C}\boldsymbol{y}) = \sum_{i=1}^{n} k_i y_i^2.$$

充分性. 若 $k_i > 0\ (i = 1, 2, \cdots, n)$, 则对任意的 $\boldsymbol{x} \neq \boldsymbol{0}$, 有 $\boldsymbol{y} = \boldsymbol{C}^{-1}\boldsymbol{x} \neq \boldsymbol{0}$, 从而

$$f(\boldsymbol{x}) = f(\boldsymbol{C}\boldsymbol{y}) = \sum_{i=1}^{n} k_i y_i^2 > 0.$$

得 $f(\boldsymbol{x}) = \boldsymbol{x}^{\mathrm{T}}\boldsymbol{A}\boldsymbol{x}$ 为正定二次型.

必要性. 假设存在 $k_j \leqslant 0\ (1 \leqslant j \leqslant n)$, 则当 $\boldsymbol{y} = \boldsymbol{e}_j = (0, \cdots, 1, 0, \cdots, 0)^{\mathrm{T}}$ 时, 存在

$$\boldsymbol{x} = \boldsymbol{C}\boldsymbol{e}_j \neq \boldsymbol{0}, \quad f(\boldsymbol{x}) = f(\boldsymbol{C}\boldsymbol{e}_j) = k_j \leqslant 0.$$

与 $f(\boldsymbol{x}) = \boldsymbol{x}^{\mathrm{T}}\boldsymbol{A}\boldsymbol{x}$ 为正定二次型相矛盾, 故有 $k_i > 0\ (i = 1, 2, \cdots, n)$.

由定理 5.3.3 不难得到以下结论.

推论 5.3.1 实对称矩阵 $\boldsymbol{A}$ 为正定矩阵的充分必要条件是: $\boldsymbol{A}$ 的 n 个特征值全为正.

定义 5.3.2 由 n 阶对称矩阵 $\boldsymbol{A}$ 的前 k 行、前 k 列 $(k = 1, 2, \cdots, n)$ 元素组成的 $\boldsymbol{A}$ 的 k 阶子式称为 $\boldsymbol{A}$ 的 k 阶主子式.

对于 n 元二次型的正定性, 可通过以下方法进行判定.

定理 5.3.4(赫尔维茨定理) n 阶对称矩阵 $\boldsymbol{A}$ 为正定矩阵的充分必要条件是: $\boldsymbol{A}$ 的各阶顺序主子式全为正, 即

$$\Delta_1 = a_{11} > 0, \quad \Delta_2 = \begin{vmatrix} a_{11} & a_{12} \\ a_{21} & a_{22} \end{vmatrix} > 0, \cdots, \quad \Delta_n = |\boldsymbol{A}| > 0.$$

n 阶对称矩阵 $\boldsymbol{A}$ 为负定矩阵的充分必要条件是: $\boldsymbol{A}$ 的各阶顺序主子式中, 奇数阶为负, 而偶数阶为正, 即

$$\Delta_r = (-1)^r \begin{vmatrix} a_{11} & \cdots & a_{1r} \\ \vdots & & \vdots \\ a_{r1} & \cdots & a_{rr} \end{vmatrix} > 0, \quad r = 1, 2, \cdots, n.$$

这里不予证明.

例 5.3.1　判定二次型 $f=5x_1^2+4x_2^2+x_3^2-2x_1x_2-4x_1x_3$ 的正定性.

解　方法一　二次型 f 的矩阵为

$$\boldsymbol{A}=\begin{pmatrix}5&-1&-2\\-1&4&0\\-2&0&1\end{pmatrix},$$

$\boldsymbol{A}$ 的各阶顺序主子式为

$$\begin{aligned}&\Delta_1=5>0,\\&\Delta_2=\begin{vmatrix}5&-1\\-1&4\end{vmatrix}=19>0,\\&\Delta_3=|A|=3>0.\end{aligned}$$

故二次型 f 正定.

方法二　二次型 f 的矩阵

$$\boldsymbol{A}=\begin{pmatrix}5&-1&-2\\-1&4&0\\-2&0&1\end{pmatrix},$$

$\boldsymbol{A}$ 的特征多项式

$$|\boldsymbol{A}-\lambda\boldsymbol{E}|=\begin{vmatrix}5-\lambda&-1&-2\\-1&4-\lambda&0\\-2&0&1-\lambda\end{vmatrix}=\lambda^3-10\lambda^2+24\lambda-3.$$

由 $f(0)=-3$, $f(1)=12$, $f(3)=6$, $f(4)=-3$, $f(10)=237$ 可知 $f(\lambda)=0$ 的根(即 $\boldsymbol{A}$ 的特征值)$\lambda_1,\lambda_2,\lambda_3$ 的存在区间为

$$\lambda_1\in(0,1),\quad \lambda_2\in(3,4),\quad \lambda_3\in(4,10).$$

$\boldsymbol{A}$ 的特征值全部为正, 故 f 为正定二次型.

例 5.3.2　当 t 满足什么条件时, 二次型 $f(x_1,x_2,x_3)=2x_1^2+x_2^2+x_3^2+2x_1x_2+tx_2x_3$ 为正定二次型.

解　由已知, 二次型 f 的矩阵

$$\boldsymbol{A}=\begin{pmatrix}2&1&0\\1&1&\frac{t}{2}\\0&\frac{t}{2}&1\end{pmatrix}.$$

$\boldsymbol{A}$ 的各阶顺序主子式为

$$\Delta_1 = |2| > 0, \quad \Delta_2 = \begin{vmatrix} 2 & 1 \\ 1 & 1 \end{vmatrix} = 1 > 0, \quad \Delta_3 = |\boldsymbol{A}| = 1 - \frac{t^2}{2}.$$

令 $|\boldsymbol{A}| > 0$, 得 $|t| < \sqrt{2}$, 即当 $|t| < \sqrt{2}$ 时二次型 f 为正定二次型.

习　题　5

1. 设二次型的矩阵为 $\begin{pmatrix} 2 & 1 & 0 \\ 1 & -1 & 3 \\ 0 & 3 & 4 \end{pmatrix}$, 则此二次型 $f(x_1, x_2, x_3) =($　　$)$.

2. 实二次型 $f(x_1, x_2, x_3) = x_1^2 + 2x_1x_2 + tx_2^2 + 3x_3^2$, 当 $t=($　　$)$ 时, 其秩为 2.

3. 用矩阵记号表示下列二次型.

(1) $f(x_1, x_2, x_3) = x_1^2 + 4x_1x_2 + 4x_2^2 + 2x_1x_3 + x_3^2 + 4x_2x_3$;

(2) $f(x_1, x_2, x_3) = x_1^2 + x_2^2 - 7x_3^2 - 2x_1x_2 - 4x_1x_3 - 4x_2x_3$.

4. 写出下列二次型的矩阵.

(1) $f(\boldsymbol{x}) = \boldsymbol{x}^{\mathrm{T}} \begin{pmatrix} 2 & 1 \\ 3 & 1 \end{pmatrix} \boldsymbol{x}$;

(2) $f(\boldsymbol{x}) = \boldsymbol{x}^{\mathrm{T}} \begin{pmatrix} 1 & 2 & 3 \\ 4 & 5 & 6 \\ 7 & 8 & 9 \end{pmatrix} \boldsymbol{x}$;

(3) $f(x_1, x_2, x_3) = 2x_1^2 - 4x_1x_2 + 2x_1x_3 + x_3^2$;

(4) $f(x_1, x_2, x_3) = x_1^2 - x_2^2 + 3x_3^2 + 2x_1x_2 - 2x_1x_3 + 6x_2x_3$.

5. 求一个正交变换将下列二次型化成标准形.

(1) $f(x_1, x_2, x_3) = 4x_2^2 - 3x_3^2 + 4x_1x_2 - 4x_1x_3 + 8x_2x_3$;

(2) $f(x_1, x_2, x_3) = x_1^2 + x_2^2 + x_3^2 + 2x_1x_2 + 2x_1x_3 + 2x_2x_3$.

6. 求一个正交变换把二次曲面的方程

$$3x^2 + 5y^2 + 5z^2 + 4xy - 4xz - 10yz = 1$$

化成标准方程.

7. 已知实二次型 $f(x_1, x_2, x_3) = a(x_1^2 + x_2^2 + x_3^2) + 4x_1x_2 + 4x_1x_3 + 4x_2x_3$ 经正交变换 $\boldsymbol{x} = \boldsymbol{P}\boldsymbol{y}$ 可化为标准形 $f = 6y_1^2$, 求 a.

8. n 阶实对称矩阵 $\boldsymbol{A}$ 为正定矩阵的充分必要条件是 (　　).

(A) 所有 k 阶子式为正 $(k = 1, 2, \cdots, n)$　　　　(B) $\boldsymbol{A}$ 的所有特征值非负

(C) $\boldsymbol{A}^{-1}$ 为正定矩阵 (D) $R(\boldsymbol{A})=n$

9. 若对于任意的 $x_1\neq 0, x_2\neq 0,\cdots,x_n\neq 0$, 有 $f(x_1,x_2,\cdots,x_n)>0$, 则 $f($ $)$.

(A) 正定 (B) 负定 (C) 未必正定

10. 当 a 取何值时, 二次型 $f(x_1,x_2,x_3)=x_1^2+x_2^2+5x_3^2+2ax_1x_2-2x_1x_3+4x_2x_3$ 为正定二次型.

11. 判别下列二次型的正定性.

(1) $f(x_1,x_2,x_3)=-2x_1^2-6x_2^2-4x_3^2+2x_1x_2+2x_1x_3$;

(2) $f(x_1,x_2,x_3)=x_1^2+3x_2^2+9x_3^2-2x_1x_2+4x_1x_3$.

12. 证明: 对称阵 $\boldsymbol{A}$ 为正定矩阵的充分必要条件是: 存在可逆矩阵 $\boldsymbol{U}$, 使 $\boldsymbol{A}=\boldsymbol{U}^{\mathrm{T}}\boldsymbol{U}$, 即 $\boldsymbol{A}$ 与单位阵 $\boldsymbol{E}$ 合同.

习题解答或提示

习　题　1

1. (1) 0;　(2) 7;　(3) 11;　(4) 3;　(5) $\dfrac{n(n-1)}{2}$;　(6)$n(n-1)$.

2. (1) $i=8, j=3$;　(2) $i=8, j=6$.

3. (1) -4;　(2) $3abc-a^3-b^3-c^3$;　(3) $(c-b)(c-a)(b-a)$;　(4)$-2(x^3+y^3)$.

4. (1) 24;　(2) -24.

5. -12.

6. (1) 40;　(2) -16;　(3) a^4+3a^2+1;　(4) -48.

7. 证明略.

8. (1) $n!\left(1-\sum\limits_{k=2}^{n}\dfrac{2k-1}{k}\right)$;　(2) $x^{n-1}\left(x+\sum\limits_{i=1}^{n}a_i\right)$.

9. -6.

10. (1) 0;　(2) -3.

11. (1) $x^n+(-1)^{1+n}y^n$;　(2) $(a+b+c)(c-b)(c-a)(b-a)$;　(3) $\sum\limits_{i=0}^{n}a^i$;

    (4) $b^{\frac{n(n+1)}{2}}\left(1+y\sum\limits_{k=0}^{n}\dfrac{1}{b^k}\right)$;　(5) $(-1)^{n-1}(n-1)2^{n-2}$;　(6) $(a^2-1)^n$.

12. 证明略.

13. (1) $\begin{cases} x_1=1, \\ x_2=-1, \\ x_3=1; \end{cases}$　(2) $\begin{cases} x_1=1, \\ x_2=2, \\ x_3=3, \\ x_4=-1. \end{cases}$

14. (1) $\lambda=4$或者$\lambda=-1$;　(2) $\lambda=2$或者$\lambda=5$或者$\lambda=8$.

15. $\dfrac{195}{2}$.

习　题　2

1. (1) $\begin{pmatrix} 35 \\ 6 \\ 49 \end{pmatrix}$;　(2) 10.

2. $3\boldsymbol{AB}-2\boldsymbol{A}=\begin{pmatrix}-2&13&22\\-2&-17&20\\4&29&-2\end{pmatrix}$, $\boldsymbol{A}^{\mathrm{T}}\boldsymbol{B}=\boldsymbol{AB}=\begin{pmatrix}0&5&8\\0&-5&6\\2&9&0\end{pmatrix}$.

3. (1) $\boldsymbol{AB}=\begin{pmatrix}1&2\\1&3\end{pmatrix}\begin{pmatrix}1&0\\1&2\end{pmatrix}=\begin{pmatrix}3&4\\4&6\end{pmatrix}$, $\boldsymbol{BA}=\begin{pmatrix}1&0\\1&2\end{pmatrix}\begin{pmatrix}1&2\\1&3\end{pmatrix}=\begin{pmatrix}1&2\\3&8\end{pmatrix}$, 所以 $\boldsymbol{AB}\neq\boldsymbol{BA}$.

(2) $(\boldsymbol{A}+\boldsymbol{B})^2=\left(\begin{pmatrix}1&2\\1&3\end{pmatrix}+\begin{pmatrix}1&0\\1&2\end{pmatrix}\right)^2=\begin{pmatrix}2&2\\2&5\end{pmatrix}^2=\begin{pmatrix}8&14\\14&29\end{pmatrix}$,

$$\boldsymbol{A}^2+2\boldsymbol{AB}+\boldsymbol{B}^2=\begin{pmatrix}1&2\\1&3\end{pmatrix}^2+2\begin{pmatrix}3&4\\4&6\end{pmatrix}+\begin{pmatrix}1&0\\1&2\end{pmatrix}^2=\begin{pmatrix}3&8\\4&11\end{pmatrix}$$
$$+\begin{pmatrix}6&8\\8&12\end{pmatrix}+\begin{pmatrix}1&0\\3&4\end{pmatrix}=\begin{pmatrix}10&16\\15&27\end{pmatrix},$$

所以 $(\boldsymbol{A}+\boldsymbol{B})^2\neq\boldsymbol{A}^2+2\boldsymbol{AB}+\boldsymbol{B}^2$.

(3) $(\boldsymbol{A}+\boldsymbol{B})(\boldsymbol{A}-\boldsymbol{B})=\begin{pmatrix}0&6\\0&9\end{pmatrix}$, $A^2-B^2=\begin{pmatrix}2&8\\1&7\end{pmatrix}$, 所以 $(\boldsymbol{A}+\boldsymbol{B})(\boldsymbol{A}-\boldsymbol{B})\neq\boldsymbol{A}^2-\boldsymbol{B}^2$.

4. (1) 取 $\boldsymbol{A}=\begin{pmatrix}1&1\\-1&-1\end{pmatrix}\neq\boldsymbol{O}$, 而 $\boldsymbol{A}^2=\boldsymbol{O}$;

(2) 取 $\boldsymbol{A}=\begin{pmatrix}1&0\\0&0\end{pmatrix}$, 有 $\boldsymbol{A}\neq\boldsymbol{O}$, $\boldsymbol{A}\neq\boldsymbol{E}$, 而 $\boldsymbol{A}^2=\boldsymbol{A}$;

(3) 取 $\boldsymbol{A}=\begin{pmatrix}1&0\\0&0\end{pmatrix}$, $\boldsymbol{X}=\begin{pmatrix}1&0\\0&0\end{pmatrix}$, $\boldsymbol{Y}=\begin{pmatrix}1&0\\0&1\end{pmatrix}$, 有 $\boldsymbol{X}\neq\boldsymbol{Y}$, 而 $\boldsymbol{AX}=\boldsymbol{AY}$.

5. (1) $\begin{pmatrix}5&-2\\-2&1\end{pmatrix}$; (2) $\begin{pmatrix}-2&1&0\\-\frac{13}{2}&3&-\frac{1}{2}\\-16&7&-1\end{pmatrix}$.

6. (1) $\boldsymbol{X}=\begin{pmatrix}2&-23\\0&8\end{pmatrix}$; (2) $\boldsymbol{X}=\begin{pmatrix}-2&2&1\\-\frac{8}{3}&5&-\frac{2}{3}\end{pmatrix}$;

(3) $\boldsymbol{X}=\begin{pmatrix}1&1\\\frac{1}{4}&0\end{pmatrix}$; (4) $\boldsymbol{X}=\begin{pmatrix}2&-1&0\\1&3&-4\\1&0&-2\end{pmatrix}$.

7. -16.

8. $\begin{pmatrix} 0 & 3 & 3 \\ -1 & 2 & 3 \\ 1 & 1 & 0 \end{pmatrix}$.

9. 证明: 因为 $(\boldsymbol{E}-\boldsymbol{A})(\boldsymbol{E}+\boldsymbol{A}+\boldsymbol{A}^2+\cdots+\boldsymbol{A}^{k-1})=\boldsymbol{E}+\boldsymbol{A}+\boldsymbol{A}^2+\cdots+\boldsymbol{A}^{k-1}-\boldsymbol{A}-\boldsymbol{A}^2-\cdots-\boldsymbol{A}^{k-1}-\boldsymbol{A}^k=\boldsymbol{E}-\boldsymbol{A}^k=\boldsymbol{E}$, 所以 $\boldsymbol{E}-\boldsymbol{A}$ 可逆, 并且 $(\boldsymbol{E}-\boldsymbol{A})^{-1}=\boldsymbol{E}+\boldsymbol{A}+\boldsymbol{A}^2+\cdots+\boldsymbol{A}^{k-1}$.

10. $\boldsymbol{A}^{-1}=\dfrac{1}{2}(\boldsymbol{A}-\boldsymbol{E})$, $(\boldsymbol{A}+2\boldsymbol{E})^{-1}=\dfrac{1}{4}(3\boldsymbol{E}-\boldsymbol{A})$.

11. 证明: 由 $\boldsymbol{A}$ 可逆知 $|\boldsymbol{A}|\neq 0$, 又 $\boldsymbol{A}^{-1}$ 可逆, 所以 $\boldsymbol{A}^*=|\boldsymbol{A}|\,\boldsymbol{A}^{-1}$ 可逆, 且 $(\boldsymbol{A}^*)^{-1}=(|\boldsymbol{A}|\,\boldsymbol{A}^{-1})^{-1}=\dfrac{1}{|\boldsymbol{A}|}\boldsymbol{A}$; 另外, 有 $(\boldsymbol{A}^{-1})(\boldsymbol{A}^{-1})^*=\left|\boldsymbol{A}^{-1}\right|\boldsymbol{E}$, 用 $\boldsymbol{A}$ 左乘式子两边有 $(\boldsymbol{A}^{-1})^*=\left|\boldsymbol{A}^{-1}\right|\boldsymbol{A}=|\boldsymbol{A}|^{-1}\boldsymbol{A}=\dfrac{1}{|\boldsymbol{A}|}\boldsymbol{A}$, 所以 $(\boldsymbol{A}^*)^{-1}=(\boldsymbol{A}^{-1})^*$.

12. (1) $\begin{pmatrix} \boldsymbol{O} & \boldsymbol{B}^{-1} \\ \boldsymbol{A}^{-1} & \boldsymbol{O} \end{pmatrix}$; (2) $\begin{pmatrix} \boldsymbol{A}^{-1} & \boldsymbol{O} \\ -\boldsymbol{B}^{-1}\boldsymbol{C}\boldsymbol{A}^{-1} & \boldsymbol{B}^{-1} \end{pmatrix}$.

13. (1) $\begin{pmatrix} 1 & -2 & 0 & 0 \\ -2 & 5 & 0 & 0 \\ 0 & 0 & 2 & -3 \\ 0 & 0 & -5 & 8 \end{pmatrix}$; (2) $\dfrac{1}{24}\begin{pmatrix} 24 & 0 & 0 & 0 \\ -12 & 12 & 0 & 0 \\ -12 & -4 & 8 & 0 \\ 3 & -5 & -2 & 6 \end{pmatrix}$.

14. (1) $\begin{pmatrix} 1 & 0 & 0 & 5 \\ 0 & 0 & 1 & -3 \\ 0 & 0 & 0 & 0 \end{pmatrix}$; (2) $\begin{pmatrix} 0 & 1 & 0 & 5 \\ 0 & 0 & 1 & 3 \\ 0 & 0 & 0 & 0 \end{pmatrix}$.

15. (1) $\begin{pmatrix} \frac{7}{6} & \frac{2}{3} & -\frac{3}{2} \\ -1 & -1 & 2 \\ -\frac{1}{2} & 0 & \frac{1}{2} \end{pmatrix}$; (2) $\begin{pmatrix} 1 & 1 & -2 & -4 \\ 0 & 1 & 0 & -1 \\ -1 & -1 & 3 & 6 \\ 2 & 1 & -6 & -10 \end{pmatrix}$.

16. (1) $R=2$, $\begin{vmatrix} 3 & 1 \\ 1 & -1 \end{vmatrix}=-4\neq 0$; (2) $R=3$, $\begin{vmatrix} 3 & 2 & -1 \\ 2 & -1 & -3 \\ 7 & 0 & -8 \end{vmatrix}=7\neq 0$.

17. (1) $k=1$; (2) $k=-2$; (3) $k\neq 1$ 且 $k\neq -2$.

习　题　3

1. (A). 2. (D).

3. 用消元法解下列线性方程组.

(1) 无解; (2) $\boldsymbol{X}=c\begin{pmatrix}-2\\1\\1\\0\end{pmatrix}+\begin{pmatrix}-1\\2\\0\\4\end{pmatrix}$, c 为任意常数;

(3) $\boldsymbol{X}=c_1\begin{pmatrix}2\\1\\0\\0\end{pmatrix}+c_2\begin{pmatrix}\frac{2}{7}\\0\\-\frac{5}{7}\\1\end{pmatrix}$, c_1,c_2 为任意常数;

(4)$\boldsymbol{X}=c_1\begin{pmatrix}1\\-2\\0\\1\\0\end{pmatrix}+c_2\begin{pmatrix}5\\-6\\0\\0\\1\end{pmatrix}$, c_1,c_2 为任意常数.

4. $\lambda\neq1$ 且 $\lambda\neq-2$ 时有唯一解; $\lambda=-2$ 时无解; $\lambda=1$ 时有无穷多个解, 通解$\boldsymbol{X}=c_1\begin{pmatrix}-1\\1\\0\end{pmatrix}+c_2\begin{pmatrix}-1\\0\\1\end{pmatrix}+\begin{pmatrix}1\\0\\0\end{pmatrix}$, c_1,c_2 为任意常数.

5. k=0, 1, 4 时, 有非零解.

6. $\lambda=1,\mu=0$.

7. (1) $(1,4,7)^{\mathrm{T}}$; (2) $\left(\frac{1}{3},\frac{2}{3},\frac{2}{3}\right)^{\mathrm{T}}$.

8. $a=\frac{1}{2},b=\frac{9}{2}$.

9. (1) $\beta=4\alpha_1+3\alpha_2+2\alpha_3$; (2) 不能; (3) $\beta=\frac{1}{2}\alpha_1+\left(c+\frac{1}{2}\right)\alpha_2+c\alpha_3$, c 为任意常数.

10. (1) $a\neq-4$; (2) $a=-4,c-3b+1\neq0$; (3) $a=-4,c-3b+1=0$.

11. 略. 12. (C). 13. (C). 14. (B). 15. (D). 16. (A).

17. (1) 线性无关; (2) 线性相关; (3) 线性无关; (4) 线性相关; (5) 线性无关.

18. $k=-2$ 或 3 时, 向量组 $\boldsymbol{\alpha}_1,\boldsymbol{\alpha}_2,\boldsymbol{\alpha}_3$ 线性相关.

19. 略.

20. $k=1$.

21~23. 略.

24. (D). 25. (C).

26. (1) $R=2$, 最大无关组 $\boldsymbol{\alpha}_1$, $\boldsymbol{\alpha}_2$;

(2) $R=3$, 最大无关组 $\boldsymbol{\alpha}_1$, $\boldsymbol{\alpha}_2,\boldsymbol{\alpha}_3$, $\boldsymbol{\alpha}_4=-\frac{2}{3}\boldsymbol{\alpha}_1-\frac{2}{9}\boldsymbol{\alpha}_3$;

(3) $R=3$, 最大无关组 $\boldsymbol{\alpha}_1$, $\boldsymbol{\alpha}_2,\boldsymbol{\alpha}_4$, $\boldsymbol{\alpha}_3=3\boldsymbol{\alpha}_1+\boldsymbol{\alpha}_2$, $\boldsymbol{\alpha}_5=\boldsymbol{\alpha}_1+\boldsymbol{\alpha}_2+\boldsymbol{\alpha}_4$.

27. $t=1$ 或 -2.

28. $a=15, b=5$.

29. (A). 30. (C).

31. 求下列齐次线性方程组的一个基础解系及通解.

(1) $\boldsymbol{X}=c_1\begin{pmatrix}-16\\3\\4\\0\end{pmatrix}+c_2\begin{pmatrix}0\\1\\0\\4\end{pmatrix}$, c_1, c_2 为任意常数;

(2) $\boldsymbol{X}=c\begin{pmatrix}-1\\1\\0\\0\end{pmatrix}$, c 为任意常数.

32. 公共解 $\boldsymbol{X}=k(-1,1,1,1)^{\mathrm{T}}$.

33. (1) 提示: $\boldsymbol{B}$ 的列向量是 $\boldsymbol{AX}=0$ 的解向量; (2) $a=2$, $\boldsymbol{B}$ 的秩为 1.

34. $\boldsymbol{X}=k(1,1,\cdots,1)^{\mathrm{T}}$.

35. (1) $\boldsymbol{X}=c\begin{pmatrix}-1\\1\\1\\0\end{pmatrix}+\begin{pmatrix}-8\\13\\0\\2\end{pmatrix}$, c 为任意常数;

(2) $\boldsymbol{X}=c_1\begin{pmatrix}-2\\1\\0\\0\end{pmatrix}+c_2\begin{pmatrix}7\\0\\-2\\1\end{pmatrix}+\begin{pmatrix}-2\\0\\1\\0\end{pmatrix}$, c_1, c_2 为任意常数.

36. $\boldsymbol{X}=c\begin{pmatrix}3\\4\\5\\6\end{pmatrix}+\begin{pmatrix}2\\3\\4\\5\end{pmatrix}$, c 为任意常数.

37. $\boldsymbol{X}=c\begin{pmatrix}1\\1\\-1\\-1\end{pmatrix}+\begin{pmatrix}1\\2\\-1\\1\end{pmatrix}$, c 为任意常数.

38. 略.

39. $v_2=v_3=v_5=2, v_4=v_6=v_7=3$.

40. 略.

41. 略.

习 题 4

1. (1) $\boldsymbol{b}_1=\begin{pmatrix}1\\1\\1\end{pmatrix}$, $\boldsymbol{b}_2=\begin{pmatrix}-1\\0\\1\end{pmatrix}$, $\boldsymbol{b}_3=\dfrac{1}{3}\begin{pmatrix}1\\-2\\1\end{pmatrix}$;

(2) $\boldsymbol{b}_1=\begin{pmatrix}1\\0\\-1\\1\end{pmatrix}$, $\boldsymbol{b}_2=\dfrac{1}{3}\begin{pmatrix}1\\-3\\2\\1\end{pmatrix}$, $\boldsymbol{b}_3=\dfrac{1}{5}\begin{pmatrix}-1\\3\\3\\4\end{pmatrix}$.

2. (1) 不是; (2) 是.

3. $\boldsymbol{a}_2=\begin{pmatrix}1\\-2\\1\end{pmatrix}, \boldsymbol{a}_3=\begin{pmatrix}-1\\0\\1\end{pmatrix}$.

4. 提示: 证明 $(\boldsymbol{AB})^{\mathrm{T}}\boldsymbol{AB}=\boldsymbol{E}$.

5. (B). 6. (B).

7. (1) $\lambda=-1$ 为三重根, $\boldsymbol{p}=\begin{pmatrix}1\\1\\-1\end{pmatrix}$;

(2) $\lambda_1=-1,\lambda_2=0,\lambda_3=9$, $\boldsymbol{p}_1=\begin{pmatrix}1\\-1\\0\end{pmatrix},\boldsymbol{p}_2=\begin{pmatrix}1\\1\\-1\end{pmatrix},\boldsymbol{p}_3=\begin{pmatrix}1\\1\\2\end{pmatrix}$;

(3) $\lambda_1=\lambda_2=1,\quad \lambda_3=\lambda_4=-1$,

$$\boldsymbol{p}_1=\begin{pmatrix}1\\1\\0\\0\end{pmatrix},\boldsymbol{p}_2=\begin{pmatrix}0\\0\\1\\1\end{pmatrix},\boldsymbol{p}_3=\begin{pmatrix}1\\-1\\0\\0\end{pmatrix},\boldsymbol{p}_3=\begin{pmatrix}0\\0\\1\\-1\end{pmatrix}.$$

8. 提示: 证明 $\boldsymbol{A}^{\mathrm{T}}$ 与 $\boldsymbol{A}$ 有相同的特征方程.

9. 略.

10. 略.

11. 18.

12. $\boldsymbol{A}=\dfrac{1}{3}\begin{pmatrix}-1&0&2\\0&1&2\\2&2&0\end{pmatrix}$.

13. (B).　14. (D).

15. 提示: 根据定义.

16. -2.

17. $\begin{pmatrix} 1 & 0 & 5^{100}-1 \\ 0 & 5^{100} & 0 \\ 0 & 0 & 5^{100} \end{pmatrix}$.

18. -25.

19. $x=0,\ y=-2$.

20. $x=3$.

21. (1) $a=-3,\ b=0; \lambda=-1$;　(2) $\boldsymbol{A}$ 不能相似对角化.

22. (1) $\boldsymbol{P}=(\boldsymbol{p}_1,\boldsymbol{p}_2,\boldsymbol{p}_3)=\begin{pmatrix} \frac{1}{3} & \frac{2}{3} & \frac{2}{3} \\ \frac{2}{3} & -\frac{2}{3} & \frac{1}{3} \\ \frac{2}{3} & \frac{1}{3} & -\frac{2}{3} \end{pmatrix}$, $\boldsymbol{P}^{-1}\begin{pmatrix} 2 & -2 & 0 \\ -2 & 1 & -2 \\ 0 & -2 & 0 \end{pmatrix}$

$\boldsymbol{P}=\begin{pmatrix} -2 & 0 & 0 \\ 0 & 1 & 0 \\ 0 & 0 & 4 \end{pmatrix}$;

(2) $\boldsymbol{P}=(\boldsymbol{p}_1,\boldsymbol{p}_2,\boldsymbol{p}_3)=\begin{pmatrix} -\frac{2}{\sqrt{5}} & \frac{2}{3\sqrt{5}} & -\frac{1}{3} \\ \frac{1}{\sqrt{5}} & \frac{4}{3\sqrt{5}} & -\frac{2}{3} \\ 0 & \frac{5}{3\sqrt{5}} & \frac{2}{3} \end{pmatrix}$, $\boldsymbol{P}^{-1}\begin{pmatrix} 2 & 2 & -2 \\ 2 & 5 & -4 \\ -2 & -4 & 5 \end{pmatrix}$

$\boldsymbol{P}=\begin{pmatrix} 1 & 0 & 0 \\ 0 & 1 & 0 \\ 0 & 0 & 10 \end{pmatrix}$.

23. $x=4,\ y=5$, 正交矩阵 $\boldsymbol{P}=\begin{pmatrix} \frac{1}{\sqrt{2}} & \frac{2}{3} & \frac{1}{3\sqrt{2}} \\ 0 & \frac{1}{3} & -\frac{4}{3\sqrt{2}} \\ -\frac{1}{\sqrt{2}} & \frac{2}{3} & -\frac{1}{3\sqrt{2}} \end{pmatrix}$, 使 $\boldsymbol{P}^{-1}\boldsymbol{A}\boldsymbol{P}=\boldsymbol{\Lambda}$.

24. (1) $\boldsymbol{p}_1=\frac{1}{\sqrt{2}}\begin{pmatrix} -1 \\ 0 \\ 1 \end{pmatrix}, \boldsymbol{p}_2=\frac{1}{\sqrt{6}}\begin{pmatrix} 1 \\ -2 \\ 1 \end{pmatrix}$;　(2) $\boldsymbol{A}=\begin{pmatrix} 4 & 1 & 1 \\ 1 & 4 & 1 \\ 1 & 1 & 4 \end{pmatrix}$.

25. $\begin{pmatrix} -2 & -2 \\ -2 & -2 \end{pmatrix}$.

习 题 5

1. $2x_1^2 - x_2^2 + 4x_3^2 + 2x_1x_2 + 6x_2x_3$.

2. 1.

3. (1) $(x_1, x_2, x_3)\begin{pmatrix} 1 & 2 & 1 \\ 2 & 4 & 2 \\ 1 & 2 & 1 \end{pmatrix}\begin{pmatrix} x_1 \\ x_2 \\ x_3 \end{pmatrix}$;

(2) $(x_1, x_2, x_3)\begin{pmatrix} 1 & -1 & -2 \\ -1 & 1 & -2 \\ -2 & -2 & -7 \end{pmatrix}\begin{pmatrix} x_1 \\ x_2 \\ x_3 \end{pmatrix}$.

4. (1) $\begin{pmatrix} 2 & 2 \\ 2 & 1 \end{pmatrix}$; (2) $\begin{pmatrix} 1 & 3 & 5 \\ 3 & 5 & 7 \\ 5 & 7 & 9 \end{pmatrix}$; (3) $\begin{pmatrix} 2 & -2 & 1 \\ -2 & 0 & 0 \\ 1 & 0 & 1 \end{pmatrix}$; (4) $\begin{pmatrix} 1 & 1 & -1 \\ 1 & -1 & 3 \\ -1 & 3 & 3 \end{pmatrix}$.

5. (1) 正交变换 $\boldsymbol{x} = \boldsymbol{P}\boldsymbol{y}$, 其中 $\boldsymbol{P} = \begin{pmatrix} \dfrac{2}{\sqrt{5}} & \dfrac{1}{\sqrt{30}} & \dfrac{1}{\sqrt{6}} \\ 0 & \dfrac{5}{\sqrt{30}} & -\dfrac{1}{\sqrt{6}} \\ -\dfrac{1}{\sqrt{5}} & \dfrac{2}{\sqrt{30}} & \dfrac{2}{\sqrt{6}} \end{pmatrix}$, 且 $f = y_1^2 + 6y_2^2 - 6y_3^2$;

(2) 正交变换 $\boldsymbol{x} = \boldsymbol{P}\boldsymbol{y}$, 其中 $\boldsymbol{P} = \begin{pmatrix} \dfrac{1}{\sqrt{2}} & \dfrac{1}{\sqrt{6}} & \dfrac{1}{\sqrt{3}} \\ -\dfrac{1}{\sqrt{2}} & \dfrac{1}{\sqrt{6}} & \dfrac{1}{\sqrt{3}} \\ 0 & -\dfrac{2}{\sqrt{6}} & \dfrac{1}{\sqrt{3}} \end{pmatrix}$, 且 $f = 3y_3^2$.

6. $\begin{pmatrix} x \\ y \\ z \end{pmatrix} = \begin{pmatrix} -\dfrac{4}{3\sqrt{2}} & \dfrac{1}{3} & 0 \\ -\dfrac{1}{3\sqrt{2}} & \dfrac{2}{3} & \dfrac{1}{\sqrt{2}} \\ -\dfrac{1}{3\sqrt{2}} & -\dfrac{2}{3} & \dfrac{1}{\sqrt{2}} \end{pmatrix}\begin{pmatrix} u \\ v \\ w \end{pmatrix}$, 且 $2u^2 + 11v^2 = 1$.

7. $a = 3$.

8. (C). 9. (C).

10. $-\dfrac{5}{4} < a < 0.$

11. (1) 负定; (2) 正定.

12. 提示: $\boldsymbol{A}$ 可正交相似对角化且特征值全为正.

参 考 文 献

[1] 同济大学. 线性代数. 北京: 高等教育出版社, 2008.

[2] 北京大学. 高等代数. 北京: 高等教育出版社, 2003.

[3] 吴传生. 线性代数. 北京: 高等教育出版社, 2004.

[4] 谢国瑞. 线性代数及其应用. 北京: 高等教育出版社, 2000.

[5] 费青云等译. 实用代数学. 北京: 高等教育出版社, 1985.

[6] 克莱因. 古今数学思想. 上海: 上海科学技术出版社, 2002.